Kenneth Berding

Meine Identität: in Christus!

100 Entdeckungen zum Leben mit Jesus

Kenneth Berding

MEINE IDENTITÄT:
IN CHRISTUS!

100 Entdeckungen zum Leben mit Jesus

Kenneth Berding
Meine Identität: in Christus!
100 Entdeckungen zum Leben mit Jesus

Best.-Nr. 271754
ISBN 978-3-86353-754-8
Christliche Verlagsgesellschaft mbH
Am Güterbahnhof 26 | 35683 Dillenburg
info@cv-dillenburg.de

Best.-Nr. 180211
ISBN 978-3-85810-565-3
Missionswerk Mitternachtsruf
Ringwiesenstrasse 12a | CH-8600 Dübendorf
kontakt@mnr.ch

Titel des amerikanischen Originals:
How to live an 'In-Christ-Life'

3. Auflage 2026

Übersetzung: Isabel Hess, Köln – www.hess-translation.de
Satz und Umschlaggestaltung: Christliche Verlagsgesellschaft mbH
Umschlagmotive: © shutterstock.com/Elena Schweitzer (Bild),
© freepik.com (Kreuz)

Druck: CPI Books GmbH, Leck
Printed in Germany

Wenn Sie Rechtschreib- oder Zeichensetzungsfehler entdeckt haben,
können Sie uns gern kontaktieren: info@cv-dillenburg.de

Ich weiß nicht, wann ich das letzte Mal ein Buch über Gemeinschaft mit Christus gelesen habe und so überwältigt war, dass ich innehielt und betete. Aber genau das passierte, als ich das Buch von Ken Berding las, das du gerade in der Hand hältst. Ohne an biblischer und theologischer Tiefe zu verlieren, zeigt Berding die unzähligen Wege auf, wie Gemeinschaft mit Christus einen echten Unterschied im Leben eines Christen macht. Er zeigt nicht nur, wer du als Christ bist, sondern er hilft dir auch zu verstehen, wie du als Christ leben solltest. Durch seine Erfahrungen als Professor, Missionar, Ehemann und Vater öffnet Berding dir die Augen für die zentrale Rolle der Gemeinschaft mit Christus.

Matthew Barrett,
Außerordentlicher Professor für Christliche Theologie,
Midwestern Baptist Theological Seminary
Chefredakteur des *Credo Magazine* und Autor von *None Greater*

Die Bedeutung und Wichtigkeit unserer neuen Identität als Gläubige, die in einer Beziehung zu Jesus Christus stehen, ist das Hauptanliegen, das der Apostel Paulus in seinen Briefen vermitteln will. Man könnte sagen, dass dies das Geheimnis des christlichen Lebens ist – außer dass daran nichts geheim sein sollte. Ein tiefes, gebetserfülltes Nachsinnen über die Hauptelemente eines Lebens *in Christus* wird dich von innen heraus verändern.

Clinton E. Arnold
Dekan und Professor für Neues Testament,
Talbot School of Theology
(Biola University), La Mirada, Kalifornien

Dr. Berding führt uns in diesem Buch bestmöglich an die elementaren Wahrheiten der Heiligen Schrift heran und bezieht sie so auf unser Leben, dass sie für jeden von uns relevant sind – unabhängig vom Level unserer geistlichen Reife. Das Reflektieren über unser In-Christus-Sein ist erfrischend und belebend für jeden Christen und für die gesamte Gemeinde. Dieses Buch über einen Zeitraum von 100 Tagen zu lesen wird dir zu einem besseren Verständnis der Bibel verhelfen, echten Frieden in deine täglichen Gedanken bringen und dich erwecken, damit du dem Auftrag von Christus in dieser Welt effektiv nachkommst.

Kyle Fox
Hauptpastor, Red Mountain Community Church, Meza, Arizona

Theologisch reichhaltig und gleichzeitig äußerst praxisnah – ich fühlte mich so, als ob der Autor mir eine In-Christus-Brille aufsetzt, durch die ich jede Facette meines Lebens betrachten kann. Ich werde dieses Buch in Zukunft des Öfteren hervorholen, um meinen Blick neu auf Christus und all die Wahrheiten über das Leben *in ihm* auszurichten.

Jeffrey Bruce
Hauptpastor, Creekside Community Church,
San Leandro, Kalifornien

Inhalt

Für meine Kinder, Enkel und Urenkel,
ob durch Geburt, Pflegschaft oder Adoption,
ob bereits auf der Welt oder noch nicht geboren.
Mein sehnlicher Wunsch und mein beständiges Gebet ist, dass ein
Leben *in Christus* für jeden von euch Wirklichkeit wird.

EINLEITUNG

Dieses Buch ist sehr persönlich für mich. Ich wuchs in einer Gemeinde auf, die dem Heiligen Geist einen zu geringen Stellenwert einräumte. Durch Gottes beharrliche Gnade und die schrittweise Veränderung meines Sinnes und meines Herzens durch sein Wort wuchs mein Verständnis vom Wirken des Heiligen Geistes kontinuierlich, sodass ich begann, über das Leben im Geist zu schreiben.[1] Diese Betonung der biblischen Lehre über den Heiligen Geist hatte unbeabsichtigt zur Folge, dass ich eine Zeit lang unsicher war, wie ich Tag für Tag mit *Jesus,* der zweiten Person der Dreieinigkeit in Verbindung treten kann. Lass mich das erklären:

In der Gemeinde, in der ich aufwuchs, füllten wir die Lücke, die sich daraus ergab, dass wir dem Heiligen Geist nicht den entsprechenden Stellenwert beimaßen, häufig mit Jesus. Wir baten also *Jesus* um Leitung, wir baten *Jesus* um Überführung von unserer Sünde, und wir baten *Jesus* um Trost. Doch als ich begriff, dass diese Tätigkeiten in der Bibel meist im Zusammenhang mit der dritten Person der Dreieinigkeit, dem Heiligen Geist, stehen, tat sich mir eine Lücke auf, da ich nun nicht mehr wusste, wie ich mich persönlich an Jesus wenden konnte. Ich wusste bereits, wie ich mich an die erste Person Gottes, den Vater, wenden konnte, denn an ihn richtete ich meine Gebete, ganz wie es der üblichen Form des Gebets in der Bibel entspricht. Ich wusste auch – und sprach es deutlich aus –, dass mein Leben, also auch mein tägliches Handeln, zuallererst auf die Ehre und Verherrlichung des Vaters abzielen sollte. Aber was war nun mit Jesus? Wie sollte ich mich in meinem Alltag an Gott, den Sohn, wenden?

Am Gebet wird die Problematik offensichtlich. Was sind die jeweiligen Rollen der Dreieinigkeit in unseren Gebeten? Die

Standardantwort eines Christen lautet (korrekterweise): Wir beten zum Vater auf der Grundlage des Sühnungswerkes des Sohnes durch die Kraft des Heiligen Geistes. Die Rolle des Vaters bzw. die des Geistes in dieser Aussage ist sehr persönlich, während die Rolle des Sohnes eher *faktisch*, *elementar* und – ich wage fast nicht, es zu sagen – *unpersönlich* daherkommt.

Bitte versteh mich nicht falsch. Ich bin überaus und bis in alle Ewigkeit dankbar dafür, was Jesus Christus für mich getan hat, als er an meiner Stelle den Zorn Gottes auf sich nahm und mir dadurch den Zugang zum Vater ermöglichte. Das glaube ich wirklich von ganzem Herzen! Ich glaube auch, dass es zentral, grundlegend und notwendig für jeden Nachfolger Jesu ist, das ein für alle Mal geschehene Sühneopfer Christi für Sünder zu bekräftigen. In keinem anderen Namen unter dem Himmel ist Rettung zu finden. Getrennt vom Kreuz Jesu bin ich nichts. Aber welche Beziehung habe ich heute mit Jesus? Genau in diesem Moment? Übersehe ich etwas im Hinblick auf meine tägliche Beziehung zu Jesus?

Die Antwort ist das *In-Christus-Sein*. Jeder Theologe weiß, dass das Konzept, das ich in diesem Buch meistens als *In-Christus-Sein* bezeichne und das geläufiger als *Gemeinschaft mit Christus* bekannt ist, eines der wichtigsten Themen in den Briefen des Apostels Paulus ist. Manche gehen sogar so weit zu behaupten, dass wir, wenn wir die Gedanken von Paulus verstehen wollen, zuallererst begreifen müssen, was er über dieses Thema denkt.

Aber wenn wir das *In-Christus-Sein* verstehen, erhalten wir nicht nur ein tieferes Verständnis von Paulus; die Wahrheiten, die in diesem Buch enthüllt werden, könnten deinen Blick auf dein gesamtes Leben verändern. Wenn wir das *In-Christus-Sein* verstehen, sind die Folgen so weitreichend, durchdringend, inspirierend und tiefgreifend, dass ich zuversichtlich behaupte, dass sie dein ganzes Leben umkrempeln können. Diese Wahrheiten könnten mehr Bereiche deines Lebens aufrütteln als sämtliche Erdbeben, die wir in meiner Heimat im Süden Kaliforniens immer wieder erleben. Ich hoffe, dass du durch das Lesen dieses Buches genauso positiv beeinflusst wirst wie ich selbst durch das Schreiben dieses Buches. Ich kann bezeugen, dass meine Seele ermutigt und mein Geist inmitten von Leid erheblich gestärkt wurde, als ich über die Impulse nachdachte und schrieb, die du im Folgenden lesen wirst.

Das Ziel dieses Buchs ist es, darzulegen und zu verdeutlichen, wie die Gemeinschaft mit Christus unser Leben als Christen beeinflusst. Das Buch besteht aus 100 Andachten etwa gleichen Umfangs, die du entweder auf einmal oder über einen Zeitraum von 100 Tagen lesen kannst. Du kannst sie so lesen, wie sie hier stehen, oder in einer für dich passenderen Reihenfolge. Du kannst sie allein lesen oder in einer Kleingruppe, in der du anschließend mit den Teilnehmern darüber sprichst. (Am Ende des Buchs stehen einige Diskussionsfragen.) Die Überlegungen zum Leben *in Christus* werden dir Abschnitte aus Paulus' Briefen vor Augen führen, in denen er das *In-Christus-Sein* mit dem täglichen Leben in Zusammenhang bringt. Ich werde also Paulus viel Platz einräumen, der uns anleitet, wie wir das *In-Christus-Sein* praktisch umsetzen, also dazu, wie wir durchs Leben gehen können. Solch eine Anwendung werde ich nur an den Stellen vornehmen, wo Paulus, inspiriert vom Heiligen Geist, schon eine praktische Anwendung vorgeschlagen hat. Ich hoffe, dass dieser Ansatz dem Geist Gottes genügend Raum gibt, damit du die praktische Anwendung auf dein tägliches Leben *in Christus* erkennst, die im Wort Gottes bereits enthalten ist. Als Vorbereitung auf unsere gemeinsame Reise lade ich dich ein, das folgende Gebet mit mir zu beten:

Lieber Herr, ich wünsche mir sehnlichst zu wissen, was es heißt, in Christus zu sein. Ich möchte es verstehen, verinnerlichen, mich davon verändern lassen und mein Leben in Christus immer mehr ausleben. Ich bitte dich um ein hörendes Herz und um deine Gnade, damit ich wachsen kann. Das bete ich in deinem Namen – in Christus. *Amen.*

KAPITEL 1

IN-CHRISTUS-SEIN

„Entschuldigen Sie, wo ist der Grand Canyon?"

Das ist vermutlich die peinlichste Frage, die ich je gestellt habe. Damals diente ich als junger Mitarbeiter in einem Ferienlager für Kinder der Navajo-Indianer im Südwesten von Colorado. Da unsere Rückreise uns durch Arizona führte, fuhren wir mit dem Bus einen Umweg, um einen der spektakulärsten Orte in Gottes Schöpfung zu sehen: den Grand Canyon. Der Busfahrer setzte uns ab, wies uns an, in zwei Stunden wieder am Ausgangspunkt zu sein, und fuhr davon.

Aber es waren nirgends Schilder zu sehen, die uns zu unserem Ziel lotsten. Außer der Straße sahen wir nur Bäume. Und als jungem Mitarbeiter fiel natürlich mir die ehrenvolle Aufgabe zu, nach dem Weg zu fragen. Ich höre noch immer das spöttische Lachen des Park Rangers, der in Richtung des Canyon zeigte, als ich die besagte Frage stellte.

Warum er lachte? Nun, weil der Grand Canyon fast 2 km tief, 30 m breit und 450 km lang ist. Wie konnten wir etwas so Riesiges wie den Grand Canyon übersehen?

Diese Frage sollten wir uns auch in Bezug auf unser *In-Christus-Sein* stellen. Es ist das weitläufigste und tiefgründigste Thema der Briefe des Apostels Paulus; sozusagen der Grand Canyon seiner Briefe. Und doch reden wir fast nie darüber. Vielleicht tun es Theologen. Sie müssen es ja. Paulus stellt wiederholt Verknüpfungen zu diesem Thema her. Aber wir selbst denken fast nie darüber nach, geschweige denn reden wir darüber. Normalerweise weil uns nicht gesagt wurde, wo wir es finden, selbst wenn es unübersehbar ist, sobald wir erst einmal in die richtige Richtung gewiesen wurden.

Solltest du daran zweifeln, dass das Thema *In-Christus-Sein* tatsächlich so allgegenwärtig ist, fordere ich dich heraus, jede Stelle in Paulus' Briefen zu markieren, an der du über eine Formulierung wie „in Christus", „mit Christus" oder „durch Christus" stolperst. Du wirst auf Hunderte davon stoßen, wenn du alles mitzählst, was damit im Zusammenhang steht. Diese Formulierungen treten sogar so häufig auf, dass sie in einigen Bibelübersetzungen manchmal ausgelassen werden.[2] Paulus' großzügiger Gebrauch dieser Formulierungen kann manchmal dazu führen, dass wir sie für weniger wichtig halten, als sie es eigentlich sind.

Doch vielleicht hat Paulus sie ja gar nicht gedankenlos wiederholt. Vielleicht wiederholte er sie, um die Wichtigkeit des Lebens *in Christus* zu betonen.

Aber was heißt es laut Paulus eigentlich, „in" jemand anderem zu sein? Es bedeutet, dass du so eng mit dem anderen verbunden bist, dass dein Leben nicht mehr durch dich selbst definiert wird. Es kann mit einem Sklaven verglichen werden, der nicht nur aus seiner Stellung als Sklave entlassen, sondern sogar als Familienmitglied aufgenommen wird. Sein neues Leben ist so sehr in das Leben dessen eingegliedert, der ihn aufgenommen hat, dass es ganz und gar durch diese neue Beziehung geprägt wird (Gal 4,7). Es ist wie bei einer Frau, deren Leben so eng mit dem ihres Mannes verbunden ist, dass deren Gemeinschaft ihr Leben definiert (Röm 7,2-4). Oder wie bei einem Gefangenen, der aus der Hand des Feindes befreit wird und den Rest seines Lebens aus lauter Dankbarkeit seinem Retter dient (Kol 1,12-14). Oder wie bei einem Soldaten, der von seinem befehlshabenden Offizier angeworben wird, an seiner Seite kämpft, mit ihm leidet und nur ein einziges Begehren hat, nämlich ihm zu gefallen (2Tim 2,3-4).

Daher möchte ich nun eine Definition präsentieren: *In Christus sein* oder *Gemeinschaft mit Christus* bedeutet, dass ein Mensch so eng mit Jesus verbunden ist, dass seine gesamte Existenz durch diese Verbindung definiert wird. Es umfasst, wie wir durch Christus überhaupt in eine Beziehung mit Gott treten konnten, was es bedeutet, an Jesu Tod und Auferstehung teilzuhaben, wie wir uns persönlich an Jesus wenden und wie wir durch unsere gemeinsame Verbindung zu Jesus untereinander Gemeinschaft haben können. *In Christus* zu sein ist die Identität eines Christen. Und es ist keine Übertreibung, wenn wir sagen, dass es das Wichtigste von allem für uns ist.

Willkommen im Leben *in Christus!* Dein Leben gehört nicht länger dir. Du bist *in Christus.*

STELLUNG UND IDENTITÄT
IN CHRISTUS

KAPITEL 2

ZUGANG ZU GOTT IN CHRISTUS

„... durch den wir im Glauben auch Zugang erhalten haben zu dieser Gnade, in der wir stehen, und rühmen uns aufgrund der Hoffnung der Herrlichkeit Gottes." (Röm 5,2)

„Denn durch ihn haben wir beide durch einen Geist den Zugang zum Vater." (Eph 2,18)

„In ihm haben wir Freimütigkeit und Zugang in Zuversicht durch den Glauben an ihn." (Eph 3,12)

Die Autoschlange reichte schon kilometerweit zurück. Meine Frau Trudi und ich versuchten verzweifelt in das Land im Nahen Osten zurückzureisen, das früher sieben Jahre lang unser Zuhause gewesen war. Aber ein Grenzstreik in einem Nachbarland verhinderte unsere Durchreise. Glücklicherweise konnte ein gewiefter Arzt unseren Busfahrer davon überzeugen, sich bis ganz nach vorne durchzuschlängeln, in der Hoffnung, dass irgendwo eine Lücke war. Während sich unser Bus also durch die Blechkolonne kämpfte, befragte der Arzt jeden Passagier auf der Suche nach einer Person in einem kritischen Gesundheitszustand, die uns dazu verhelfen könnte, durchgewunken zu werden. Diabetes, Asthma, Kopfschmerzen ... Nichts davon war erfolgversprechend. Dann sah er meine Frau: im achten Monat schwanger. Perfekt!

Als der Bus es bis an den Anfang der Schlange geschafft hatte, stiegen Busfahrer und Arzt aus und hofften, die zwei teeschlürfenden

Beamten überzeugen zu können, unserem Bus die Durchfahrt zu erlauben. Kurze Zeit später kam der Arzt zurück und sagte, dass die Beamten die Schwangere sehen wollten. Leichtfüßig stieg Trudi aus dem Bus. „Langsamer!", zischte ich auf Englisch. Sofort zeigte sie einen verzerrten Gesichtsausdruck, ging schweren Schrittes auf die Beamten zu und stöhnte. Als die Grenzbeamten sie auf sich zukommen sahen, gaben sie einen Schwall Schimpfwörter von sich. Eine Stunde später durfte unser Bus über die Grenze in unsere Wahlheimat fahren. Später fanden wir heraus, dass wir das einzige Fahrzeug waren, das innerhalb von drei Tagen passieren durfte. Wenn Trudi nicht gewesen wäre, hätten sie uns niemals durchgelassen. Meine Frau verschaffte uns allen Zugang. (Das Busunternehmen erstattete uns als Dankeschön sogar die Tickets.)

Unseren Zugang zu Gott verdanken wir ausschließlich Jesus. Wir haben ihn durch nichts, was wir selbst getan haben, verdient. Nur durch unsere Verbindung zu Jesus haben wir Zugang zum Vater.

Im Kontext steckt hinter dem Wort „Zugang" jedoch mehr als nur eine Möglichkeit zum Eintritt, wo vorher keine war. Wenn in Römer 5,2 steht, dass wir durch Christus Zugang zu Gott erhalten haben, heißt das nicht nur, dass wir die Erlaubnis haben, in Gottes Gegenwart zu treten, sondern auch, dass es jemanden gibt, der uns persönlich vorstellt; jemanden, der unseren Zutritt rechtfertigen kann, weil er uns zuvor gerechtfertigt hat, aus Gnade durch Glauben. In manchen englischen Bibelübersetzungen wird daher statt „access" (Zugang) das Wort „introduction" (Vorstellung) verwendet, denn wir haben nicht nur Zugang zu Gott, sondern auch jemanden, der uns vorstellt. Was würde passieren, wenn du in den herrlichen Thronsaal des allmächtigen Königs des Universums eintreten dürftest, aber alleine hereingehen müsstest? Es wäre beängstigend! Aber Jesus geht uns voran und stellt uns dem Vater mit Namen vor. Durch Christus haben wir das Recht, in Gottes Gegenwart zu kommen.

Ich lebe inzwischen nicht mehr im Ausland. Ich unterrichte jetzt das Studium der Bibel an einer christlichen Universität. Eine der häufigsten Beschwerden, die ich von meinen Studenten höre, ist, dass sie sich weit weg von Gott fühlen. Es gibt viele Gründe, warum sie sich so fühlen, besonders wenn ihre Beziehung zu Gott überwiegend gefühlsbasiert ist. Doch um einen geistlichen Fortschritt erzielen zu können, müssen sie sich zuerst der Tatsache bewusst sein, dass ihr Zugang zu Gott durch Jesus sichergestellt ist. Wenn sie Jesus wirklich kennen, ist ihre Beziehung zu Gott weder gestört, noch hält Gott Abstand zu ihnen, und auch Christus hat sie nicht verlassen. Jedem von uns, der Christus kennt, wurde durch Jesu Werk am Kreuz eine Beziehung zu Gott ermöglicht. Wir können ganz sicher und zuversichtlich sein, dass wir *in Christus* Zugang zu Gott haben.

KAPITEL 3

DER SÜNDE GESTORBEN IN CHRISTUS

„Auf keinen Fall! Wir, die wir der Sünde gestorben sind, wie werden wir noch in ihr leben?." (Röm 6,2)

„... da wir dies erkennen, dass unser alter Mensch mitgekreuzigt worden ist, damit der Leib der Sünde abgetan sein soll, dass wir der Sünde nicht mehr dienen. Denn wer gestorben ist, ist freigesprochen von der Sünde." (Röm 6,6-7)

„Ich fühle mich wie ein Sklave. Ist ein Sieg überhaupt möglich?" Der Student, der mir in meinem Büro gegenübersaß, hatte mir eine Sünde bekannt, durch die er immer wieder schuldig wurde. Er hatte viele Schlachten gekämpft, um sich von dieser schlechten Gewohnheit zu befreien. Manche hatte er gewonnen, andere verloren. Doch es war nicht seine Bestimmung, immer wieder zu sündigen. Wenn Paulus mit dem jungen Mann sprechen könnte, würde er ihm sicher sagen, dass es keinen Grund mehr gebe, weiter in der Sünde zu leben, wenn er der Sünde gestorben sei. Aber Paulus kann manchmal etwas schwer zu verstehen sein. Er benutzte Bilder und Vergleiche (Methaphern) mit tiefgehender Bedeutung: Erstens, dass wir mit Christus gekreuzigt sind, zweitens, dass wir der Sünde gestorben sind, und drittens, dass wir aus der Sklaverei der Sünde befreit wurden. Alle drei werden in Römer 6 verwendet.

Vielleicht verstehen wir Paulus' Metaphern besser, wenn wir selbst einen Vergleich anstellen. Schuldknechtschaft ist die gängigste Form moderner Sklaverei. Dabei sucht eine völlig verarmte Familie beispielsweise den Besitzer einer Fabrik auf, damit dieser für ihre Arztrechnungen aufkommt. Auf diese Weise verkaufen sie sich selbst und müssen anschließend mit ihrer Arbeitskraft ihre Schulden begleichen. Aber die Bedingungen und die Dauer solcher Vereinbarungen werden häufig nicht genauer bestimmt. Die Folge ist eine langfristige Schuldsklaverei.

Ich habe kürzlich von einem Mädchen in Zentralasien erfahren, das als Kind von solchen Schuldsklaven einer Ziegelbrennerei geboren wurde. Ich nenne sie hier einmal Sara. Saras Vater starb, als sie noch ein Baby war. Sie wuchs bei ihrer Mutter auf, die einen Ziegel nach dem anderen herstellte – den ganzen Tag, sieben Tage die Woche. Während andere Kinder in die Schule gingen, stellte Sara ebenfalls Ziegel her. Sie war eine Sklavin – genau wie die Kinder Israels, die für die Ägypter Ziegel herstellen mussten. Nachdem der Besitzer der Ziegelfabrik Saras geliebte Mutter ermordete hatte, wurde die junge Waise zur Ehe mit ihrem 70-jährigen „Arbeitgeber" gezwungen. Einen Tag bevor die Ehe geschlossen werden sollte, kam ein Pastor und kaufte Sara frei, indem er ihre Schulden bezahlte. Dank des Pastors konnte Sara der Zwangsehe knapp entkommen. Sie war frei.

An diesem Tag starb Sara ihrem alten Leben. Das bedeutete nicht, dass ihr einstiger Peiniger tot war, sondern lediglich, dass er keine Macht mehr über sie hatte. Um es mit einer Redewendung auszudrücken, die auch in ihrem Herkunftsland verbreitet ist, war er „für sie gestorben". Seine Macht über sie war gebrochen.

Die Freiheit von der Macht der Sünde ist einer der zentralen Aspekte in Römer 6. Wir alle wurden in der Ziegelfabrik der Sünde geboren. Wir waren in der Sklaverei gefangen. Getrennt von Jesus bleiben wir Sklaven. In der Sünde gefangen zu sein ist einer der Hauptunterschiede zwischen Christen und Nichtchristen. Ein Nichtchrist ist ein Sklave der Sünde. Es ist unmöglich für einen Nichtchristen, nicht zu sündigen. Er kann eine bestimmte Gewohnheit loswerden, aber an irgendeiner anderen Stelle in seinem Leben wird eine ähnliche Sünde auftauchen. Er schafft es vielleicht von einem Raum der Ziegelfabrik in einen anderen, aber seiner Gefangenschaft kann er nicht entkommen. Er ist weiterhin der Sünde untertan. Die Sünde ist sein Gebieter.

Aber wenn du Christus wirklich kennst, ist die Macht der Sünde gebrochen. Dann bist du mit Christus aus der Dunkelheit der Ziegelbrennerei heraus ans Licht getreten. Er hat deine Schulden beglichen. Du bist frei. Es gibt noch viel mehr über das Überwinden von Sünde zu sagen, aber das ist der springende Punkt. Um die Sünde zu überwinden, musst du zuallererst glauben, dass Jesus dich von der Macht der Sünde befreit hat. Viele Menschen, mit denen ich ins Gespräch komme, glauben das nicht. Sie denken, dass sie sich niemals von der Sünde losreißen können. Aber die Bibel bezeugt ganz klar, dass die Macht der Sünde gebrochen ist, weil du *in Christus* bist.

KAPITEL 4

FÜR GOTT LEBENDIG IN CHRISTUS

„So auch ihr: Haltet euch der Sünde für tot, Gott aber lebend in Christus Jesus!" (Röm 6,11)

Im letzten Kapitel habe ich dir Sara vorgestellt, eine Teenagerin, die aus der Sklaverei in einer Ziegelfabrik in Zentralasien befreit wurde. An dem Tag, an dem ihre Schulden bezahlt wurden und sie aus der Fabrik heraustrat, ist sie in Bezug auf ihr altes Leben gestorben. Aber was passierte danach?

Während ich dieses Kapitel schreibe, versucht Sara gerade, sich ein neues Leben aufzubauen. Mithilfe einiger Christen, die sie nicht einmal kannte, konnte sie sich ein kleines Zuhause und eine Nähmaschine kaufen und die Grundlagen des Textilhandels erlernen. Eine Christin gab ihr Förderunterricht, und zum ersten Mal in ihrem Leben lernte sie lesen und schreiben. Diese wertvolle Teenagerin wurde in das Gemeindeleben eingegliedert, wo sie täglich im Glauben wächst, die Bibel kennenlernt und Gott anbeten kann. Ihr Traum ist es, eines Tages selbst Bibelunterricht zu geben.

In Römer 6 heißt es, dass wir in Christus der Sünde gestorben sind, aber auch, dass wir mit Christus zu einem neuen Leben auferweckt worden sind. Wenn ein Filmproduzent aus Hollywood einen Film über Saras Leben drehen würde (was äußerst unwahrscheinlich ist), würde der Film womöglich in dem Moment enden, in dem sie mit dem Pastor aus der Ziegelfabrik tritt. Er würde all das außer Acht lassen, was es noch kostet, ein neues Leben aufzubauen. Genau genommen würde Sara, wenn es ein Hollywood-Film wäre, wahrscheinlich sowieso nicht mit einem Pastor von dannen ziehen. Sie würde im letzten Moment mit der Hilfe eines starken jungen Mannes entkommen, der einhändig ein Dutzend bewaffnete Wachmänner in Schach halten und mit seiner Angebeteten in einem Helikopter davonfliegen würde.

Aber der Film unseres Lebens ist nicht zu Ende, wenn wir aus unserer Sklaverei befreit sind und die Macht der Sünde über uns gebrochen ist. Genau genommen beginnt unsere Geschichte an dieser Stelle erst. Unser neues Leben hat, wie bei Sara, in dem Moment begonnen, in dem wir aus unserer Ziegelfabrik befreit wurden.

Doch während wir dieses neue Leben in Christus aufbauen, müssen wir uns bewusst machen, dass wir nicht nur der Sünde gegenüber tot sind, sondern auch für Gott leben in Christus. Sowohl das eine als auch das andere ist die einzig angemessene Sicht auf unser altes bzw. neues Leben.

Sicher wacht auch Sara manchmal morgens noch schweißgebadet auf und hat Angst, dass sie noch immer als Sklavin in der Dunkelheit der Ziegelfabrik gefangen ist. Es ist mehr als wahrscheinlich, dass die Verzweiflung und Scham, die Sara als Sklavin verspürte, auch jetzt noch ab und zu über sie hereinbrechen wie Wellen, die an das Ufer ihres Herzens gespült werden. Aber was auch immer sie fühlt – Fakt ist, dass sie ein neues Leben empfangen hat. Und das ist dadurch sichergestellt, dass ihre Schulden bezahlt wurden. Es wäre einfach tragisch, wenn Sara sich selbst, nachdem sie aus der Sklaverei gerettet wurde, noch immer mit derselben Verzweiflung und Scham wahrnehmen würde wie vorher.

Ich kenne eine junge Frau, die so lebt. Sie kann sich ihre vergangenen Sünden einfach nicht vergeben. Sie denkt ständig krampfhaft an ihre alten Sünden. Im Grunde hat sie zwar angenommen, dass

Jesus ihre gesamte Schuld am Kreuz bezahlt hat, aber die Erinnerung an ihre Vergangenheit lässt sie nicht los.

Lieber Leser, liebe Leserin, hör mir zu! *In Christus* hast du ein neues Leben begonnen. Eines der wichtigsten Dinge in deinem Leben als Christ ist es, dich daran zu erinnern, dass Jesus alle deine Sünden getragen hat, um dir ein neues Leben voller Hoffnung, Liebe und Gemeinschaft mit ihm zu ermöglichen, und dann auch in dieser Wahrheit zu leben. Lass hinter dir, was schon längst hinter dir liegt, und lebe wie jemand, der für die Sünde gestorben ist und für Gott *in Christus* lebt.

KAPITEL 5

NICHT UNTER DEM GESETZ DURCH CHRISTUS

„So seid auch ihr, meine Brüder, dem Gesetz getötet worden durch den Leib des Christus, um eines anderen zu werden, des aus den Toten Auferweckten, damit wir Gott Frucht bringen." (Röm 7,4)

„Denn das Endziel des Gesetzes ist Christus, jedem Glaubenden zur Gerechtigkeit." (Röm 10,4)

„Ich mache die Gnade Gottes nicht ungültig; denn wenn Gerechtigkeit durch Gesetz kommt, dann ist Christus umsonst gestorben." (Gal 2,21)

„Also ist das Gesetz unser Erzieher auf Christus hin geworden, damit wir aus Glauben gerechtfertigt werden. Nachdem aber der Glaube gekommen ist, sind wir nicht mehr unter einem Erzieher." (Gal 3,24-25)

Ist es das Ziel eines christlichen Lebens, alles daran zu setzen, Gottes Gebote zu befolgen? Und was ist mit dem Gesetz, das Gott dem Volk Israel durch Mose gab? Ist die Einhaltung dieser Regeln der richtige Weg, um ein Leben zu führen, das Gott ehrt?

Bevor wir einen Schritt weitergehen, möchte ich noch einmal betonen, dass wir gewaltige Wahrheiten über die Heiligkeit Gottes, die Tragweite unserer Sünde und die Wichtigkeit der Buße (und weitere biblische Themen) lernen können, wenn wir uns mit den Gesetzen des Alten Testaments beschäftigen. Aber als Menschen in Christus leben wir unter einem anderen Bund als das Volk Israel. Paulus verwendet zwei bildliche Vergleiche aus dem Familienleben, um diesen Punkt zu veranschaulichen.

Zum einen vergleicht er das Gesetz mit einer Ehefrau, die durch die Ehe an ihren Mann gebunden ist (Röm 7,1-6). Doch nach dem Tod ihres Mannes steht es ihr frei, einen anderen Mann zu heiraten, denn der Bund der Ehe gilt nur, solange der Mann lebt.

Zum anderen vergleicht Paulus das Gesetz mit einem Babysitter (oder „Erzieher", s. Gal 3,24-25). Wenn das Kind volljährig ist, ist kein Babysitter mehr nötig, der aufpasst, dass es nichts anstellt. Es ist jetzt erwachsen.

Bitte versteh das nicht falsch. Paulus sieht das Gesetz des Alten Testaments als eine gute Gabe Gottes an (Röm 7,12). Es ist gut, weil es unsere Sünde aufdeckt und uns zeigt, dass wir Sünder sind (was an sich schon eine gute Sache ist), und weil es auf Christus hinweist (was noch viel besser ist) (Röm 3,20; 7,7; Gal 3,24). Aber Paulus macht auch ganz deutlich, dass wir nicht mehr *unter* dem Gesetz leben (Röm 6,14; Gal 5,18). Daher sollen wir keinen moralisierenden Standpunkt einnehmen und denken, dass wir Gottes Anerkennung finden, wenn wir das Richtige tun. Nur die Regeln zu befolgen ist nicht der Lebensstil, zu dem wir berufen sind.

Wir sollen uns vielmehr auf die Wahrheiten des Evangeliums besinnen. Wir stehen nämlich nur deshalb in einer Beziehung zu Gott, weil Christus an unserer Stelle gestorben ist und uns neues Leben anbietet. Oder anders ausgedrückt: Wir sollten uns nicht als

Befolger des Gesetzes ansehen, sondern als solche, die *in Christus* sind.

Ich kenne einen bekennenden Christen, dessen Leben darin besteht, dass er immer wieder versucht, Gottes Gebote zu befolgen. Nun ist es schwierig, seinen Lebensstil zu kritisieren, denn vieles von dem, was er tut, ist richtig: Er liest in der Bibel und betet. Er begeht keinen Ehebruch. Er belügt niemanden, und er versucht auch nicht, bei seiner Steuererklärung zu pfuschen. Trotzdem ist sein Leben als Christ so trocken wie ein altes Stück Brot. Warum? Weil er im Blick auf den Glauben vom richtigen Kurs abgekommen ist. Er denkt, seine moralischen Anstrengungen könnten ihn in Gottes Augen gut dastehen lassen. Er muss jedoch verstehen lernen, dass die Erlösung Christi ihn vom bloßen Befolgen des Gesetzes befreit hat. Er muss anfangen, sich selbst von der Liebe Christi erfüllen zu lassen, damit er Gott und seinen Nächsten lieben kann. Und er sollte aus Dankbarkeit für die von Gott empfangene Gnade so handeln, wie es Gott gefällt. Doch um dahin zu kommen, darf er sich selbst nicht einfach als Befolger des Gesetzes ansehen, sondern als jemanden, der *in Christus* ist.

KAPITEL 6

KEINE VERDAMMNIS IN CHRISTUS

„Also gibt es jetzt keine Verdammnis für die, die in Christus Jesus sind." (Röm 8,1)

„Was stimmt mit dir nicht?"

Jemand, der mir sehr nahesteht, hatte diese schroffe Frage in seiner Kindheit hunderte Male gehört. Jedes Mal, wenn er einen Fehler machte: „Was stimmt mit dir nicht?" Jedes Mal, wenn er etwas anders gemacht hatte als andere Kinder: „Was stimmt mit dir nicht?" Manchmal bekam er diese Frage sogar zu hören, wenn er eigentlich gerade versuchte, nett und rücksichtsvoll zu sein: „Was stimmt mit dir nicht?" Sein Vater, seine Mutter, seine ältere Schwester – sie alle stellten ihm ständig diese Frage: „Was stimmt mit dir nicht? Was stimmt mit dir nicht?"

Es überrascht nicht, dass er in dem Denken aufwuchs: Etwas stimmt mit mir nicht. Aber an dieser Stelle wird es verzwickt: Es gab wirklich etwas, das mit ihm nicht stimmte. Aber nicht so, wie du jetzt denkst. Aus menschlicher Sicht war eigentlich alles in Ordnung. Er war sogar außergewöhnlich schlau und kreativ. Aber seine kreativen Bemühungen ließen ihn in den Augen seiner Familie anders erscheinen. Also setzten sie ihn mit Worten wie „Was stimmt mit dir nicht?" unter Druck.

Aber wie schon gesagt gab es wirklich etwas, das mit ihm nicht stimmte, auch wenn diese schmerzhafte Frage völlig am Ziel vorbeischoss. Auch mit mir stimmt etwas nicht. Und ich hoffe, du kannst mir verzeihen, wenn ich behaupte, dass auch mit dir etwas nicht stimmt. Wir alle haben von Adam die Sünde geerbt, und wir alle entscheiden uns nicht allzu selten dazu zu sündigen. Ob unsere Sünde nun eher aus der Ich-mache-was-ich-will-Haltung oder aus der Ich-bin-besser-als-alle-anderen-Haltung heraus entsteht – jeder Mensch unter dem Himmelszelt ist ein Sünder, jeder verdient die Verurteilung und Bestrafung Gottes.

All das schrieb schon der Apostel Paulus in seinem wunderbaren Brief an die Römer. In diesem Brief erläutert er auch, dass Jesu Tod am Kreuz der Weg ist, durch den alle, die an ihn glauben, in Gottes Augen gerechtfertigt werden. Außerdem stellt Paulus klar, dass wir aufgrund unserer Verbindung zu Jesus der Sünde gegenüber gestorben und mit Christus zu neuem Leben auferstanden sind. Paulus erklärt sogar, warum das Gesetz seine Gewalt über uns verloren hat. Und im nächsten Moment liefert er auch noch eine atemberaubende Erklärung bezüglich der Rolle des Heiligen Geistes. Wenn Paulus im ersten Vers von Römer 8 sagt: „Also gibt es jetzt keine Verdammnis für die, die in Christus Jesus sind", dann meint er es auch so. Das Urteil über die Menschen, die *in Christus* sind, wurde ausgelöscht.

Keine Verdammnis. Kein „Was stimmt mit dir nicht?". Jesus trug das Urteil. Also verurteilt Gott dich nicht. Keine Verdammnis! Auch andere haben keinen Grund mehr, dich zu verurteilen. Keine Verdammnis! Auch du selbst solltest dich nicht verurteilen. Keine Verdammnis! Nicht einmal ein bisschen, damit du das Gefühl hast, ein wenig unter der wohlverdienten Strafe für deine vorsätzlich begangenen Sünden gelitten zu haben. Keine Ohrfeige, kein rote Karte, kein enttäuschter Ausdruck auf Gottes Gesicht. Jesus selbst hat das ganze Urteil auf seinen eigenen Schultern getragen; du musst es nicht mehr tragen.

Warum versuchen wir dann immer noch, es zu tragen? Warum hören wir immer noch auf diese missbilligende Stimme in unserem Kopf? Vielleicht sollten wir ihr einmal sagen, dass sie die Klappe halten soll – in Jesu Namen natürlich! Immer und immer wieder. Die Worte der Verdammnis können wir durch das ersetzen, was wir in diesem Buch schon herausgestellt haben: durch Worte der Verwandlung. „Ich habe durch Christus Zugang zu Gott", „In Christus bin ich der Sünde gestorben und zu neuem Leben auferstanden", „Ich bin mit Christus vereint!" und „Es gibt keine Verdammnis *in Christus!*"

KAPITEL 7

MITERBEN DES CHRISTUS

„Wenn aber Kinder, so auch Erben, Erben Gottes und Miterben Christi, wenn wir wirklich mitleiden, damit wir auch mitverherrlicht werden." (Röm 8,17)

„Also bist du nicht mehr Sklave, sondern Sohn; wenn aber Sohn, so auch Erbe durch Gott." (Gal 4,7)

„Und in ihm haben wir auch ein Erbteil erlangt, die wir vorherbestimmt sind nach dem Vorsatz dessen, der alles nach dem Rat seines Willens wirkt." (Eph 1,11)

Wenn man als Amerikaner in Louisiana geboren wurde, kann man sich glücklich schätzen. In allen anderen 49 US-Bundesstaaten können einen die eigenen Eltern, sobald man volljährig ist, vom Erbe ausschließen – egal, aus welchem Grund. Doch in Louisiana kann man nur enterbt werden, wenn ein „berechtigter Grund" besteht (weil man ihnen zum Beispiel etwas Schlimmes angetan hat). Alle anderen US-Amerikaner haben also Pech gehabt, wenn ihre Eltern dazu geneigt sind, sie zu enterben.

Unser geistliches Erbe ist dagegen nicht an die Launen menschlicher Eltern gebunden; und es steht auch nicht auf dem Spiel, wenn wir etwas so richtig verbocken. Unser Erbe ist *in Christus* gegründet. Wir sind Miterben *mit* ihm; wir haben unser Erbe *in* ihm empfangen. Und dieses Erbe ist so herrlich, so wunderbar, so grenzenlos, dass mehr als genug für alle da ist. Manche Erben führen vor dem Nachlassgericht endlose Prozesse, um anderen potenziellen Erben so viel wie nur irgend möglich streitig zu machen. Aber das Erbe, das wir empfangen, nämlich an der Herrlichkeit Jesu teilzuhaben und mit ihm in seinem kommenden Königreich zu regieren, ist so unermesslich groß, dass die, die auf der Empfängerseite stehen, keine Angst haben müssen, nicht genug davon zu bekommen. Und Jesus selbst ist unser ultimatives Erbteil.

Ich habe einmal ein kleines Erbe erhalten. Von meiner Großmutter väterlicherseits habe ich ein Dreißigstel einer Farm in Tennessee geerbt. Ein sehr motivierter Verwandter, den ich kaum kannte, schaffte es, jeden einzelnen Erben davon zu überzeugen, seinen Anteil an der Farm sofort wieder zu verkaufen. Mein Anteil am Erlös erlaubte es mir, einem Ex-Missionar ohne Ersparnisse, mein weiterführendes Studium und einen Teil meines Doktorstudiums zu bezahlen. Ich bin meiner Großmutter sehr dankbar, dass sie nicht nur ihre Kinder, sondern auch ihre Enkel als Erben eingesetzt hat.

Aber der einzige Grund, warum ich einen Anteil am Erbe bekommen habe, war, dass ich *in* meinem Vater war. Wenn meine Verbindung zu meinem Vater nicht gewesen wäre, hätte ich niemals dieses Stückchen Land geerbt. Doch ich hatte genau diese Verbindung zu meinem Vater, und er wiederum hatte eine zu seiner Mutter, meiner Oma.

Genauso ist es auch mit unserem geistlichen Erbe: Der einzige Weg, einen Anteil an diesem Erbe zu erhalten, das Gott für seine Kinder aufbewahrt, ist unsere Verbindung zum Herrn Jesus. Jesus wurde als Erbe eines herrlichen künftigen Königreiches eingesetzt. Und wir dürfen daran teilhaben, weil wir es *mit* ihm und *in* ihm empfangen.

Miteinbezogen? Sogar in Gottes Erbe? Ich wurde nicht einfach nur zum Abendessen eingeladen, weil jemand mein trauriges Dasein bemerkte und Mitleid mit mir hatte. Ich wurde durch Gnade in Gottes Familie aufgenommen – nicht als Haushälter, nicht als Koch und auch nicht als Gärtner, sondern als geliebtes Familienmitglied, das mit Christus einen anteiligen Anspruch auf das Erbe hat. Das Erbe ist zwar zukünftig, aber das Testament, in dem ich namentlich als Erbe geführt werde, wurde bereits aufgesetzt, im Beisein von Zeugen unterschrieben und mit dem Heiligen Geist versiegelt.

Brüder und Schwestern, lasst uns nach vorne schauen, sehnsüchtig und voller Hoffnung! Lasst uns auf den Tag schauen, an dem wir neben Jesus in der Gegenwart des Vaters stehen und das Privileg erfahren werden, das gemäß natürlichem Recht nur Christus zugestanden hätte! Dieses Erbe werden wir als Miterben Christi aufgrund unserer Stellung *in Christus* erhalten.

KAPITEL 8

VERMITTLUNG DURCH CHRISTUS

„Wer ist da, der verdammt? Christus Jesus ist es, der gestorben, ja noch mehr, der auferweckt, der auch zur Rechten Gottes ist, der sich auch für uns verwendet." (Röm 8,34)

„Denn einer ist Gott, und einer ist Mittler zwischen Gott und Menschen, der Mensch Christus Jesus." (1Tim 2,5)

Eines der wichtigsten Worte in dem Land im Nahen Osten, in dem meine Frau und ich sieben Jahre lang gelebt haben, lautet wörtlich übersetzt „Torpedo". So wie die Menschen dort es im Alltag benutzen, hat es jedoch wenig mit explosiven Stoffen zu tun. Man verwendet es, um ein wichtiges soziales Phänomen zu beschreiben. Jeder benutzt dieses Wort – ständig! Jeder ist auf „Torpedo" angewiesen. Es ist lebenswichtig im Nahen Osten. Wenn jemand „Torpedo" hat, kennt er einflussreiche Menschen, die ihm bei schwierigen Dingen helfen können. Es ist also in etwa das, was wir unter „Vitamin B" verstehen. Man hat „Connections" oder „lässt seine Beziehungen spielen".

Doch all diese Ausdrücke sind verhältnismäßig schwach, denn im Nahen Osten ist „Torpedo" noch viel bedeutsamer. Viele Menschen dort glauben an das Schicksal, getreu dem Motto: Es passiert, was passieren soll. Es sei denn, man hat „Torpedo", es sei denn, man kennt jemanden mit genug Einfluss. Wenn man kein „Torpedo" hat, kann das Leben ziemlich hart sein. Du brauchst einen Kredit? Keine Chance! Nicht ohne „Torpedo". Bei dir zu Hause wurde der Strom abgestellt, und du brauchst jemanden, der sich darum kümmert? Ohne „Torpedo“ kannst du lange warten. Du hoffst auf ein positives Urteil in einem Gerichtsverfahren? Dann brauchst du Torpedo – und zwar nicht zu wenig.

Ähnlich wie heute im Nahen Osten war „Torpedo“ schon damals, zu der Zeit, als Paulus seine Briefe verfasste, sehr wichtig. Die Verbindung zu einem Richter oder zu jemandem, der den Richter kannte, entschied oft darüber, ob ein Fall vor Gericht überhaupt verhandelt wurde, und wenn es dazu kam, ob man mit einem positiven Ergebnis rechnen konnte oder nicht. Wenn Paulus also damals schrieb, dass Jesus auf einem Ehrenplatz zur Rechten Gottes sitzt und für dich eintritt, so hatten diese Worte eine große Tragweite für seine Leser. „Was für eine Beziehung! Wer kann uns jetzt noch verurteilen? Niemand! Wer könnte jemals erfolgreich gegen Gottes Auserwählte klagen? Niemand, denn unser ‚Torpedo‘ ist der Eine, der für uns vor Gott eintritt: Jesus höchstpersönlich!“

Nur einige Verse zuvor sagt Paulus in Römer 8 etwas Ähnliches in Bezug auf den Heiligen Geist, nämlich dass er sich für uns verwendet, wenn wir beten. Also legen laut der Bibel sowohl der Heilige Geist als auch Jesus für uns Fürsprache ein, auch wenn Paulus ihr jeweiliges Handeln meiner Auffassung nach unterschiedlich wahrnahm: Den Heiligen Geist (Röm 8,26) stellt er eher als Anwalt dar, der seinem Mandanten zur Seite steht und ihm Ratschläge gibt, was er sagen soll. Jesus (Röm 8,34) beschreibt er jedoch eher als Berater an der Seite des Richters, der den Angeklagten persönlich kennt und ein gutes Wort für ihn einlegt. Diesem zweiten Vergleich setzt Paulus sogar die Krone auf, wenn er schreibt, dass der Richter gleichzeitig auch der Vater dessen ist, der neben ihm sitzt, und sogar bereit ist, seinen eigenen Sohn für den Angeklagten zu opfern! Dieser „Torpedo“ hat eine ungeheure Kraft!

Vergiss nicht: Wenn Jesus nicht an der Seite des Richters säße, wäre dir eine Verurteilung sicher. Nur dadurch, dass Jesus für dich eintritt, wird jeder Vorwurf gegen dich abgeschmettert. Kein Wunder, dass Paulus in den folgenden Versen freudig in einen solchen Lobpreis ausbricht! Wir haben einen Vermittler, der sich für uns verwendet, weil wir *in Christus* sind.

KAPITEL 9

SIEG DURCH CHRISTUS

„Aber in diesem allen sind wir mehr als Überwinder durch den, der uns geliebt hat." (Röm 8,37)

„Gott aber sei Dank, der uns den Sieg gibt durch unseren Herrn Jesus Christus!" (1Kor 15,57)

„... er hat die Gewalten und die Mächte völlig entwaffnet und sie öffentlich zur Schau gestellt. In ihm hat er den Triumph über sie gehalten." (Kol 2,15)

Ist es nicht paradox, dass Paulus in Römer 8,37 sagt, dass wir mehr als Überwinder sind, obwohl er kurz zuvor von Verfolgung und kurz danach von den Mächten der Finsternis redet? Genauso wie es heute Christen gibt, die verfolgt werden, wurden auch die Christen im ersten Jahrhundert verfolgt. Wir gewinnen nicht immer. Wir sehen uns mit Versuchungen und Anfechtungen durch den Teufel und seine Dämonen konfrontiert. Manchmal verlieren wir diese Kämpfe. Aber Paulus behauptet trotzdem: „Wir sind mehr als Überwinder." Haben wir nun gewonnen oder nicht? Sind wir wirklich Überwinder?

Ja und nein. Einerseits sind wir es schon jetzt, andererseits aber auch nicht – noch nicht. Schon jetzt, noch nicht ... Irgendwie ist beides in unserem Leben als Christen vorhanden. Spreche ich mit gespaltener Zunge? Ergibt das alles Sinn?

Die Wahrheit ist, dass die Stellen im Neuen Testament über den Zusammenhang zwischen Jesu Tod und unserem täglichen Leben nur Sinn ergeben, wenn wir Aussagen bejahen wie: „Es ist schon passiert, aber es ist noch nicht vollendet", „Das Reich Gottes hat schon angefangen, aber es ist noch nicht vollständig hier" und „Die Zukunft hat schon angefangen, aber sie ist noch nicht ganz da". Es gibt einige Stellen im Neuen Testament, einschließlich Paulus' Lehre über das *In-Christus-Sein*, die wir erst dann verstehen, wenn wir akzeptieren, dass solche Aussagen notwendig sind, und uns bemühen, unser Leben danach auszurichten.

Alle ein bis zwei Jahre wird mein Grundstück von einer Ratte heimgesucht. Dieses Jahr hat eine Ratte all meine Tomaten gefressen, bevor ich überhaupt wusste, dass sie wieder die Gegend unsicher macht.

Ich hasse Ratten. In meinen Augen gehören sie ungefähr in dieselbe Kategorie wie Dämonen. Interessanterweise neigen Ratten dazu, immer dann aufzutauchen, wenn ich gerade vor geistlichen Anfechtungen stehe. (Aus dieser Beobachtung will ich keine theologischen Schlüsse ziehen.) Schon einige Male sind Ratten in meine Garage eingedrungen und haben ein fürchterliches Chaos hinterlassen.

Das erste Mal, als eine Ratte in meiner Garage war, habe ich unter einem Regal etwas Gift als kleinen „Snack" für die Ratte deponiert. (Zu diesem Zeitpunkt hatte ich noch nicht herausbekommen, dass Fallen viel effektiver sind.) Und jetzt wird es abstoßend (spring einfach zum Ende des Absatzes, wenn du eine Ratten-Phobie hast). Dieser fiese Nager fraß das Gift und besiegelte damit sein Schicksal. Doch bevor die Ratte starb, tobte sie wie entfesselt durch die Garage, zerfetzte unsere Bettwäsche, fraß sich durch unsere Essensvorräte, hinterließ überall Kot (ich habe dich gewarnt) und kroch letztendlich in eine Ecke, in der sie verendete. All das bemerkten wir leider erst, als der abscheuliche Verwesungsgeruch einsetzte. (Warum hat Gott Ratten überhaupt erschaffen? Das wäre einmal eine Frage, auf die ich gerne eine theologisch fundierte Antwort hätte!)

Jesu Tod am Kreuz versetzte Satan einen tödlichen Schlag. Daher stimmt es, wenn Paulus sagt, dass Jesus am Kreuz über den Teufel triumphiert hat. Und wie bei der sterbenden Ratte weiß Satan, dass sein Schicksal besiegelt ist, doch bis es so weit ist, tobt er wie entfesselt und versucht dabei, alles und jeden mitzureißen – bis zum letzten Moment. Er ist gefährlich. Weit gefährlicher als eine sterbende Ratte. Eher wie ein verwundetes Raubtier. Aber wir können zuversichtlich sein, dass sein Untergang sicher ist. Es gibt nichts Böses, das uns widerfährt, aus dem Jesus uns nicht rechtzeitig einen Ausweg gewährt. Kein Dämon kann uns angreifen und uns aus unserer Stellung reißen, da wir in Christus verwurzelt sind. Wir mögen unter Verfolgung und geistlichen Kämpfen leiden, aber in diesem allen können wir sicher sein, dass wir an Christi Sieg teilhaben, dass wir mehr als Überwinder sind – denn unser Sieg ist *in Christus.*

KAPITEL 10

KEINE TRENNUNG IN CHRISTUS

„Wer wird uns scheiden von der Liebe Christi? Bedrängnis oder Angst oder Verfolgung oder Hungersnot oder Blöße oder Gefahr oder Schwert?" (Röm 8,35)

„Denn ich bin überzeugt, dass weder Tod noch Leben, weder Engel noch Gewalten, weder Gegenwärtiges noch Zukünftiges, noch Mächte, weder Höhe noch Tiefe, noch irgendein anderes Geschöpf uns wird scheiden können von der Liebe Gottes, die in Christus Jesus ist, unserem Herrn." (Röm 8,38-39)

Wir hatten schon den halben Ozean überquert, doch die Tränen flossen immer noch. Während unseres Flugs über das amerikanische Festland und den Großteil des Atlantiks weinten Trudi und ich auf unseren Sitzplätzen still vor uns hin.

Das Flugzeug brachte uns aus unserer Heimat ins kalte Deutschland. Kurz vor dem Einchecken am *San Francisco International Airport* tauschten wir ein tränenreiches Lebewohl mit unseren engsten Familienangehörigen aus. Wir wussten, dass wir sie nun für eine sehr lange Zeit nicht mehr sehen würden. Bevor wir an Bord gingen, warfen wir ihnen einen letzten Blick zu und nahmen ihre Angst wahr, uns vielleicht nie wieder zu sehen.

Doch unsere Familie zu verlassen war nur ein Teil der Trennung, die wir durchleben sollten. Unser neues Zuhause war West-Berlin. Wir kamen gegen Ende des Kalten Krieges, ein Jahr vor dem

Mauerfall, in der Großstadt an. Acht Monate lang wohnten wir in einem Gebäude, das noch stark vom Zweiten Weltkrieg gezeichnet war. Unsere Nachbarschaft war voll von Gastarbeitern aus dem Nahen Osten. (Wir waren nach Berlin gezogen, um dort unter Immigranten ihre Sprache zu lernen, bevor wir in den Nahen Osten gingen.) Wir konnten kein Wort Deutsch und fingen gerade erst an, die Sprache unserer Zielgruppe im Nahen Osten zu lernen. Als wir in Berlin ankamen, war es Januar. Es war kalt, und die dunklen Nächte zogen sich noch länger hin als die bewölkten Tage. Politisch gesehen war Berlin isoliert, und auch geografisch war es umschlossen von einer rund 160 Kilometer langen und dreieinhalb Meter hohen Mauer, hinter der Hunderte von ostdeutschen und russischen Militäreinheiten stationiert waren. Wir waren nicht nur von unserer Familie, unserer Sprache und dem sonnigen Wetter Kaliforniens getrennt – in Berlin waren wir vom ganzen Rest der Welt getrennt.

Doch im Gegensatz zu unserer räumlichen Trennung waren wir *nicht* von der Liebe Christi getrennt; trotz all der Einsamkeit und Orientierungslosigkeit, die uns jeden Morgen kalt begrüßten, war Gott mit uns und wir waren noch immer *in Christus.* Wir schlossen uns einer kleinen Gruppe von Gläubigen an, bestehend aus drei deutschen Frauen, einer koreanischen Familie und einem Amerikaner. Mit ihnen trafen wir uns regelmäßig zum Gebet. Ich fand einen Spazierweg entlang eines Kanals, wo ich beten konnte. Inmitten von menschlicher Trennung fand ich Trost im Gebet. Trudi erfuhr Gottes Fürsorge durch Andachtsbücher, Lobpreismusik und Haydns Trompetenkonzert. Ständig wurden wir in unserer Umgebung an die Trennung erinnert, doch wir spürten immer mehr, dass wir von Jesu Liebe umgeben waren. Ich schrieb Lobpreislieder, und Trudi führte Tagebuch. Nichts konnte uns von unserem Herrn trennen. Rein gar nichts konnte uns von der Liebe Christi trennen.

„Aber ich spüre Gottes Liebe nicht immer." Ich weiß nicht, wie oft ich diesen Satz schon gehört habe. Doch bevor wir auf Gefühle eingehen ... Könnten wir bitte noch einmal klarstellen, dass wir mit beiden Beinen auf der Wahrheit gegründet sind? In den letzten sechs Kapiteln haben wir einige Dinge anhand von Römer 8 neu ausgelotet. Dieses herrliche Kapitel beginnt mit dem Thema *Keine Verdammnis* und endet mit *Keine Trennung.* Dazwischen haben wir gelernt, dass es *keinen Verlust unseres Erbes* (wir sind Miterben Christi), *keine Verurteilung* (Christus steht für uns ein) und *keine Niederlage* (Christus siegt) gibt. Dies alles ist wahr, unumstößlich wahr, ob wir es nun fühlen oder nicht! Es ist die unumstößliche Grundlage für ein verändertes Leben, anders als unsere Gefühle, die ins Schwanken geraten. Nichts – nicht das Leben, nicht der Tod, keine Engel oder Dämonen, weder die Gegenwart noch die Zukunft – kann uns von Gottes Liebe in Jesus Christus, unserem Herrn, trennen. Wir haben Anteil an dieser Wahrheit und leben *ohne Trennung,* weil wir *in Christus sind.*

KAPITEL 11

ZUGEHÖRIGKEIT ZU CHRISTUS

„… ihr aber seid Christi." (1Kor 3,23)

„Wenn jemand sich zutraut, dass er Christus angehört, so denke er andererseits dies bei sich selbst, dass, wie er Christus angehört, so auch wir." (2Kor 10,7)

„Die aber dem Christus Jesus angehören, haben das Fleisch samt den Leidenschaften und Begierden gekreuzigt." (Gal 5,24)

Ich möchte dir etwas erzählen, das dich überraschen wird: Wenn man in den Vereinigten Staaten ein Kind adoptiert, stellt die Regierung eine neue Geburtsurkunde für das Kind aus. Das Geburtsdatum, der Geburtsort und der Name des Krankenhauses bleiben gleich, aber die Namen der leiblichen Eltern werden ausgetauscht. Als ich das zum ersten Mal hörte, traute ich meinen Ohren kaum, weil es doch im Grunde nicht der Wahrheit entspricht. Wer gibt den Behörden das Recht, die Vergangenheit zu verändern?

Meine Frau und ich haben unsere beiden jüngsten Töchter adoptiert, als sie neun und elf Jahre alt waren. Laut ihren Geburtsurkunden sind Trudi und ich ihre biologischen Eltern. Es gibt keinen urkundlichen Beleg dafür, dass sie adoptiert wurden. Jeder, der die Geburtsurkunden liest, wird davon ausgehen, dass meine Frau sie beide neun Monate lang in sich trug und sie schließlich nach einer hektischen Autofahrt ins Krankenhaus verbunden mit schmerzhaften Wehen zur Welt brachte. Es ist so, als seien Trudi und ich bei ihrer Geburt wirklich dabei gewesen.

Wie unangemessen ich die Vorstellung, dass jemand die Geschichte ändert, auch finde – ich liebe das Bild, das sich aus dieser Kuriosität des Adoptionsrechts ergibt. Als wir in die Familie Gottes aufgenommen wurden, beanspruchte Jesus uns als sein Eigentum. Wir gehören nun ihm. Ihm allein. Wir gehören niemand anderem. Sämtliche anderen Ansprüche wurden vollständig aufgehoben.

Erst kürzlich hörte ich von einer Frau, die ihren Job an der Ostküste kündigte, um ihrer Schwester zu helfen, die an der Westküste lebte. Sie war die einzige Verwandte, zu der sie noch Kontakt pflegte. Sie zog zu ihrer Schwester, um auf deren Kinder aufzupassen, während sich diese von einer kräftezehrenden Krankheit erholte. Die gesundheitliche Krise ihrer Schwester dauerte schließlich länger als ein Jahr. Während der ganzen Zeit kümmerte sich die jüngere Schwester um die Familie. Doch als die ältere Schwester ihre Krankheit auskuriert hatte, teilte sie der jüngeren unvermittelt und schonungslos mit, dass sie nun wieder gehen solle. Traurigerweise erfuhr sie an diesem Tag nicht nur, dass sie nicht länger gebraucht wurde, sondern auch, dass sie nicht wirklich erwünscht war. Diese Frau, die alles für ihre Schwester aufgegeben hatte, stand plötzlich ohne Job, ohne ein Zuhause, ja, sogar ohne Familie da.

Zum Glück kannte sie Christus. Sie suchte eine Gemeinde auf und fand dort Unterstützung von Gläubigen. Doch sie kämpft noch immer mit dem Gedanken, dass sie nirgends wirklich hingehört.

Auch einige der Studenten, mit denen ich bei meiner täglichen Arbeit in Berührung komme, fühlen sich, als gehörten sie nirgends so richtig dazu. Am Anfang eines jeden Semesters lasse ich mir von jedem meiner Studenten einige biografische Angaben machen.

Mich überraschen immer wieder die Antworten auf die einfachsten Fragen: Wo kommst du her? Wo ist für dich dein Zuhause? Manche Studenten geben dann ihr Quartier am Studienort an. Sie sind an einem anderen Ort aufgewachsen, aber sie fühlen sich dort nicht zu Hause.

Liebe Schwester, lieber Bruder im Herrn, geht es auch dir so? Kommt es dir so vor, als gehörst du an keinen Ort, zu keiner Gruppe, nicht einmal zu deiner Familie? Lass mich dir in der Vollmacht des Wortes Gottes sagen: Wenn du ein Kind Gottes bist, gehörst du zu Jesus. Er sagt: „Du bist mein! Du bist von mir geliebt! Du gehörst zu mir!“ Du gehörst zu Christus, weil du *in Christus* bist.

KAPITEL 12

RECHTFERTIGUNG IN CHRISTUS

„Und das sind manche von euch gewesen; aber ihr seid abgewaschen, aber ihr seid geheiligt, aber ihr seid gerechtfertigt worden durch den Namen des Herrn Jesus Christus und durch den Geist unseres Gottes." (1Kor 6,11)

„Als aber die Güte und die Menschenliebe unseres Retter-Gottes erschien, rettete er uns, nicht aus Werken, die, in Gerechtigkeit vollbracht, wir getan hätten, sondern nach seiner Barmherzigkeit durch die Waschung der Wiedergeburt und Erneuerung des Heiligen Geistes. Den hat er durch Jesus Christus, unseren Retter, reichlich über uns ausgegossen, damit wir, gerechtfertigt durch seine Gnade, Erben nach der Hoffnung des ewigen Lebens wurden." (Tit 3,4-7)

Diplomatische Immunität. Das ist das, was wir uns alle wünschen, wenn wir wegen zu schnellen Fahrens rausgewunken werden. Wie praktisch wäre es da, wenn man sagen könnte: „Tut mir leid, aber Sie können mir kein Knöllchen geben. Ich habe *diplomatische Immunität*."

Oder stell dir vor, du stündest vor einer Richterin, die von dir verlangt, dass du die 25 000 Knöllchen fürs Falschparken bezahlst, die du wissentlich ignoriert hast. Wäre es da nicht super, wenn du sagen könntest: „Frau Richterin, ich muss diese Knöllchen nicht bezahlen. Ich genieße *diplomatische Immunität*"?

Rechtfertigung ist so ähnlich wie diplomatische Immunität. Rechtfertigung hat nichts damit zu tun, dass wir irgendwie unser eigenes Handeln rechtfertigen, als hätten wir gar nichts falsch gemacht. Das Gegenteil ist der Fall. Biblische Rechtfertigung bedeutet, dass wir *trotz* unserer schwerwiegenden und wiederholten Sünden rechtsgültig freigesprochen werden. Das könnte auch der Grund sein, warum Paulus einige vergangene Sünden der Korinther anspricht, kurz bevor er sich in 1. Korinther 6,11 dem Thema Rechtfertigung widmet: sexuelle Unmoral, Götzendienst, Habgier, übermäßiger Alkoholkonsum, Raub und Betrug (6,9-10). Während Paulus diese Sünden unterstreicht, statt sie zu verschweigen, erinnert er die Korinther nachdrücklich daran, dass sie im Namen Jesu gereinigt, geheiligt und gerechtfertigt sind (alles einzigartige Bilder für ihre Errettung) (6,11).

In einem anderen Abschnitt über Rechtfertigung, den Paulus an seinen Schützling Titus richtet, schreibt er, dass wir „nicht aus Werken, die, in Gerechtigkeit vollbracht, wir getan hätten", errettet sind, sondern weil wir „gerechtfertigt [sind] durch seine Gnade" (Tit 3,4-7). Auch wenn jemand es irgendwie schaffen würde, ein *wirklich* vorbildliches Leben zu führen, und 70 Jahre lang nur eine klitzekleine Sünde am Tag begehen würde, hätte er am Ende seines Lebens trotzdem ca. 25 000 Sünden begangen.[3] Und niemand kommt mit einer einzigen Sünde davon, geschweige denn mit 25 000 Sünden – selbst wenn es nur Knöllchen fürs Falschparken sind –, es sei denn, ihm wurde diplomatische Immunität gewährt.

So ist es auch mit unserem Status vor Gott, wenn wir „durch Jesus Christus, unseren Retter" (Tit 3,6) gerechtfertigt wurden. Wir wurden trotz unserer Sünden gerechtfertigt. Wir genießen *In-Christus-Immunität.* Genauso wenig wie ein Diplomat in einem fremden Land rechtlich belangt werden kann, auch wenn er während seines

Aufenthalts dort 25 000 Knöllchen gesammelt hat, wird Gott, der Richter, uns für unsere Sünden zur Rechenschaft ziehen, wenn wir in sein Land kommen. Warum? Nur weil wir gerechtfertigt sind und weil uns „durch den Namen des Herrn Jesus Christus" (1Kor 6,11) die umfassendste Immunität gewährt ist, die es gibt, können wir der Strafverfolgung sowohl für unsere „kleineren" Fehltritte als auch für unsere schweren Verbrechen entgehen. Wie der Status eines Diplomaten auf einer Verbindung gründet, die außerhalb von ihm selbst liegt, so gründet unsere Stellung auf unserer Verbindung zum Herrn Jesus. Und nur auf der Grundlage dieser Verbindung sind wir von einer Anklage wegen unserer Sünden befreit.

Gott hat uns für gerecht erklärt. Und wenn Gott das erklärt hat – und dazu Himmel und Erde in Bewegung gesetzt hat –, wer sind wir, dass wir so leben, als sei dem nicht so? Wir können voller Zuversicht davon ausgehen, dass wir in Christus eine neuen Status erreicht haben. Wir werden niemals für unsere Sünden angeklagt und verurteilt, wenn wir mit Christus verbunden sind. Weil wir zu Christus gehören, haben wir einen veränderten Status: Wir sind gerechtfertigt *in Christus.*

KAPITEL 13

SKLAVEN UND DOCH FREI IN CHRISTUS

„Denn der als Sklave im Herrn Berufene ist ein Freigelassener des Herrn; ebenso ist der als Freier Berufene ein Sklave Christi. Ihr seid um einen Preis erkauft." (1Kor 7,22-23)

Was dich definiert, sind nicht deine Verpflichtungen. Es ist auch nicht deine Freiheit von Verpflichtungen. Was dich definiert, ist dein *In-Christus-Sein.* Angenommen, deine Eltern wären beide Sklaven. Dementsprechend wärst du in die Sklaverei hineingeboren worden. Als jemand, der an den Herrn Jesus glaubt, solltest du deine Perspektive wechseln und dich nicht als Sklaven ansehen, sondern als jemanden, den Christus befreit hat. Doch auch wenn du in die Freiheit hineingeboren wurdest, solltest du deine Perspektive wechseln: Als jemand, der *in Christus* ist, solltest du anfangen, dich als einen Sklaven Jesu zu betrachten.

Die Herrnhuter Missionare Johann Leonhard Dober und David Nitschmann verließen Deutschland im Jahr 1732 mit der Absicht, den afrikanischen Sklaven auf den karibischen Inseln Saint Croix und Saint Thomas die christliche Nächstenliebe und das Evangelium zu bringen. Als die beiden Männer nach Dänemark reisten, um von dort aus die Überfahrt zu den Inseln anzutreten, erfuhren Mitarbeiter der Dänischen Westindien-Kompanie von ihren Plänen, und diese missfielen ihnen sehr. Doch die beiden Missionare verfolgten ihre

Pläne ganz beharrlich. Sie gingen sogar so weit, dass sie *sich selbst als Sklaven anboten*, um auf diese Weise zu den Sklaven zu gelangen. Dieses Angebot wurde abgelehnt, weshalb die Männer sich bei der dänischen Königin persönlich beschwerten, und von ihr schließlich die Genehmigung bekamen, ihrer Mission nachzugehen. Die Eigentümer der Dänischen Westindien-Kompanie stellten sich den Missionaren jedoch weiterhin in den Weg und ließen keine Überfahrt auf einem ihrer Schiffe zu. Doch Dober und Nitschmann fanden einen Weg, dennoch auf die Inseln zu gelangen. Sie setzten ihren Pläne in die Tat um, lebten in einfachen Verhältnissen und versuchten, die zu erreichen, die zu Unrecht versklavt waren.[4]

Diese beiden Männer und alle weiteren Herrnhuter Missionare, die ihrem Beispiel folgten, lehrten unter den gläubig gewordenen Sklaven, dass sie sich als Freigelassene des Herrn betrachten konnten, obwohl Dober und Nitschmann sich selbst als Sklaven des Herrn ansahen, was sich in ihrer Bereitschaft zeigte, tatsächlich Sklaven zu werden. Im Dienst für ihren himmlischen Herrn lebten sie in dem Wissen, dass sie ihm gehörten. Die meisten von uns müssen *beide* Wahrheiten lernen: dass wir gleichzeitig Sklaven *und* Freigelassene des Herrn sind. Jemand, der in der Welt ein Sklave ist, muss insbesondere lernen, dass er in Christus frei ist. Ein anderer, der in Freiheit lebt, muss insbesondere lernen, was es heißt, als Sklave Christi zu leben. Doch für jeden ist es sinnvoll, beide Konzepte zu verinnerlichen.

Ich möchte keinesfalls die harte Realität körperlicher Sklaverei herunterspielen, und doch ist es so, dass die meisten Menschen auf der Welt zwar faktisch keine Sklaven, aber dennoch nicht frei sind, das zu tun, was sie wollen. So viele Menschen gehen niederen Tätigkeiten unter schlechten Arbeitsbedingungen nach, die ihnen keinen Gewinn bringen, die sie aber auch nicht kündigen können, da ihre

Familien auf ihr Einkommen angewiesen sind. Andere nagen am Hungertuch, weil sie Schulden für Ausbildung und Arztrechnungen abbezahlen müssen. Wieder andere kümmern sich Tag für Tag um ihre Kinder und fühlen sich in ihren kleinen Häusern oder Wohnungen eingesperrt. Sie alle können Freiheit im Herzen finden, indem sie die Wahrheit erkennen, dass sie in Christus tatsächlich frei sind!

Vielleicht wurdest du in ein privilegierteres Leben hineingeboren. Dir wurden Besitz und alle Chancen in die Wiege gelegt. Dein Problem ist, dass du die Qual der Wahl zwischen mehreren guten Optionen hast. In diesem Fall ist es wichtig, dass du die Wahrheit erkennst, dass du ein Sklave des Herrn bist; dein Leben gehört nicht länger dir selbst. „Ihr seid um einen Preis erkauft", sagt Paulus in 1. Korinther 7,23. Das bedeutet, dass du jemand anderem gehörst.

Die meisten von uns müssen beide Wahrheiten verinnerlichen, da beide nicht nur wahr, sondern auch wichtig sind. Du bist sowohl ein Sklave als auch ein Freigelassener – ein Sklave *des Christus* und ein Freigelassener *in Christus*.

KAPITEL 14

AUFERSTEHUNG IN CHRISTUS

„Nun aber ist Christus aus den Toten auferweckt, der Erstling der Entschlafenen; denn da ja durch einen Menschen der Tod kam, so auch durch einen Menschen die Auferstehung der Toten. Denn wie in Adam alle sterben, so werden auch in Christus alle lebendig gemacht werden." (1Kor 15,20-22)

„... denn wir wissen, dass der, welcher den Herrn Jesus auferweckt hat, auch uns mit Jesus auferwecken und mit euch vor sich stellen wird." (2Kor 4,14)

„Denn wenn wir glauben, dass Jesus gestorben und auferstanden ist, wird auch Gott ebenso die Entschlafenen durch Jesus mit ihm bringen." (1Thes 4,14)

Musstest du dich in deiner Schulzeit mit dem griechischen Philosophen Platon auseinandersetzen? Wusstest du, dass Platon uns manchmal in den Gottesdienst begleitet? So mancher Christ trägt nämlich unbewusst Platons Vorstellungen über unseren Geist und Körper mit sich herum. Platon war ein großartiger Denker, der viele hilfreiche Gedanken vorantrieb. Doch ein ganz und gar nicht hilfreicher Gedanke von ihm, der die Sicht vieler Christen auf den Himmel maßgeblich geprägt hat, ist der, dass nichtmaterielle Dinge wie Gedanken und Ideen oder geistige Realitäten von Grund auf gut und materielle Dinge wie der menschliche Körper von Grund auf böse sind. Einige

Christen, die nach der Zeit der Apostel lebten, wurden von Platons Gedankengut zu diesem Thema beeinflusst. Das führte dazu, dass im Laufe der Geschichte – und sogar bis heute – viele Christen glaubten bzw. glauben, dass der Himmel, in dem sie eines Tages wohnen werden, ein rein geistlicher Ort sei, an dem die Seelen der Menschen in endloser Ruhe getrennt von ihren Körpern herumschweben. Daher kommt auch die Vorstellung, dass man dort auf einer Wolke sitzt und um einen herum nichts weiter ist als endloses Weiß.

Willst *du* eines Tages so ein körperloses Dasein führen? Wohl kaum. Und ich auch nicht. Glücklicherweise ist es auch nicht das, was die Bibel über den neuen Himmel und die neue Erde lehrt. Das wissen wir vor allem, weil Jesus selbst menschliche Gestalt annahm, in seinem menschlichen Körper gekreuzigt wurde und mit einem neuen *Körper* auferstand. Da wir mit ihm vereint (also *in ihm)* sind, wird unsere Auferstehung wie seine sein! Unsere auferstandenen Körper werden sein wie seiner (Phil 3,20-21).

Das bedeutet, dass wir in unserer ewigen Zukunft sowohl einen Geist als auch einen Körper haben werden. Viele der Dinge, die wir an unserer jetzigen Welt lieben, sind ein Vorgeschmack auf all das Gute, das wir in der Zukunft erleben werden. Magst du gutes Essen? An dem Ort, den Jesus für uns vorbereitet, wird es köstliches Essen geben. Sitzt du gerne an einem Fluss im Schatten eines saftig-grünen Baums? Wirf einmal einen genauen Blick in die Offenbarung (Offb 21–22, insbesondere Kapitel 22, Verse 1-5). Hast du in Bezug auf den darin beschriebenen Ort den Eindruck, als gebe es dort nur schwebende Seelen und endlose weiße Wolken?

Wenn du also das nächste Mal gutes Essen genießt, sieh es als (buchstäblichen!) Vorgeschmack auf noch besseres Essen mit noch intensiveren Geschmacksrichtungen an, das du eines Tages in deinem auferstandenen Körper genießen wirst.

Wenn du das nächste Mal eine inspirierende Unterhaltung mit einer gläubigen Person führst, lass die Ermutigung, die du nach diesem Gespräch empfindest, eine Vorahnung auf noch ermutigendere Gespräche sein, die du im Himmel führen wirst, unter anderem mit den großartigen Glaubenshelden aus der Vergangenheit. Wenn du nach einem ausgiebigen Gebet unter einem saftigen Baum am Ufer eines Flusses Trost von Gott empfängst und dich geborgen fühlst, dann lass die Vorfreude auf deine zukünftigen Gespräche wachsen, die du mit Jesus von Angesicht zu Angesicht unter dem Baum des Lebens führen wirst!

Es gibt noch so viel mehr als das, was ich gerade beschrieben habe und worauf wir uns freuen können, wenn wir durch den Glauben mit Christus vereint sind. Im Lichte der vor dir liegenden Auferstehung – bist du nicht dankbar, *in Christus* zu sein?

KAPITEL 15

DER SCHLEIER IST WEGGENOMMEN IN CHRISTUS

„Da dieser neue Bund uns diese Hoffnung gibt, können wir alles wagen. Wir sind nicht wie Mose, der sein Gesicht verhüllte, damit das Volk Israel nicht sah, wie der Glanz der Herrlichkeit Gottes darauf verging. Doch die Gedanken der Menschen wurden verfinstert, und bis auf den heutigen Tag liegt ein Schleier über ihrem Denken. Wenn das Gesetz des alten Bundes vorgelesen wird, erkennen sie die Wahrheit nicht. Dieser Schleier kann nur durch den Glauben an Christus aufgehoben werden. Ja, noch heute sind ihre Herzen, wenn sie die Schriften Moses lesen, durch diesen Schleier verhüllt, sodass sie sie nicht verstehen. Doch wenn sich jemand dem Herrn zuwendet, wird der Schleier weggenommen." (2Kor 3,12-16; NLB)

In dem Klassiker *Farm der Tiere* erzählt George Orwell eine fesselnde Geschichte über Tiere auf einer Farm, die einen Aufstand anzetteln.[5] Nachdem die Tiere ihren menschlichen Besitzer vertrieben haben, leiten die Schweine, die cleversten Tiere dort, die erste jemals von Tieren geführte Farm. Leider wird der Wunsch der Tiere nach einer utopischen Gesellschaft ohne menschlichen Einfluss von der Machtgier der Schweine, insbesondere von einem wichtigtuerischen Schwein, unterlaufen.

Doch die *Farm der Tiere* ist nicht einfach nur ein Märchen über Farmtiere, sondern eine politische Satire gegen das kommunistische Russland unter der diktatorischen Herrschaft von Josef Stalin. Das ist grundlegend für das Verständnis von Orwells Buch. Wenn man *Farm der Tiere* ohne dieses Wissen liest, ist es, als ob man ein Buch durch einen dichten Schleier lesen würde. Vordergründig versteht man es, aber den eigentlichen Hauptgedanken des Autors verpasst man.

In 2. Korinther 3,12-16 sagt Paulus, dass *Christus* der Schlüssel für das Verständnis des Alten Testaments ist, einschließlich des mosaischen Gesetzes. Jeder, der nicht einsieht, dass das Gesetz Moses letztlich auf Christus hinweist, versucht, die Botschaft dieses Gesetzes zu verstehen, als würde er durch einen dichten Schleier blicken. Jeder, der Jesus nicht annimmt – und dabei dachte Paulus an viele seiner Mitjuden, die Jesus ablehnten –, ist wie das israelitische Volk, das zusammenkam und Mose ansah, dessen Gesicht mit einem Schleier verhüllt war. Die Israeliten verstanden deshalb seine Anweisungen nicht, weil ihre Herzen verhärtet waren. Anstatt zu akzeptieren, dass Gott die Gesetze oder, besser gesagt, den gesamten alten Bund vorrangig dazu gegeben hatte, um auf Jesus hinzuweisen, neigten diejenigen, die auf den Schleier blickten, dazu, den Fokus auf die *Gesetze* zu richten. Die Menschen, die die Worte Moses durch einen Schleier lasen, konnten und können auch heute nicht das große Ganze der Bibel sehen. „Ja, noch heute sind ihre Herzen, wenn sie die Schriften Moses lesen, durch diesen Schleier verhüllt, sodass sie sie nicht verstehen“, schreibt Paulus. „Doch wenn sich jemand dem Herrn zuwendet, wird der Schleier weggenommen.“ Die Voraussetzung für das Lüften dieses Schleiers ist das *In-Christus-Sein.* Paulus schreibt: „Dieser Schleier kann nur durch den Glauben an Christus aufgehoben werden.“

Bedeutet das, dass ein Nichtchrist jedes Mal, wenn er die Bibel liest, die Bibelstelle falsch versteht? Nein. Auch Nichtchristen können einen Bibelvers verstehen, wenn sie genau auf den Kontext achten. Aber solange sie nicht für sich persönlich akzeptieren und bekennen, dass Jesus die zentrale Botschaft der Bibel ist, einschließlich der Gesetze des Alten Bundes, die durch Mose gegeben wurden, werden sie immer noch das Wesentliche, die Kernaussage der Bibel, verpassen.

Genauso wie jemand das Buch *Farm der Tiere* falsch versteht, wenn er stur darauf beharrt, dass es sich um ein Märchen über Tiere handelt, wird auch jemand, der Jesus nicht als persönlichen Retter annimmt, damit kämpfen, die Bibel als etwas anzusehen, das mehr ist als eine Sammlung zusammenhangloser Geschichten, Briefe, Gesetze und Gedichte.

Zu verstehen, wovon die Bibel handelt, ist daher untrennbar mit dem *In-Christus-Sein* verbunden. Möchtest du die Bibel verstehen? Du wirst die Hauptaussage der Bibel nur verstehen, wenn du die Hauptfigur annimmst, andernfalls bleiben dir die wichtigsten Punkte der Bibel verhüllt. Der Schleier des Nichtverstehens wird *in Christus* gelüftet.

KAPITEL 16

EINE NEUE SCHÖPFUNG IN CHRISTUS

„Daher, wenn jemand in Christus ist, so ist er eine neue Schöpfung; das Alte ist vergangen, siehe, Neues ist geworden." (2Kor 5,17)

Authentizität. Ein wichtiges Wort in unserer Generation. Junge Leute haben Heuchelei und Fake News satt. Es ist noch gar nicht so lange her, dass mir ein Jugendpastor erzählte, dass die Jugendlichen in seiner Jugendgruppe lieber ungeschliffenen, stotternden Predigern zuhören, die aber authentisch auf sie wirken, als begnadeten Predigern, die sie als unauthentisch wahrnehmen. Junge Leute heutzutage sehnen sich nach Authentizität.

Aber leider kommt das Streben nach Authentizität mit einer gewissen Ironie daher. Viele von den Jugendlichen, die der Authentizität einen so hohen Stellenwert zuschreiben, stellen sich selbst in den sozialen Medien als witzig, geistreich, unabhängig, warmherzig oder cool dar – während sie im echten Leben vielleicht gar nichts davon sind. Die, die am lautesten nach Echtheit schreien, sind oft selbst nicht authentisch.

Um ehrlich zu sein, mag ich das Wort „Authentizität" aufgrund seines Gebrauchs im öffentlichen Diskurs immer weniger. Viele der jungen Leute, mit denen ich ins Gespräch komme, verstehen unter Authentizität schlichtweg, dass man so handelt, wie man sich fühlt.

Man hat ihnen zu verstehen gegeben, dass sie den Sinn des Lebens nur finden können, wenn sie ihre eigene Wirklichkeit für sich entdecken (was doch eigentlich gar nicht mehr so viel mit der wirklichen Wirklichkeit zu tun hat), und *so* leben sie dann. Das Streben nach einer persönlichen Wirklichkeit und das anschließende öffentliche Zurschaustellen werden als authentisch angesehen.

Aber die Grundlage für echte Authentizität (authentische Authentizität, wenn man so will) können unmöglich deine Gefühle sein; was passiert sonst, wenn du dich morgen anders fühlst? Eine biblisch verwurzelte Authentizität muss sich darauf konzentrieren, gemäß dem zu leben, was *wahr* ist: in Bezug auf Gott und darauf, was er durch Christus für dich und in dir getan hat. Was ist also wahr? „Daher, wenn jemand in Christus ist, so ist er eine neue Schöpfung; das Alte ist vergangen, siehe, Neues ist geworden" (2Kor 5,17).

Als jemand, der in Christus ist, ist deine *reale Wirklichkeit,* deine *wahre Wahrheit,* etwas, das du dir nicht selbst ausgedacht hast. Wenn du der Lüge geglaubt hast, dass du dir deine persönliche Wirklichkeit erschaffen musst – dass du selbst die Quelle deiner Sinnhaftigkeit und Bedeutung bist –, dann hast du dein Geburtsrecht zum Spottpreis verkauft.

Gott erklärt dich aufgrund deiner Verbindung zu Jesus zu einer *neuen Schöpfung!* Das bedeutet, dass du lernen musst, gemäß dieser neuen Realität zu leben. Sehnst du dich nach einem authentischen Leben? Einem Leben, das mit dem übereinstimmt, was Gott über dich sagt? Ein biblisch-authentischer Christ bejaht das neue Leben in Christus. Ein biblisch-authentischer Christ konzentriert sich auf die Wahrheit, dass die alte Lebensweise vergangen ist und durch eine neue Realität ersetzt wurde. Ein biblisch-authentischer Christ lehnt falsche Identitäten und persönlich konstruierte „Realitäten" ab. Ein biblisch-authentischer Christ lebt wie jemand, der *in Christus* ist.

Die Aussage, dass das Alte vergangen und das Neue gekommen ist, bedeutet in seinem Kontext, dass der Maßstab, den wir an andere Menschen und uns selbst anlegen, nicht mehr menschlich oder weltlich ist (wörtlich: nicht mehr „nach dem Fleisch", 2Kor 5,16). Auch wenn wir früher für uns selbst gelebt haben, tun wir das jetzt nicht mehr. Wir leben ausschließlich und vollständig für Christus (2Kor 5,15).

Ich denke da an eine Frau, die eine furchtbare Vergangenheit hinter sich hat. Die schiere Anzahl und Tiefe der Verletzungen, die sie in ihrem relativ kurzen Leben erlebt hat, sind kaum zu beschreiben. Aber diese reizende junge Frau hat sich entschieden, nicht gemäß ihrer Vergangenheit zu leben. Sie stützt sich auf das, was die Bibel über ihr neues Leben sagt. Sie glaubt, dass sie in Christus ist, dass das Alte vergangen und das Neue gekommen ist. Das nenne ich ein authentisches Leben.

Ein wirklich authentisches Leben ist nicht abhängig von deinen Gefühlen; es richtet sich nach der Wahrheit, dass wir *in Christus* eine neue Schöpfung sind.

KAPITEL 17

IDENTITÄT IN CHRISTUS

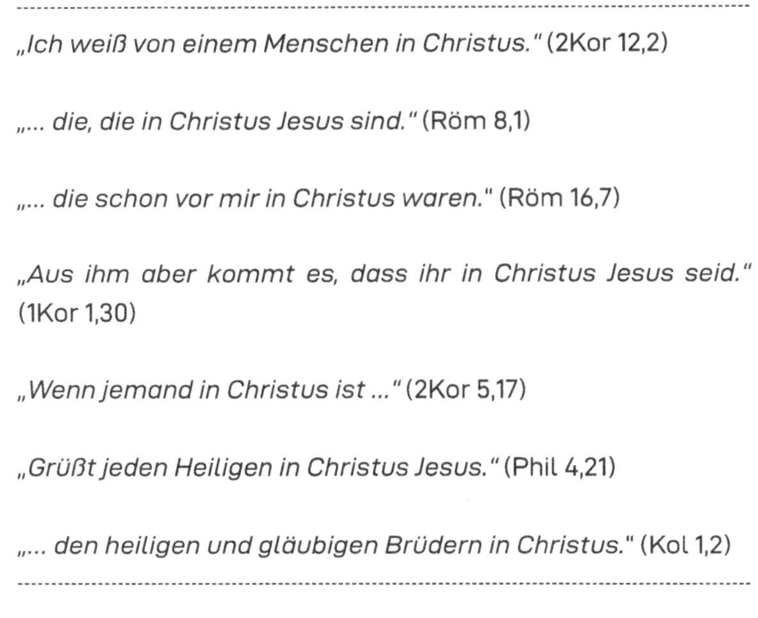

„Ich weiß von einem Menschen in Christus." (2Kor 12,2)

„... die, die in Christus Jesus sind." (Röm 8,1)

„... die schon vor mir in Christus waren." (Röm 16,7)

„Aus ihm aber kommt es, dass ihr in Christus Jesus seid." (1Kor 1,30)

„Wenn jemand in Christus ist ..." (2Kor 5,17)

„Grüßt jeden Heiligen in Christus Jesus." (Phil 4,21)

„... den heiligen und gläubigen Brüdern in Christus." (Kol 1,2)

Der Prokonsul aber drang noch mehr in ihn und sprach: „Schwöre und ich gebe dich frei, fluche dem Christus!" Da entgegnete Polykarp: „Sechsundachtzig Jahre diene ich ihm, und er hat mir nie ein Leid getan; wie könnte ich meinen König und Erlöser lästern?"

Als er aber aufs Neue in ihn drang und sagte: „Schwöre beim Glück des Kaisers", antwortete er: „Wenn du dir mit dem Gedanken schmeichelst, ich würde, wie du es nennst, beim Glück des Kaisers schwören, und dich stellst, als wüsstest du nicht, wer ich bin, so höre mein freimütiges Bekenntnis: Ich bin ein Christ." [6]

Polykarp von Smyrna, der so sprach, war der wohl einflussreichste Christ in den ersten Jahrzehnten, nachdem die Apostel gestorben waren. Auch auf mein Leben hat er einen starken Einfluss genommen. Ich habe in derselben Stadt in Vorderasien gelebt wie er. Meine älteste Tochter kam dort zur Welt. Ich habe wissenschaftliche Artikel über ihn geschrieben, meine Doktorarbeit über die literarische Beziehung zwischen Polykarp und Paulus sowie eine erzählende Einführung zu den apostolischen Vätern, in der er der vorrangige Lehrer ist.[7] Nach dem Apostel Paulus ist Polykarp mein wichtigster historischer Mentor. (Jesus ist nicht mein Mentor – er ist mein *Herr!)*

Polykarp wurde auf Befehl eines römischen Prokonsuls hingerichtet, weil er standhaft an seiner Identität in Christus festhielt. Wenn es jemals einen Menschen gab, der ein klares Verständnis seiner Identität hatte, so war es Polykarp. Als der Prokonsul versuchte, ihn dazu zu drängen, seinem Glauben abzuschwören, antwortete ihm der betagte Polykarp ruhig, aber bestimmt: „Wenn du … dich stellst, als wüsstest du nicht, wer ich bin, so höre mein freimütiges Bekenntnis: Ich bin ein Christ."

Er wurde öffentlich verbrannt, weil er wusste, wer er war, und sich weigerte, seine Identität zu verleugnen.

Mein anderer historischer Mentor, Paulus, benutzte das Wort „Christ" in keinem seiner Briefe, da es zu der Zeit, als er seine Briefe verfasste, gerade erst bekannt wurde (Apg 11,26). Statt als „Christen" bezeichnete Paulus die Jünger einfach als „die, die *in Christus* sind". Er brauchte keine andere Bezeichnung, weil das Wichtigste an den Nachfolgern Christi deren *In-Christus-Sein* ist. Während einer Debatte im Zuge einer US-Präsidentschaftswahl hörte ich einmal, wie ein Kandidat, der zu einer Politik der Abschottung neigte, die, wie ich finde, bedrohliche Aussage traf: „Wenn wir nicht wissen, wer du bist, wenn du an unsere Grenze kommst, lassen wir dich nicht in unser Land."[8]

Als ich diesen Satz hörte, fragte ich mich, was er mit „Wenn wir nicht wissen, wer du bist“ meinte. Er bezog sich vermutlich auf den persönlichen Hintergrund eines Menschen, wie zum Beispiel den bisherigen Wohnort oder Arbeitsplatz, aber ganz sicher meinte er auch die Verbindung zu anderen Menschen.

Zumindest darin lag der Präsidentschaftskandidat richtig: Der zentrale Aspekt deiner Identität liegt darin, mit wem du in Verbindung stehst. Manche Menschen pflegen Umgang mit aufrichtigen Bürgern, andere mit staatsfeindlichen Gruppen. Wenn du Christ bist, ist deine wichtigste Verbindung die zu Jesus.

Angenommen, ein Beamter einer Einwanderungsbehörde – oder schlimmer: ein römischer Prokonsul, der die Verbreitung des Evangeliums unterbinden will – würde versuchen herauszufinden, wer du bist. Würde er feststellen, dass deine wichtigste Verbindung die zu Jesus ist?

Polykarp hatte es kapiert. Das, was uns ausmacht, das, was unsere Identität ist, ist die Tatsache, dass wir Christen sind. Paulus hätte dem zugestimmt, obwohl er nicht den Ausdruck „Christen“ verwendet hätte. Er hätte gesagt, dass wir *in Christus* sind.

KAPITEL 18

CHRISTUS IN UNS

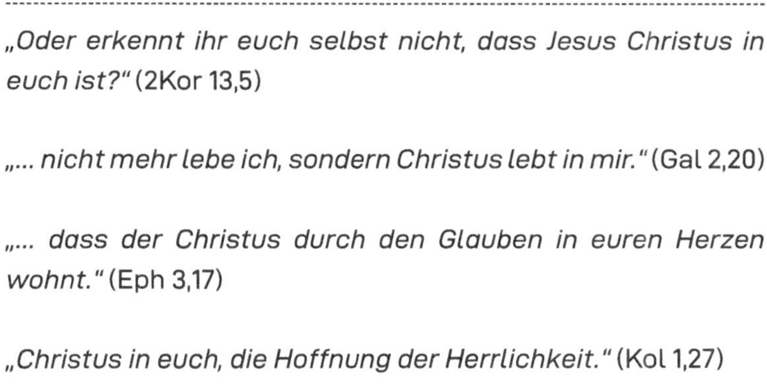

„Oder erkennt ihr euch selbst nicht, dass Jesus Christus in euch ist?" (2Kor 13,5)

„... nicht mehr lebe ich, sondern Christus lebt in mir." (Gal 2,20)

„... dass der Christus durch den Glauben in euren Herzen wohnt." (Eph 3,17)

„Christus in euch, die Hoffnung der Herrlichkeit." (Kol 1,27)

Der Schwerpunkt dieses Buchs ist das *In-Christus-Sein,* weil Paulus immer wieder betonte, dass wir *in Christus* sind (und weil wir in unseren Gemeinden kaum darüber sprechen). Aber ab und zu schrieb Paulus auch, dass *Christus in uns* lebt. Es erstaunt mich, dass Christen heute viel mehr mit dem Konzept vertraut sind, dass Christus in uns lebt, als damit, was es bedeutet, in Christus zu leben, besonders wenn ich bedenke, worauf Paulus Gewicht legte.

Der Rest des Buches konzentriert sich auf das *In-Christus-Sein,* doch in diesem Kapitel möchte ich mich dem wunderbaren Gedanken widmen, dass *Christus in uns* lebt. Es wird in den Briefen von Paulus zusammen mit der Lehre des *In-Christus-Seins* behandelt.

Christus lebt in uns. Wie kann das sein? Offenbar hat Jesus vorausgesehen, dass seine Jünger sich irgendwann darüber wundern würden. Also sagte er seinen Jüngern im Voraus, dass er weggehen würde (Joh 13,33; 14,2). Aber gleichzeitig sagte er auch, dass er zu ihnen kommen würde (Joh 14,3.28). Wie kann beides möglich sein? Beides ist zutreffend, weil Gott den Geist gesandt hat, der in der Bibel manchmal auch „Christi Geist“ genannt wird (Röm 8,9). Wenn wir uns den Briefen des Paulus widmen, entdecken wir, dass die Tatsache, dass Gott in uns wohnt, eher mit dem Heiligen Geist als mit Christus in Verbindung gebracht wird (1Kor 6,19; 2Tim 1,14). Aber weil Jesus ganz Gott ist, und der Heilige Geist auch ganz Gott ist, zögerte der Apostel Paulus nicht, zuerst zu sagen: „... wenn wirklich Gottes Geist in euch wohnt“, und im nächsten Atemzug: „Ist aber Christus in euch ...“ (Röm 8,9-10). Durch den in uns wohnenden Heiligen Geist ist Christus in jedem, der glaubt, gegenwärtig.

Christus ist also durch den Heiligen Geist in uns. Was macht das für einen Unterschied? Robert Munger hat die Wahrheit, dass Christus in uns wohnt, in seiner eindrücklichen Allegorie *Mein Herz – Christi Wohnung* kreativ auf den Punkt gebracht.[9] Nachdem er Christus in sein Haus (d. h. in sein Leben) eingeladen hatte, nahm er den Herrn nacheinander in jedes Zimmer seines Hauses mit und erlaubte ihm, alles auszuräumen, was dort nicht hingehörte. Im Studierzimmer half Christus ihm, seine Leseprioritäten neu auszurichten, sodass er begann, mehr Zeit mit der Bibel zu verbringen. Im Esszimmer half Christus ihm, seine übertriebenen Vorlieben und Gelüste zu erkennen und zu korrigieren. Im Wohnzimmer ließ Christus ihn den Reichtum der Gemeinschaft und Freundschaft mit ihm, seinem Herrn, erkennen. Im Arbeitszimmer rüstete Christus ihn für die Arbeit im Reich Gottes aus. Im Hobbyraum half Christus ihm, darüber nachzudenken, wie er den Herrn in seine Freizeitaktivitäten und Beziehungen einbeziehen konnte. Der Erzähler erlaubte Christus schließlich sogar, den winzigen Schrank im Obergeschoss auszuräumen, der ein paar Geheimverstecke enthielt, deren Inhalt bereits zu verrotten begann. Schließlich erkannte der Erzähler, dass er Christus immer noch als Gast in seinem Haus behandelte und nicht als Hausherrn, also gab er sein Eigentumsrecht vollständig auf und übertrug es Jesus. Der letzte Satz der Allegorie lautet: „Die Dinge sind anders, seit Jesus Christus bei mir eingezogen ist und in meinem Herzen Wohnung genommen hat."

Paulus betete für seine Leser, „dass der Christus durch den Glauben in euren Herzen wohnt" (Eph 3,17). Ich bin mir ziemlich sicher, dass er nicht wollte, dass wir Jesus im Flur stehen lassen. Paulus betete, dass wir den Generalschlüssel zu jedem Zimmer in unserem Haus an ihn abgeben, unser Eigentumsrecht aufgeben und anerkennen, dass Jesus der eigentliche Hausherr ist.

Wir sehen also, dass unsere Verbindung zu Christus zweifach ist: Wir sind *in Christus*, und Christus ist *in uns*.

KAPITEL 19

STELLVERTRETUNG DURCH CHRISTUS

„… der sich selbst für unsere Sünden hingegeben hat." (Gal 1,4)

„Den, der Sünde nicht kannte, hat er für uns zur Sünde gemacht, damit wir Gottes Gerechtigkeit wurden in ihm." (2Kor 5,21)

„Ihn hat Gott hingestellt als einen Sühneort durch den Glauben an sein Blut." (Röm 3,25)

„Denn Christus ist, als wir noch kraftlos waren – noch zum damaligen Zeitpunkt –, für Gottlose gestorben. Denn kaum wird jemand für einen Gerechten sterben; denn für den Gütigen mag vielleicht jemand auch zu sterben wagen. Gott aber erweist seine Liebe zu uns darin, dass Christus, als wir noch Sünder waren, für uns gestorben ist." (Röm 5,6-8)

Jesus starb an unserer Stelle. Den Tod, den wir verdient haben, starb er. Die Strafe, die auf uns hätte fallen sollen, fiel auf ihn.

Im Jahr 1925 schrieb der türkische Schriftsteller Ömer Seyfettin eine Geschichte mit dem Titel „Der Schwur", die in der Türkei bis heute sehr bekannt ist. In der Geschichte schreibt Seyfettin von Ahmet Aslan und seinem Jugendfreund Mistik. Ahmet war zwölf Jahre alt, als er und Mistik einander feierlich ihre Treue schworen. Sie besiegelten ihr Versprechen mit einem Blutritual (dessen Details ich dir hier ersparen will).

Nur ein paar Wochen nach dem Schwur kamen sie aus der Schule und hörten laut schreiende Männerstimmen. Plötzlich raste ein wildgewordener Hund direkt auf sie zu, der von drei Männern verfolgt wurde. „Lauft! Der Hund ist gefährlich!" Die beiden Jungen versuchten zu fliehen, aber Ahmet stolperte und fiel hin. Der Hund stürzte sich auf ihn. Ahmet schrie auf.

Mistik hörte den Schrei seines Freundes, drehte sich um und lief zurück zu ihm. In dem Moment sprang der Hund über Ahmet hinweg und stürzte sich stattdessen auf Mistik, riss ihn zu Boden und biss ihn heftig. Die drei Männer rannten, so schnell sie konnten, schlugen mit Stöcken auf den bösartigen Hund ein und schafften es schließlich, ihn von Mistik wegzutreiben. Mistik versuchte aufzustehen. Aber er war verletzt und blutete. Einer der Männer sprach eindringlich zu dem Jungen: „Wir müssen dich sofort nach Hause bringen. Der Hund war krank."

Am nächsten Tag war Mistik nicht in der Schule. Ahmet wollte wissen, wie es ihm ging. Aber Mistiks Mutter erlaubte ihm nicht, seinen Freund zu sehen. „Er ist krank ... sehr krank." Am nächsten Tag erfuhr Ahmet, dass Mistik in ein Krankenhaus in Istanbul verlegt worden war. Der Junge beschloss, nach der Schule bei Mistiks Familie vorbeizuschauen, um mehr über den Zustand seines Freundes zu erfahren. Mistiks Mutter öffnete die Haustür, ihre Augen waren tief gerötet. Als Ahmet nach Mistik fragte, füllten sich ihre Augen mit Tränen, und sie flüsterte leise: „Mistik ist letzte Nacht gestorben. Mistik ist ... tot."

Sie weinte. Ahmet weinte mit ihr. Sein Bruder, sein Blutsbruder, war tot.

Die Geschichte endet mit der Darstellung des altgewordenen Ahmet, der an den Tag zurückdenkt, an dem er beim Versuch, vor dem Hund zu fliehen, stürzte. „Ich bin jetzt ein alter Mann. Viele Jahre sind vergangen, aber ich erinnere mich an alles, als wäre es gestern gewesen. Immer, wenn ich die Narbe an meinem Finger sehe, die von unserem mit Blut besiegelten Versprechen stammt, denke ich an meinen Freund Mistik, der an meiner Stelle gestorben ist. Es hätte mich treffen müssen. Ich hätte derjenige sein sollen, der stirbt. Aber ich lebe, weil mein Blutsbruder sein Leben für mich gab.“[10]

Jesus ist unser wahrer „Blutsbruder“, der den Zorn, der sich ursprünglich gegen uns richtete, auf sich genommen hat. Er hat es stellvertretend für dich und mich getan – und für alle, die *in Christus* sind.

KAPITEL 20

VERHEISSUNGEN IN CHRISTUS

„... damit der Segen Abrahams in Christus Jesus zu den Nationen kam, damit wir die Verheißung des Geistes durch den Glauben empfingen." (Gal 3,14)

„... damit die Verheißung aus Glauben an Jesus Christus den Glaubenden gegeben wird." (Gal 3,14)

„Gott aber ist treu und bürgt dafür, dass unser Wort an euch nicht Ja und Nein zugleich ist. Denn der Sohn Gottes, Christus Jesus, der unter euch durch uns gepredigt worden ist, durch mich und Silvanus und Timotheus, war nicht Ja und Nein, sondern in ihm ist ein Ja geschehen. Denn so viele Verheißungen Gottes es gibt, in ihm ist das Ja, deshalb auch durch ihn das Amen, Gott zur Ehre durch uns." (2Kor 1,18-20)

Sie hatte ihr Versprechen gebrochen. Sie hatte geschworen, ihren Mann zu lieben, zu achten und ihm treu zu bleiben – in guten wie in schlechten Zeiten, in Reichtum und Armut, in Krankheit und Gesundheit, bis dass der Tod sie scheiden würde. Aber sie wurde von einem anderen Mann verführt. Und nach ihm folgten weitere Männer. Ihre Untreue wurde zur Gewohnheit, und ihre Gewohnheit zum Lebensstil. Ihr Mann flehte sie an; er versuchte verzweifelt, sie zurückzuholen, und erinnerte sie an ihr Gelübde. Wichtiger noch, er erinnerte sie an *seine* Treuegelübde. Gelübde, die er niemals brechen würde, egal, was kommen würde.

Diese Geschichte ist wahr. Sie wird immer wieder von den Propheten Israels und Judas erzählt, wenn sie Gottes Bundesvolk mit einer Frau vergleichen, die ihr Eheversprechen trotz der unablässigen Treue ihres Mannes immer wieder brach (z. B. Hos 2; Hes 16).

Gott ist ein Gott, der seine Versprechen hält. Die Treue zu seinen Versprechen ist eines der wichtigsten Themen in der Bibel. Gott gibt ein Versprechen und Gott hält dieses Versprechen. Dieses Thema ist sogar so wichtig, dass man die gesamte Bibel der Erfüllung von Verheißungen zuordnen kann.

Feierliche Versprechen werden in der Bibel auch als Bündnisse bezeichnet. Denken wir einmal einen Moment darüber nach, was es für den Schöpfer des Universums bedeutet, sich an ein Versprechen zu binden. Wenn Gott einen Bund schließt, wird das, was er zu tun verspricht, durch seinen unveränderlichen Charakter und seine Unfähigkeit zu lügen zu einem unwiderruflichen Schwur. Nun gab es kleinere Bündnisse, die im Alten Testament geschlossen wurden, doch die wichtigsten schloss Gott zu Lebzeiten von Noah, Abraham, Mose und David. Und dann versprach er, dass er in der Zukunft einen noch besseren Bund stiften würde, einen neuen Bund (Jer 31,31-34). Das Neue Testament macht unmissverständlich klar, dass alle diese Bünde ihre endgültige Erfüllung in der Person und in dem Werk Jesu finden.

Für einen Christen hat die Tatsache, dass Gott seinen Verheißungen treu war und ist, Auswirkungen auf viele Lebensbereiche, im Großen wie im Kleinen. In 2. Korinther 1,18-20 lesen wir zum Beispiel, wie der Apostel Paulus auf den Vorwurf reagiert, er sei in seiner Absicht, die Korinther zu besuchen, ins Wanken geraten. „Stand mein Entschluss vielleicht noch nicht fest? Oder gehöre ich zu den

Menschen, die Ja sagen, wenn sie in Wirklichkeit Nein meinen?" (2Kor 1,17; NLB). Seine Antwort: Auf keinen Fall! Und lass mich dir auch sagen, warum: Der Gott, der treu zu seinen Verheißungen steht, hat alle Verheißungen erfüllt, die er *in Christus* gegeben hat (1,18-20). Paulus drückt es kraftvoll aus: „… er ist das göttliche Ja – die feste Zusage Gottes. Denn in ihm erfüllen sich alle göttlichen Zusagen" (2Kor 1,19-20; NLB).

Ja! *In Christus* sind wir an diesen Gott gebunden, der treu zu seinen Bundesverheißungen steht! Wenn wir also ein gottgefälliges Versprechen geben und es halten – sei es, eine versprochene Arbeit zu erledigen oder mehr Zeit mit unseren Kindern zu verbringen oder dem Ehepartner, für den wir uns in unserer Jugend entschieden haben, treu zu bleiben, oder Christus nachzufolgen –, dann vermitteln wir den Menschen um uns herum etwas über den Charakter des Gottes, der alle seine Bündnisse erfüllt hat, indem er Christus zu uns sandte. Wir haben Anteil an Gottes Versprechen, denn alle seine Versprechen sind *in Christus* erfüllt.

KAPITEL 21

AUF CHRISTUS GETAUFT

„Denn ihr alle, die ihr auf Christus getauft worden seid." (Gal 3,27)

„... mit ihm begraben in der Taufe, in ihm auch mit auferweckt durch den Glauben an die wirksame Kraft Gottes, der ihn aus den Toten auferweckt hat." (Kol 2,12)

„Oder wisst ihr nicht, dass wir, so viele auf Christus Jesus getauft wurden, auf seinen Tod getauft worden sind? So sind wir nun mit ihm begraben worden durch die Taufe in den Tod, damit, wie Christus aus den Toten auferweckt worden ist durch die Herrlichkeit des Vaters, so werden auch wir in Neuheit des Lebens wandeln." (Röm 6,3-4)

Diese Woche wurden in meiner Gemeinde vier Menschen „auf Christus" getauft. Bei Taufen bekennen Jung und Alt öffentlich ihren Glauben an Jesus Christus. Ich liebe Taufen, und ich liebe es, die persönlichen Zeugnisse der Täuflinge zu hören.

Womit die Taufe in der Bibel verbunden wird, ist jedoch ein wenig überraschend. Zum einen vergleicht der Apostel Paulus die Taufe geistlich mit dem Sterben mit Christus (ins Wasser eintauchen), dem Begrabensein mit Christus (unter Wasser sein) und dem Auferstehen mit Christus (aus dem Wasser auftauchen). Das ist die eigentliche Bedeutung der Taufe. Die meisten von uns wissen das. Aber der Teil mit dem Begrabensein ist dennoch ein wenig überraschend, wenn man einmal genauer darüber nachdenkt. Sich auf das Sterben und die Auferstehung Christi zu konzentrieren ergibt absolut Sinn, da sie der Mittelpunkt des christlichen Glaubens sind. Aber warum sollte man das Begrabensein bei der Taufe miteinbeziehen (z. B. 1Kor 15,4; Kol 2,12; Röm 6,4)? Die Antwort ist kurz: Es betont die *Endgültigkeit* des Todes gegenüber unserer alten Lebensweise. Das Begrabensein zu betonen erinnert uns daran.

Zum anderen ist es überraschend, dass das griechische Wort für „taufen" außerhalb des Neuen Testaments in der griechischen Literatur oft ein katastrophales Ereignis beschreibt anstatt eine wohlig-warme Atmosphäre. Zum Beispiel werden Menschen, die ertrinken, als „getauft" bezeichnet. Auch Schiffe, die versinken, bezeichnet man so. Eine Meute, die eine Stadt stürmt und zerstört, „tauft" sie.[11] Worauf ich hinauswill, ist, dass dieses Wort in der Bibel unseren Bruch mit unserem alten, sündigen Leben beschreibt, und es zeigt, wie *endgültig* dieser Bruch sein soll.

Eine weitere Überraschung ist, dass das Wort „Taufe" an manchen Stellen in der Bibel ganz alleine verwendet wird, wenn es um die Errettung geht. Ich möchte an dieser Stelle ganz deutlich klarstellen, dass die Wassertaufe dich *nicht* errettet. Paulus verwendet zu viel Zeit damit zu argumentieren, dass wir durch Gnade aus Glauben errettet sind, als dass etwas anderes der Fall sein könnte (Röm 5,2; Eph 2,8-9). Aber die Taufe symbolisiert den Bruch mit unserem alten Leben (Buße) und den Beginn unseres neuen Lebens (Glaube) und beschreibt so diesen Vorgang in einer Art Kurzform. Deshalb umschreibt Paulus die Errettung manchmal einfach mit den Worten „auf Christus getauft" (Gal 3,27).

Aber die größte Überraschung in Bezug auf die Taufe ist, dass *wir* gewissermaßen an Jesu Sterben, Begrabensein und Auferstehung teilhaben. Doch wie können wir an einer Begebenheit teilhaben, die völlig einmalig und das wichtigste Ereignis in der Geschichte der Menschheit ist? Wir sollten zunächst bekennen, dass das Sterben, das Begrabensein und die Auferstehung einzig und allein Jesus zuzuschreiben sind. Jesus Christus allein hat die Schuld der Menschheit auf dem Kreuz mit seinem eigenen Körper getragen. Er allein nahm die Strafe auf sich, die wir verdient hätten. Und deswegen ist es so verwunderlich, dass er sein Sterben, sein Begrabensein und seine Auferstehung auch nur auf irgendeine Weise mit uns teilt. Doch die Bibel lehrt uns, dass er genau das tat (Kol 2,12; Röm 6,3-4). Ich denke, das bedeutet, dass wir in eine sehr enge Verbindung mit Jesus getreten sind, als wir zum Glauben kamen. Und das, was dabei mit uns geschah, kann deshalb mit dem Sterben, Begrabensein und Auferstehen verglichen werden. Ehre sei Gott dafür, dass unser Leben jetzt so sehr mit Jesus vereint ist, dass wir unsere geistliche Taufe als Tod gegenüber unserer Sünde und als Auferstehung zu neuem Leben *in Christus* ansehen können.

KAPITEL 22

BEKLEIDET MIT CHRISTUS

„Denn ihr alle, die ihr auf Christus getauft worden seid, ihr habt Christus angezogen." (Gal 3,27)

„Lasst uns nun die Werke der Finsternis ablegen und die Waffen des Lichts anziehen! ... zieht den Herrn Jesus Christus an, und treibt nicht Vorsorge für das Fleisch, dass Begierden wach werden!" (Röm 13,12b.14)

Viele Jahre lang baten mich alle meine vier Töchter, die damals im Teenager- und jungen Erwachsenenalter waren, aus mir unergründlichen Motiven, meine alten Hemden an sie weiterzugeben, wann immer ich mich von ihnen trennen konnte – insbesondere meine kuscheligen, langärmeligen Flanellhemden. Meine Töchter wetteiferten regelrecht untereinander, wer das nächste Hemd bekommen würde, bei dem ich mich überwinden konnte, es abzugeben. Ich konnte es ehrlich gesagt nicht verstehen, wenn ich eine meiner hübschen Töchter auf dem Weg ins Bett auf dem Flur in einem meiner abgetragenen (wenn auch sehr geliebten) Hemden sah – Hemden, die zu lang, zu weit und kein bisschen modisch waren.

Kürzlich fragte ich meine Töchter, warum (um alles in der Welt!) sie meine alten Hemden haben wollten. Ich hatte sie nie direkt danach gefragt und mich immer nur über diesen seltsamen Wunsch gewundert. Aber alle gaben mir auf ihre eigene Weise zu verstehen, dass sie sich in meinen alten Hemden sicher und geborgen fühlten.

Der Apostel Paulus erklärt, dass wir, als wir auf Christus getauft (d. h. gerettet) wurden, Christus angezogen haben wie ein Kleidungsstück (Gal 3,27). An einer anderen Stelle und in einem anderen Zusammenhang sagt Paulus, dass wir uns mit Christus bekleiden müssen, wenn wir unseren fleischlichen Begierden nicht nachgeben wollen (Röm 13,14). Die erste dieser beiden Stellen (Gal 3,27) konzentriert sich auf unsere Stellung in Christus. Wir haben an das Evangelium von Christus geglaubt und dadurch seine Gerechtigkeit angezogen. Wir sind nun in seine Gerechtigkeit gehüllt, sodass Gott, wenn er uns ansieht, Christus sieht. Die zweite der beiden Stellen (Röm 13,14) hilft uns, diese Wahrheit in unserem täglichen Leben anzuwenden. Wenn wir über den Zusammenhang zwischen diesen beiden Stellen nachdenken, hilft uns der Gedanke, auf keinen Fall zuzulassen, dass das Gewand, mit dem wir bekleidet sind (Christus selbst), lose sitzt. Wir müssen Christus eng an uns tragen und ihn festhalten.

Sicherheit und Geborgenheit. Das sind die Gründe, warum meine Töchter meine alten Hemden tragen wollten. Auch wir fühlen uns sicher, wenn wir mit Christus bekleidet sind, und wir finden Geborgenheit in dieser Wahrheit. Wir müssen diese Wahrheit annehmen, uns zu eigen machen und uns eng an Jesus halten.

Doch weiter will ich diesen Vergleich nicht ausdehnen, denn letztendlich waren meine alten Hemden nichts anderes als – alte Hemden, die meinen Töchtern irgendwie halfen, sich sicher und geborgen zu fühlen. Im Gegensatz dazu ist der Schutz, den wir erfahren, wenn wir mit Christus bekleidet sind, laut Römer 13,12 so stark wie die „Waffen des Lichts“. Wenn Paulus seine Leser anweist, „die Waffen des Lichts“ (V. 12) und „den Herrn Jesus Christus“ (V. 14) anzuziehen, dann stellt er beides auf eine Stufe: Christus selbst ist die Waffenrüstung des Lichts, die wir tragen sollen.

Anders als bei den Hemden, die meine Töchter trugen, ist Jesus wirklich und wahrhaftig bei uns. Er wird uns letztlich davor bewahren, vom Bösen überwältigt zu werden. Außerdem strahlt Christus Licht aus; er wird mit „Waffen des Lichts" beschrieben, was bedeutet, dass wir niemals Angst vor der Dunkelheit haben müssen. Paulus dehnt den Vergleich noch weiter aus, indem er erklärt, dass wir die „Werke der Finsternis ablegen" und „nicht Vorsorge für das Fleisch [treiben sollen], dass Begierden wach werden" (Röm 13,12-14), wenn wir uns mit Christus (unserer Waffe des Lichts) bekleidet haben. Wenn wir Christus nahe bei uns haben, lässt unser Verlangen, an den Werken der Finsternis teilzunehmen, nach.

Lass mich diese Betrachtung mit zwei Fragen abschließen: 1. Stützt du dich auf die Sicherheit und Geborgenheit, die aus dem Wissen kommen, dass du mit Christus bekleidet bist? 2. Bist du eng mit Christus verbunden? Du hast Christus angezogen und musst als jemand, der *in Christus* ist, nahe bei ihm bleiben.

KAPITEL 23

GESEGNET IN CHRISTUS

„Gepriesen sei der Gott und Vater unseres Herrn Jesus Christus! Er hat uns gesegnet mit jeder geistlichen Segnung in der Himmelswelt in Christus." (Eph 1,3)

Ständig benutzte sie dieses Wort. „Gesegnet." Ich bin mir noch nicht einmal sicher, ob sie wusste, was es bedeutet. Ich bin mir jedoch sehr sicher, dass meine Großmutter dieses Wort sehr mochte. Zumindest hatte ich als Neunjähriger jeden Grund zu dieser Annahme. Während des einen Jahres, in dem sie bei uns lebte, hörte ich es hunderte Male. Aber ich verstand einfach nicht, was sie meinte, und insgeheim fragte ich mich, ob sie es selber wusste.

„Gesegnet" ist ein Wort, das wir Christen oft verwenden, manchmal ohne wirklich zu wissen, was es bedeutet. Außerhalb von christlichen Kreisen wird es nur sehr selten benutzt, wenn z. B. jemand sagt: „Ich fühle mich gesegnet." Aber eigentlich ist es ein kraftvolles Wort. Der Apostel Paulus benutzte es in dem Lobpreis, mit dem er seinen einzigartigen Brief an die Epheser einleitet, gleich zweimal, denn im Griechischen handelt es sich bei den Partizipien „gepriesen" und „gesegnet" im oben zitierten Vers um ein und dasselbe Wort, das Paulus jedoch mit diesen beiden unterschiedlichen Bedeutungen verwendet.

„*Gepriesen* sei der Gott und Vater unseres Herrn Jesus Christus!" (Eph 1,3a). Hier wird das griech. Verb *(eulogeō)* mit „gepriesen", übersetzt, weil Paulus Gott voller Dankbarkeit lobt. Dann führt er den Gedankengang fort: „Er hat uns *gesegnet* mit jeder geistlichen Segnung in der Himmelswelt in Christus“ (Eph 1,3b). Hier verwendet Paulus dasselbe Verb mit seiner zweiten, etwas komplizierteren Bedeutung: „gesegnet“. Diese Verwendung erfolgt im Zusammenhang mit Überlegungen, die ihn in schwindelnde Höhen katapultieren: Was in aller Welt bedeutet es, in Christus „mit jeder geistlichen Segnung in der Himmelswelt“ gesegnet zu sein?

Paulus will damit auszudrücken, dass Gott uns in aller Großzügigkeit unglaublich gute Dinge gegeben hat; er hat uns mit allen möglichen geistlichen Vorzügen beschenkt. Paulus schreibt nicht von irdischen Dingen wie ausreichend Nahrung, einem sicheren Arbeitsplatz, einer liebenden Familie oder einem Dach über dem Kopf, sondern er konzentriert sich auf geistliche Wahrheiten.

Anders gesagt richtet er das Augenmerk auf all die guten Gaben, die Gott uns in *geistlicher* Hinsicht gegeben hat und die laut Paulus zum Himmel und nicht zu dieser Welt gehören. Von diesen geistlichen Segnungen ist der gesamte erste Abschnitt im Epheserbrief durchzogen. Sie sind wie eine Art Inhaltsverzeichnis für ein theologisches Lehrbuch: Auserwählung, Sohnschaft, Erlösung, Vergebung, Gnade, Erbe, Versiegelung. Mit all diesen Segnungen wurden wir gesegnet!

Aber das Wichtigste an diesem Lobpreis ist, dass diese geistlichen Segnungen *„in Christus“* begründet sind. Häufig überliest man diese Formulierung, doch in diesem Abschnitt (Verse 3-14) wiederholt Paulus diese oder ähnliche Formulierungen *(in ihm, durch ihn, in dem Geliebten* etc.) ganze elf Mal. Elfmal! Stärker könnte Paulus die Wahrheit, dass Gott uns nicht nur gesegnet, sondern uns mit jeder Segnung *in Christus* gesegnet hat, kaum betonen!

Meine Großmutter war nicht perfekt. Sie war alles andere als das. Aber Gott hatte sie aus ihrem Leben der Sünde, der Skandale und

Schicksalsschläge gerettet. Und nun lebte sie in dem Bewusstsein, welch ein erstaunlicher Segen es für sie war, dass Gott sie angenommen hatte. Vielleicht verstand sie die Bedeutung dieser Tatsache nicht zu hundert Prozent. (Ich bin sogar recht sicher, dass sie es nicht tat.) Aber sie war achtsam genug, Gott immer wieder für die geistlichen Segnungen zu loben, die sie durch ihre Verbindung mit dem Herrn Jesus empfangen hatte.

Auch du wurdest mit außerordentlichen und großzügigen Segnungen *gesegnet*, weil du *in Christus* bist.

KAPITEL 24

AUSERWÄHLT IN CHRISTUS

„… wie er uns in ihm auserwählt hat vor Grundlegung der Welt, dass wir heilig und tadellos vor ihm sind in Liebe, und uns vorherbestimmt hat zur Sohnschaft durch Jesus Christus für sich selbst nach dem Wohlgefallen seines Willens."
(Eph 1,4-5)

Während ich mit dem Schreiben dieses Kapitels beginne, sitze ich mit ein paar hundert anderen potenziellen Geschworenen in einem großen Raum im Gerichtsgebäude von Los Angeles County. Gleich wird mir mitgeteilt, ob ich für das Geschworenenamt ausgewählt wurde.

Ist es damit vergleichbar, dass wir in Christus erwählt werden? Gehören wir dazu, weil unser Name einer der Namen war, die zufällig aus einer langen Liste von Kandidaten ausgewählt wurden? Wie wird bei Gottes Auswahlprozess vorgegangen? Völlig unpersönlich? Und was hat er mit uns vor? Wählt Gott uns nur aus, weil er uns für das Erreichen seiner Ziele braucht, wie Geschworene, die mehr oder weniger zu diesem Amt gezwungen werden? Oder hat er auch Gutes für uns im Sinn?

In Epheser 1,4-5 gibt Paulus einige Hinweise darauf, wie er auf diese Fragen antworten würde. Um es kurz zu machen:

1. Nein. Die Auswahl der Geschworenen ist kein angemessener Vergleich für unsere Auserwählung. Die Adoption kommt unserer Auserwählung schon näher.

2. Nein. Wir wurden nicht per Zufallsverfahren ausgewählt. Gott hat uns ganz gezielt erwählt.
3. Nein. Die Auserwählung ist nichts Unpersönliches. Gott wählte uns „*in Liebe*".
4. Nein. Gott benutzt uns nicht nur, um seine unergründlichen Ziele zu erreichen. Seine liebevollen Absichten beinhalten auch unsere Veränderung.

Über einen Zeitraum von neun Jahren hatten meine Frau und ich vier verschiedene Phasen, in denen wir verbunden mit Gebet erwogen, ob wir weitere Kinder adoptieren sollten. Aus einer Reihe von Gründen haben wir Gottes Zustimmung zu unserem Vorhaben nicht erlebt – bis zur vierten ausgedehnten Phase des Betens. Als wir unsere Herzen schließlich auf Gott und aufeinander ausgerichtet hatten, verfolgten wir unser Adoptionsvorhaben mit umso mehr Leidenschaft.

Wir waren fest entschlossen, zwei wundervolle Töchter zu adoptieren, bevor wir sie überhaupt getroffen hatten. Lass diesen Gedanken einmal auf dich wirken. Wir haben diese lebensverändernde Entscheidung nicht aufgrund ihrer Herkunft, ihres Charakters oder ihres Aussehens getroffen, noch nicht einmal aufgrund der Tatsache, dass sie uns ebenfalls lieben würden. Wir entschlossen uns, zwei Mädchen zu lieben, ein achtjähriges und ein zehnjähriges, die eine liebende Familie brauchten, einfach wegen ... Na ja, eigentlich überhaupt nicht *wegen* irgendetwas. Wir haben sie einfach geliebt. Bevor wir sie kennenlernten. Bevor sie wussten, dass es uns gibt.

Auf ähnliche (wenn auch nicht die exakt gleiche) Art und Weise heißt es in Epheser 1,4-5, dass Gott sich entschloss, uns seine Liebe zu zeigen, indem er uns aufnahm. Er traf diese Entscheidung, zu uns in eine Beziehung zu treten, aus Gründen, die wir niemals auch nur ansatzweise erfassen können. Und sein Verständnis der Folgen, die seine Entscheidung nach sich ziehen würde, war – anders als unseres – so umfassend, dass wir es niemals ganz verstehen können. Er erwählte uns. Nicht wegen irgendetwas, das mit uns zu tun gehabt hätte. Die Grundlage seiner Entscheidung war *Christus.* Seine Entscheidung, uns zu einer Familie zusammenzurufen, war alles andere als unpersönlich. Es erforderte das Opfer seines einzigen Sohnes – aus Liebe! Er hat nicht nur seine universellen Pläne verwirklicht, sondern eines seiner Ziele bei der Erwählung eines jeden von uns ist auch, „dass wir heilig und tadellos vor ihm" sein sollen.

Kein Wunder, dass Paulus in diesem Abschnitt der Bibel immer wieder in Lobpreis ausbricht. Mir selbst fällt das Anbeten mitten in dem Raum voller Geschworenen im Gerichtsgebäudes im Bezirk Los Angeles nicht so leicht.

Endlich. Die Wahl der Geschworenen ist abgeschlossen. Ich schreibe diesen letzten Abschnitt, als alles beendet ist. Sicher fragst du dich, ob ich denn nun Geschworener bin. Nein, ich wurde nicht ausgewählt. Es war ein langer Tag, den ich mit Warten auf die Entscheidung über die Auswahl der Geschworenen verbracht habe. Doch ich bin dankbar für die Ermutigung, die ich bei all der Warterei erhalten habe, während ich wieder einmal über Gottes verschwenderische Liebe nachdachte, durch die er mich auserwählt hat, um in seine Familie aufgenommen zu werden. Nicht wegen irgendetwas, das ich getan habe, sondern einfach, weil er seine unbegreifliche Großzügigkeit demonstrierte, als er mich *in Christus* auserwählt hat.

KAPITEL 25

VERGEBUNG IN CHRISTUS

„In ihm haben wir … die Vergebung der Vergehungen." (Eph 1,7)

„In ihm haben wir die Erlösung, die Vergebung der Sünden." (Kol 1,14)

„… indem er uns alle Vergehungen vergeben hat. Er hat den Schuldschein gegen uns gelöscht, den in Satzungen bestehenden, der gegen uns war, und ihn auch aus unserer Mitte fortgeschafft, indem er ihn ans Kreuz nagelte." (Kol 2,13b-14)

VERSCHULDET. Bei manchen Menschen ruft dieses Wort eine tiefe Beklemmung hervor. Es erinnert sie an Zeiten, in denen sie ihre Kreditkartenrechnungen nicht begleichen konnten. Oder eine Arztrechnung. Oder ein erdrückendes Studiendarlehen. Manche erinnert es auch daran, dass sie aktuell verschuldet sind. Als ob sie daran noch erinnert werden müssten!

Ich habe schon von College-Absolventen gehört, die bei ihrer Abschlusszeremonie zitternd auf ihren Plätzen saßen, weil sie wussten, dass sie nun schleunigst einen Job finden mussten, um ihr Studiendarlehen abzustottern. An dem Tag, an dem sie die Tatsache feiern sollten, dass sie endlich den ersehnten Abschluss erlangt haben, zittern sie innerlich angesichts des Berges von Schulden, der bedrohlich vor ihnen liegt.

Aber was, wenn ...? Was, wenn diese gewaltigen Schulden einfach beglichen wären? Vollständig getilgt? Ausgelöscht? Stell dir vor, es gäbe einen Weg, alle deine Schulden einfach so wegzuwischen. Würdest du den Schuldschein etwa nicht nehmen und ihn verbrennen? Ja! Definitiv und für alle sichtbar.

Doch was ist, wenn deine Schulden keine finanziellen Schulden sind? Was ist, wenn du jemandem Gerechtigkeit schuldest? Oder anders gesagt, was ist, wenn du es Gott schuldig bist, in seinen Augen gerecht zu sein, und der einzige Weg, diese Schuld zu begleichen, bestünde darin, einen Tag lang … nein … ein Leben lang vollkommen sündlos zu sein? Das Problem daran ist, dass du *weißt,* dass du das niemals schaffen wirst, nicht einmal einen Tag lang. Du kennst dich selbst zu gut. Du kennst deine Sünden zu gut. Du kennst die Geheimnisse in deinem Herzen zu gut.

Du bist gefangen in der Schuld. In einer Schuld, die du niemals loswirst, weil der Eine, dem du sie schuldest, perfekt, sündlos, unfehlbar und heilig ist – und du und ich sind das leider nicht.

Gerade deswegen ist die Vergebung in Christus so erstaunlich. Gerade deswegen sollten wir alles daransetzen, dass diese atemberaubende Wahrheit uns dazu führt, ihn anzubeten und seine Liebe zu erwidern. Das Ausmaß unserer Schuld türmt sich höher auf als jedes Studiendarlehen, jede Arztrechnung und jede Kreditkartenabrechnung. Und plötzlich – aus Gründen, die nur Gott in seiner Weisheit verstehen kann – hat Jesus denen, die ihr Vertrauen auf ihn setzen, alle Schuld vergeben. Wie geschah das? „Er hat den Schuldschein gegen uns gelöscht, den in Satzungen bestehenden, der gegen uns war, und ihn auch aus unserer Mitte fortgeschafft, indem er ihn ans Kreuz nagelte“ (Kol 2,14).

Ich liebe diesen letzten Part! Er ist schrecklich und schön zugleich. Einerseits gibt es wohl keine grausamere Vorstellung als die, dass mein geliebter Retter am Kreuz hängt und dort meine Sündenlast für mich trägt. Nichts bestürzt mich mehr als das Bild, dass mein Herr an einem rauen, römischen Balken hängt; dass seine Handgelenke mit großen Nägeln an den Querbalken des Kreuzes geschlagen wurden. Noch größer wird meine Bestürzung, wenn ich mir ein Schild mit der Auflistung aller meiner Sünden vorstelle, das an denselben Balken genagelt und von seinem Blut ganz verschmiert ist.

Andererseits ist dieses Bild auch schöner und überzeugender als alles andere auf der Welt. Ich kenne nichts, das großartiger ist als die Tatsache, dass sich mein Herr selbst geopfert hat. Wenn ich die Szene in meiner Vorstellung näher betrachte, erkenne ich, dass das Wort „VERGEBEN" auf meinen Schuldschein gestempelt ist. Als Jesus so grauenvoll an diesem Kreuz starb, starb auch mein Schuldschein. Deshalb beuge ich mein Haupt – zuerst aus Scham, dann aus Dankbarkeit.

Aus diesem Grund liebe ich meinen Retter so sehr. Die Gesamtsumme meiner Schuld war so viel höher, als dass ich sie jemals hätte bezahlen können. Aber weil sich mein bedingungslos liebender Retter selbst geopfert hat, sind meine Sünden *in Christus* vollständig vergeben.

KAPITEL 26

MITSITZEN IN CHRISTUS

„... nach der Wirksamkeit der Macht seiner Stärke. Die hat er in Christus wirksam werden lassen, indem er ihn aus den Toten auferweckt und zu seiner Rechten in der Himmelswelt gesetzt hat." (Eph 1,19b-20)

„Er hat uns mitauferweckt und mitsitzen lassen in der Himmelswelt in Christus Jesus." (Eph 2,6)

Jetzt mal ehrlich, hast du schon einmal einen der Briefe von Paulus gelesen und gemerkt, dass du nur noch auf die Seiten starrst und denkst: „Paulus, wovon redest du da? Ich verstehe ja, dass wir mit Christus auferstanden sind und mit ihm im Himmel sitzen. Und ich weiß, dass Jesus von den Toten auferstanden ist. Buchstäblich. In seinem Körper. Ich weiß auch, dass ich, weil ich an Jesus glaube, zukünftig mit ihm auferweckt werde. Buchstäblich. In meinem Körper. Aber, Paulus, jetzt behauptest du, dass ich auf mysteriöse Weise *bereits jetzt schon ‚mitauferweckt'* bin und – was noch unbegreiflicher ist – *schon jetzt mit Jesus im Himmel sitze*? Ernsthaft? Was ist hier los, Paulus?"

Ich möchte dir helfen, es zu verstehen. Paulus meint nicht, dass wir eine Art geklonten Körper haben, der es sich im Himmel schon bequem gemacht hat. Er spricht auch nicht von einer mystischen, außerkörperlichen Erfahrung. Wenn Paulus behauptet, dass wir bereits mit Christus im Himmel sitzen, trifft er eine wahre Aussage. Es ist eine theologische Wahrheit, die tiefgreifende Auswirkungen auf unser tägliches Leben hat.

Den Schlüssel dazu finden wir in Epheser 1. Unmittelbar nachdem Paulus schreibt, dass Gott Jesus „aus den Toten auferweckt und zu seiner Rechten in der Himmelswelt gesetzt hat", fügt er hinzu: „... hoch über jede Gewalt und Macht und Kraft und Herrschaft und jeden Namen, der nicht nur in diesem Zeitalter, sondern auch in dem zukünftigen genannt werden wird" (Eph 1,20-21). Da *Gewalt*, *Macht*, *Kraft* und *Herrschaft* im Epheserbrief Umschreibungen für mächtige böse Geister sind, sagt Paulus hiermit, dass Jesus die Machtposition über jeden dämonischen Geist innehat, der es wagen könnte, seine Autorität anzufechten – weil er im Himmel sitzt.

So viel zu Kapitel 1 des Epheserbriefs. In Kapitel 2 verbindet Paulus diese Wahrheit überraschenderweise mit uns. Als wir zum Glauben kamen, so Paulus, wurden wir mit Christus in den Himmel gesetzt. Jetzt konzentriere dich und versuche, Paulus' Logik zu folgen:

- Wenn Jesus über alle dämonischen Angreifer gesetzt ist,
- und wenn wir *in Christus* sind (d. h. mit Christus über diesen bösen Mächten sitzen),
- dann gilt das, was für Christus gilt, auch für uns.

Wenn wir also anfangen, in den Wahrheiten unseres *In-Christus-Seins* zu „wandeln", ganz im Sinne des bildlichen Vergleichs, den Paulus in Epheser 4–5 erläutern wird, können wir sicher sein, dass uns nichts und niemand jemals daran hindern wird zu lernen, wie wir den Weg des Glaubens **gehen.** Und wenn wir gemäß dem Vergleich aus Epheser 6 „im Herrn und in der Macht seiner Stärke" (6,10) stark werden, dann können wir dem Teufel „an dem bösen Tag widerstehen und ... **stehen** bleiben" (Eph 6,13). Wenn wir wirklich verstehen und verinnerlichen, dass wir mit Christus im Himmel

sitzen, dann können wir in der Zuversicht ruhen, dass nichts stark genug ist, uns daran zu hindern, täglich den Weg des Glaubens zu *gehen* und am bösen Tag zu *stehen* (standhaft zu sein).

Aber ich möchte dich noch einmal erinnern: Wir haben diese Autorität nicht aus eigener Kraft. Wir haben sie nur, weil wir *in Christus* sind. Das ist es, was wir in Epheser 1–2 festgestellt haben. Ohne unser *In-Christus-Sein* wären wir Satan und seiner mächtigen Armee böser Engel schutzlos ausgeliefert. Doch wir haben das Recht und die Macht, täglich in Christus zu *wandeln* und dem Teufel und seinen Dämonen zu wider*stehen,* weil wir mit*sitzen in Christus*.

KAPITEL 27

GNADE IN CHRISTUS

„... damit er in den kommenden Zeitaltern den überragenden Reichtum seiner Gnade in Güte an uns erweist in Christus Jesus." (Eph 2,7)

„Der hat uns gerettet und berufen mit heiligem Ruf, nicht nach unseren Werken, sondern nach seinem eigenen Vorsatz und der Gnade, die uns in Christus Jesus vor ewigen Zeiten gegeben [worden ist]." (2Tim 1,9)

„Du nun, mein Kind, sei stark in der Gnade, die in Christus Jesus ist." (2Tim 2,1)

Lass mich dir ein markantes Wort aus dem Neuen Testament vorstellen. Im Griechischen lautet dieses Wort *charis* (ausgesprochen: kâris). Es kommt 155-mal im Neuen Testament vor und wird meist mit „Gnade" übersetzt. Der Autor, der es am häufigsten verwendet, ist – wenig überraschend – der Apostel Paulus. Er war von der unverdienten Gunst, die Gott ihm erwiesen hatte, regelrecht überwältigt. Er war gerade auf der Straße nach Damaskus unterwegs, wo er Anhänger von Jesus, dem Mann, der sich selbst als „der Weg" bezeichnete, verhaften wollte, als Jesus ihn mit seiner Gnade buchstäblich umhaute (Apg 9,4). Obwohl Paulus Christen verfolgt hatte, vergab ihm Gott durch Christus in seiner Gnade alles, was er getan hatte.

Für den Rest seines Lebens hörte Paulus nicht mehr auf, über die erstaunliche Gnade, die er empfangen hatte, zu reden und dafür dankbar zu sein.

Aber lass mich dir auch eine Sache über die Gnade sagen, die du vielleicht noch nicht wusstest, oder zumindest über das griechische Wort, das in unserer Bibel oft mit „Gnade" übersetzt wird: Das Wort *charis* wird im Neuen Testament sowohl für das verwendet, was Gott für uns tut *(unverdiente Gunst)*, als auch für das, was unsere Antwort an ihn sein sollte *(Dankbarkeit)*. Das gleiche Wort *(charis)* wird sowohl für Gottes Gnade uns gegenüber als auch für unsere Dankbarkeit Gott gegenüber verwendet.

Und darin liegt auch eine gewisse Einsicht darüber, wie wir auf Gottes Gnade reagieren sollten: Die angemessene Antwort auf die Gnade *(charis)* ist das Danken *(charis)*. Willst du Gottes Gnade besser verstehen – wirklich verstehen? Antworte mit kontinuierlicher, wiederholter, regelmäßiger Dankbarkeit auf Gottes Gnade – immer und immer wieder.

So wie Paulus es tat. Manchmal war er von der Gnade Gottes so ergriffen, dass er seinen Dank förmlich hinausschrie, sogar in Zusammenhängen, in denen man es nicht erwarten würde.

Zum Beispiel:

„Ich danke *[charis]* Gott durch Jesus Christus, unseren Herrn!" (Röm 7,25); „Gott sei Dank *[charis]* für seine unaussprechliche Gabe!" (2Kor 9,15); „Gott aber sei Dank *[charis]*, der uns den Sieg gibt durch unseren Herrn Jesus Christus!" (1Kor 15,57).

Nun hätte Paulus neben *charis* sicherlich auch andere Worte verwenden können, um seinem Dank Ausdruck zu verleihen – und das tat er auch des Öfteren. Aber Paulus begründete seine Dankbarkeit beharrlich mit der unverdienten Gnade, die ihm und allen Gläubigen zuteilwurde, zum Beispiel so:

„Ich danke [anderes griechisches Wort] meinem Gott allezeit euretwegen um der Gnade *[charis]* Gottes willen, die euch gegeben ist in Christus Jesus“ (1Kor 1,4). Siehst du die enge Verbindung zwischen Gnade und Dank in diesem Vers?

Ich möchte etwas wiederholen, was ich bereits mitgeteilt habe: Wenn du die Gnade Gottes besser verstehen willst, dann danke ihm viel und oft.

Aber ist das nicht zu einfach? Ich bin doch schon dankbar, dass Gott mir durch Jesus Gnade gezeigt hat! Was sollte ich sonst sein?

Egoistisch. Vergesslich. Faul. Zögerlich, wenn es um das Danken geht. Wie ich es oft bin.

Doch es gibt mehr über die Gnade zu sagen als das. Der Apostel Paulus lehrte, dass wir gestärkt werden *„in der Gnade, die in Christus Jesus ist“* (2Tim 2,1). Donald Guthrie schreibt in seinem Kommentar zu dieser Textstelle: „Gnade hat hier die übliche paulinische Bedeutung von unverdienter Gunst, schließt aber in sich die göttliche Befähigung ein.“[12] Wir verstehen die Gnade nicht nur immer mehr, wenn wir mit der angemessenen Antwort, nämlich Dankbarkeit, darauf reagieren; wir werden auch durch die Gnade gestärkt, die wir in Christus empfangen haben.

Gott hat uns in Jesus unverdiente Gunst *(charis)* erwiesen. Die angemessene Antwort darauf ist Dankbarkeit. Außerdem stärkt Gott uns durch diese Gnade. All das geschieht, weil wir *in Christus* sind.

KAPITEL 28

DAS GEHEIMNIS DES CHRISTUS

„... beim Lesen könnt ihr meine Einsicht in das Geheimnis des Christus merken –, das in anderen Geschlechtern den Söhnen der Menschen nicht zu erkennen gegeben wurde, wie es jetzt seinen heiligen Aposteln und Propheten durch den Geist offenbart worden ist: Die Nationen sollen nämlich Miterben und Mitglieder am gleichen Leib sein und Mitteilhaber der Verheißung in Christus Jesus durch das Evangelium." (Eph 3,4-6)

„... damit ihre Herzen getröstet werden, vereinigt in Liebe und zu allem Reichtum an Gewissheit des Verständnisses zur Erkenntnis des Geheimnisses Gottes, das ist Christus, in dem alle Schätze der Weisheit und Erkenntnis verborgen sind." (Kol 2,2-3)

Vor einigen Jahren habe ich mir eine kostenlose Sammlung von G. K. Chestertons *Pater-Brown*-Krimis auf meinen E-Book-Reader heruntergeladen. In Chestertons Geschichten klärt Pater Brown neben seinem Dienst als Priester Verbrechen auf. Manchmal bittet Pater Brown seine Freunde, ihm zu vertrauen, wenn er versucht, ein besonders rätselhaftes Verbrechen aufzuklären, ohne ihnen einen Anhaltspunkt zu geben, wie sein Plan das Rätsel auflösen wird. Wenn er sie um Hilfe bittet, haben sie keine Ahnung, wie er den Täter entlarven und die Ermittlungen zu Ende führen wird.

Der Apostel Paulus schrieb auch über ein Geheimnis. Dies war bis zu seiner Generation unbekannt gewesen. Es hatte damit zu tun, wie neben den Juden auch die Heiden in Gottes Heilsplan aufgenommen wurden.

Aber es ist wichtig zu beachten, was Paulus *nicht* über das Geheimnis sagte. Er leugnete nicht, dass die Propheten bereits offen verkündet hatten, dass Gott einen Heilsplan für die Heiden bereitstellen würde. Ähnlich wie Pater Brown in den Krimis manchmal eine Lösung ankündigt, ohne zu erklären, wie sie funktionieren wird, hatten die Propheten bereits geweissagt, dass Gott den Heiden das Heil bringen würde. Mit Sicherheit kannte Paulus die alttestamentlichen Verheißungen (siehe Röm 15,8-12). In dieser Hinsicht war es also kein Geheimnis. Das Geheimnisvolle lag in der Art und Weise, wie Gott die Heiden in seinen Plan einbeziehen würde. Paulus offenbarte, dass den Heiden – genauso wie bei den Juden, die an Jesus glauben – die Erlösung angeboten wird – die vollständige Annahme durch Gott, und zwar ohne dass sie zuerst zum Judentum konvertieren und beschnitten werden mussten.[13]

Das Geheimnis lag nicht im *Was*. Das Geheimnis lag im *Wie*. Die Offenbarung enthüllte, dass Heiden durch das, was Jesus, der Messias, am Kreuz getan hatte, durch Glauben gerettet wurden, ohne zum Judentum zu konvertieren. Das war für viele Juden des ersten Jahrhunderts völlig unerwartet – auch für einige Juden, die an Jesus glaubten.

Wenn das Geheimnis also bereits offenbart wurde, müssen wir es nicht mehr aufdecken. Genau genommen ist es also kein Geheimnis mehr.

Im zweiten und dritten Jahrhundert nach Christus gab es einige Lehrer, die behaupteten, Christen zu sein (es aber nicht waren). Sie versuchten, die Menschen davon zu überzeugen, dass die Erlösung dadurch geschehe, dass man geheime Dinge weiß, die anderen Menschen verborgen sind, also indem man geistliche Geheimnisse löst. Heute nennen wir diese Leute Gnostiker. Paulus hätte alles, was auch nur ansatzweise mit Gnostizismus zu tun hat, entschieden abgelehnt. Das Geheimnis, von dem Paulus spricht, ist keines, das wir lüften müssen. Paulus sagt, dass es bereits offenbart wurde. Das Geheimnis bestand darin, wie Gott die Heiden in denselben Heilsplan einbeziehen konnte, den er für die Juden vorgesehen hatte, und wir kennen heute die Lösung dieses Geheimnisses.

Für uns heute ist es also kein Geheimnis mehr. Die Lösung dafür, wie Juden und Heiden gerettet und miteinander verbunden werden können, ist Christus. Ich bin mit dir verbunden und du mit mir – ob Jude oder Nichtjude –, weil jeder, der glaubt, *in Christus* ist.

KAPITEL 29

GEFUNDEN IN CHRISTUS

„... damit ich Christus gewinne und in ihm gefunden werde – indem ich nicht meine Gerechtigkeit habe, die aus dem Gesetz ist, sondern die durch den Glauben an Christus, die Gerechtigkeit aus Gott aufgrund des Glaubens." (Phil 3,8b-9)

In einer meiner absoluten Lieblingsbibelstellen, Philipper 3,7-14, verwendet Paulus einen ungewöhnlichen Ausdruck. Er sagt, dass er *in Christus gefunden* werden möchte, was im ersten Moment nicht viel Sinn ergibt. Der Sinn des Ausdrucks nimmt ein wenig Form an, wenn man bedenkt, dass Paulus in den vorherigen Sätzen dreimal betont hat, dass er alles als *Verlust* ansieht - ein Wort, das durchaus zum *Finden* passt –, damit er Christus *gewinnen* kann. Aber ist es nicht trotzdem seltsam von Paulus zu sagen, dass er in Christus „gefunden werden" will? Wenn jemand die Sehnsucht und Hoffnung, *Christus zu gewinnen*, mit dem Verb *finden* verbindet, müsste es dann nicht heißen, dass man *Christus finden will*, anstatt *in Christus gefunden zu werden?*

Wahrscheinlich wählte Paulus die Formulierung „in ihm gefunden werden" statt „ihn finden", um sicherzugehen, dass wir etwas Entscheidendes nicht übersehen - eine Wahrheit, die leicht missverstanden werden kann: Paulus möchte nicht, dass irgendjemand denkt, es sei jemandes eigener Verdienst, in einer besonderen Beziehung zu Gott zu stehen. Es ist Jesu Verdienst, also bekommt auch er den Ruhm dafür. Indem Paulus sagt, dass er *in ihm gefunden werde*

(Passiv), und nicht, dass er *ihn gefunden habe* (Aktiv), vermeidet er ein solches Missverständnis und weist auf die Wahrheit hin, dass ein korrektes Verhältnis zu Gott ausschließlich durch Christus erreicht wird.

Aber selbst dann ist es ungewöhnlich, dass jemand sagt, er wolle *in* jemand anderem gefunden werden. Was bedeutet es, in Christus gefunden zu werden? Die Bedeutung ist äußerst tiefgründig. Paulus sagt, dass es am Ende des Zeitalters – an dem Tag, an dem wir Rechenschaft ablegen müssen – allen bekannt werden wird, dass er mit Christus verbunden war.

Kürzlich hörte ich von einem 14-jährigen Jungen, der sich mit seinen beiden kleinen Brüdern in einem begehbaren Kleiderschrank versteckte, während ihr Haus ausgeraubt wurde. Die Täter durchwühlten zwei Zimmer und machten sich mit der Geldkassette der Familie davon. Als die Polizei eintraf, *fanden* die Beamten die Jungen in ihrem Versteck, wo sie immer noch waren – die beiden jüngeren beschützt durch den Teenager, der, nebenbei bemerkt, eine Waffe auf die Schranktür gerichtet hielt!

Mit der Formulierung „in Christus gefunden" ist es wie mit dem Versteck der Jungen. Paulus will jedem von uns klarmachen, dass wir die ganze Zeit bei Christus waren. Wie die beiden Jungen, die sich nicht selbst vor den Einbrechern schützen konnten, ist er nicht in der Lage, sich selbst zu retten. Seine Hoffnung gründet sich nicht auf seine gerechten Taten; die Grundlage für seine hoffnungsvolle Erwartungshaltung im Blick auf die Zukunft ist der Glaube an Christus (Phil 3,9). Paulus sehnt sich nach dem Tag, an dem alles, was Christus getan hat, für jeden sichtbar werden und er in Christus gefunden wird. Ich kann förmlich die Rufe der kleinen Jungen nach ihrer erschütternden Erfahrung hören: „Unser großer Bruder hat uns gerettet! Die Polizei hat uns gefunden, während wir uns bei ihm versteckt haben. Er hat uns beschützt!" In ähnlicher Weise freut sich Paulus auf den Tag, an dem die Tatsache, dass er *in Christus* ist, allen bekannt werden wird.

Wie steht es mit dir? Sehnst du dich danach, in Christus *gefunden* zu werden? Freust du dich darauf, es regelrecht herauszuschreien, dass Christus die ganze Zeit über bei dir war? Wir können aus dieser Betrachtung mitnehmen, dass die meisten von uns ihre Sehnsucht nach dem, was der letzte Tag über unsere Verbundenheit mit Christus offenbaren wird, steigern müssen. Selbst wenn alles um uns herum auseinanderfällt, ist unser *In-Christus-Sein* die Garantie dafür, dass wir am Ende aller Tage sicher und geborgen *in ihm gefunden* werden. Freust du dich jetzt auf den Tag, an dem all das offenbar wird – wenn jeder im Himmel und auf Erden wissen wird, dass du erlöst bist, weil du *in Christus* gefunden wurdest?

KAPITEL 30

NACH OBEN BERUFEN IN CHRISTUS

„Nicht, dass ich es schon ergriffen habe oder schon vollendet bin; ich jage ihm aber nach, ob ich es auch ergreifen möge, weil ich auch von Christus Jesus ergriffen bin. Brüder, ich denke von mir selbst nicht, es ergriffen zu haben; eines aber tue ich: Ich vergesse, was dahinten, strecke mich aber aus nach dem, was vorn ist, und jage auf das Ziel zu, hin zu dem Kampfpreis der Berufung Gottes nach oben in Christus Jesus." (Phil 3,12-14)

Während der letzten beiden Wochen hat meine Familie das größte Sportereignis der Welt verfolgt: die Olympischen Spiele. Bei allen Wettkämpfen, die wir uns angesehen haben, gab es eine Sache, die stets gleich war. Am Ende eines jeden Wettkampfs wurden die siegreichen Athleten auf ein Podest gerufen und mit einem Preis ausgezeichnet. So war es schon immer – seit den ersten Olympischen Spielen im alten Griechenland. Diejenigen, die gewinnen, werden „nach oben" gerufen, um ihre Auszeichnungen zu erhalten.

Es ist nicht ganz klar, was Paulus mit der „Berufung nach oben" (in manchen Übersetzungen „himmlische Berufung") meinte, als er schrieb, dass er auf das Ziel zujagte, um den Preis der Berufung Gottes *nach oben* in Christus zu erhalten.

Aber eine plausible Erklärung ist, dass Paulus sich auf den Tag freute, an dem er von Gott auf ein Siegerpodest gerufen werden würde.[14] Beachte die Metaphern in Philipper 3,12-14: *Nachjagen, ausstrecken nach dem, was vorne ist, Ziel, Kampfpreis.* All das deutet auf ein Rennen hin, auf einen Wettkampf, dessen Höhepunkt darin besteht, dass man aufs Siegerpodest gerufen wird, um dort einen Preis zu bekommen.

Überraschenderweise beschreibt Paulus seinen Wettlauf, der zu dieser Preisverleihung führt, mit den Worten „*eines* aber tue ich" (3,13). Jedes Mal, wenn ich diese Worte lese, ertappe ich mich dabei, wie ich innerlich zusammenzucke: „Ernsthaft, Paulus, nur *eine* Sache? Du bist doch gereist, hast Zelte hergestellt, das Wort Gottes studiert, Briefe geschrieben ..." Aber Paulus würde zweifellos erwidern: „Nein, diese anderen Dinge waren nebensächlich. Meine zentrale Leidenschaft war das Leben in Christus, zu dem Gott mich berufen hat. Ich bin dem Ziel nachgejagt, Christus zu erkennen."

Aber was hat das *In-Christus-Sein* mit diesem Eifer im Wettlauf des Glaubenslebens zu tun? Für Paulus hatte es alles damit zu tun! Er machte deutlich, dass er das, was er erreicht hatte, nicht als seinen eigenen Verdienst ansah. Viel wichtiger als die Art, wie er rannte (und er *rannte* wirklich!), war für ihn, „von Christus ergriffen" zu sein (3,12). Und so war ihm klar, dass er am Ende des Rennens keinerlei Anerkennung für sein erfolgreiches Abschneiden würde einheimsen können. Wenn Gott jemanden auf das Podest ruft, dann erfolgt dieser Ruf nach oben allein *in Christus* (3,14).

Ich möchte an dieser Stelle die folgende Vermutung aufstellen: Kann es sein, dass Paulus sich vorstellte, seinen Weg zum Siegerpodest nicht einsam und allein zurückzulegen, sondern mit Christus an seiner Seite? Ist das der Grund, warum er die Berufung nach oben als *in Christus Jesus* beschrieben hat? Überall in seinen Briefen betonte er, dass er während seines gesamten irdischen Wettlaufs *in Christus* war. In all den Jahren, in denen sein Lauf ihn durch Wüsten und über scheinbar unüberwindbare Berge führte und ihm unendlich lang erschien, und es ihm vorkam, als sei er völlig allein auf sich gestellt, erinnerte er sich daran, dass da jemand war, der neben ihm herlief.

Wenn du eines Tages auf die Highlights deines Lebens zurückschaust, könnte es dann sein, dass dir plötzlich klar wird, dass Jesus die ganze Zeit mit dir gelaufen ist? Und dass er derjenige war, der dir aufgeholfen hat, als du gestolpert und hingefallen bist, selbst wenn du es zu dem Zeitpunkt nicht wusstest? Und dass er es auch war, der dich mitgezogen hat, als du locker und leicht losgerannt bist, auch wenn du es nicht gespürt hast?

Wenn du schließlich auf das Siegerpodest gerufen wirst, wird Christus direkt neben dir stehen – so wie er immer schon mit dir unterwegs war. Du wirst auf das Podest *nach oben berufen,* weil – und nur weil – du *in Christus* warst, bist und immer sein wirst.

KAPITEL 31

ERLÖSUNG IN CHRISTUS

„... er hat uns gerettet aus der Macht der Finsternis und versetzt in das Reich des Sohnes seiner Liebe. In ihm haben wir die Erlösung, die Vergebung der Sünden." (Kol 1,13-14)

„Der hat sich selbst für uns gegeben, damit er uns loskaufte von aller Gesetzlosigkeit und sich selbst ein Eigentumsvolk reinigte, das eifrig sei in guten Werken." (Tit 2,14)

„... durch die Erlösung, die in Christus Jesus ist." (Röm 3,24)

Immer wenn du das Wort „Erlösung" in der Bibel liest, sollten bei dir biblische Alarmglocken läuten. (Was ich mit biblischen Alarmglocken meine? Damit meine ich einen Weckruf, dass du das, was du gerade gelesen hast, mit einer anderen Stelle in der Bibel verknüpfen musst. Wenn man viel in der Bibel liest, hört man solche Glocken ständig.) Folgende Glocken sollten bei dir läuten, wann immer du das Wort „Erlösung" liest:

Alarmglocke Nr. 1: Wenn zur Zeit des Alten Testaments jemand, der einem wichtig war, in die Sklaverei verkauft wurde und man ihn freikaufen wollte, musste man ein Lösegeld zahlen (3Mo 25,47-52). Das ist die grundlegende Bedeutung von Erlösung: dass jemand aus der Sklaverei losgekauft wird.

Alarmglocke Nr. 2: Gott befreite das Volk Israel aus der Sklaverei in Ägypten. Die Bibel beschreibt dies als Erlösung aus der Sklaverei

(2Mo 6,6). Die Befreiung aus der Sklaverei in Ägypten war also Israels Erlösung.

Alarmglocke Nr. 3: Boas erlöste Rut, als er sein Recht als Löser ausübte, indem er einen Kaufpreis bezahlte, durch den er alles erwarb, was Noomis verstorbenem Ehemann gehört hatte (Rt 2,20; 3,9-13; 4,3-11). Dadurch befreite er Noomi und Rut aus ihrer verzweifelten Lage, in der man sich als Witwe in Israel befand und die ein wenig der Sklaverei in der hoffnungslosen Zeit der Richter ähnelte. Und außerdem hatte Boas am Ende dieses Prozesses eine Ehefrau!

Jedes Mal, wenn du also im Neuen Testament das Wort „Erlösung" liest, sollten dich diese biblischen Alarmglocken daran erinnern, dass Paulus nicht einfach hochtrabende theologische Begriffe verwendet, was viele Menschen denken, wenn sie das Wort „Erlösung" lesen, sondern dass er auf das größere biblische Thema des Loskaufs aus der Sklaverei anspielt.

Woraus wurden wir also laut Paulus erlöst bzw. losgekauft? Paulus erwähnt zwei Dinge: erstens die Gesetzlosigkeit (Tit 2,14) und zweitens die Macht der Finsternis (Kol 1,13). Das bedeutet, dass weder die Sünde noch der Teufel uns jetzt noch im Griff haben. Das ist ermutigend, oder?

Aber wir wurden nicht nur *aus* etwas erlöst. Ja, wir wurden aus der Gesetzlosigkeit erlöst. Aber wir wurden auch gereinigt und in Gottes Eigentumsvolk aufgenommen (Tit 2,14). Wir wurden *aus* dem Reich der Finsternis erlöst und *in* das Reich seines Sohnes versetzt (Kol 1,13-14)!

Daran musst du denken, wenn du dich morgen auf der Arbeit so alleine fühlst, als wärest du der einzige Bürger dieses Reiches. Wenn du in der Schule sitzt und dein Lehrer Unmoral gutheißt, dann denke an deine Erlösung. Wenn du abends unerwartet mehr Zeit zur Verfügung hast, dann hülle dich ganz in die Wahrheit, dass du aus der Gesetzlosigkeit erlöst bist und nicht mehr zum Reich der Finsternis gehörst; es ist nicht dein Schicksal, jenseits deines *In-Christus-Seins* der Sünde nachzugeben. Wenn du mitten in der Nacht plötzlich bedrückt oder sogar voller Angst bist, kannst du dich daran erinnern, dass du durch den Herrn Jesus höchstpersönlich von der Macht der Sünde und des Teufels befreit bist, weil er dich mit seinem Blut losgekauft hat.

Das bedeutet, dass unser Schicksal mit seinem Leben verbunden ist und nicht mit dem, was uns in der Vergangenheit gefangen gehalten hat. Auch wenn wir in der Vergangenheit untrennbar mit der Sünde und dem Teufel verbunden waren – jetzt sind wir mit Jesus Christus verbunden.

Vielleicht sollten wir langsam anfangen, tatsächlich so zu leben. Wir sind *in Christus* erlöst.

KAPITEL 32

IN CHRISTUS VERWURZELT

„... gewurzelt und auferbaut in ihm und gefestigt im Glauben, wie ihr gelehrt worden seid, indem ihr überreich seid in Danksagung!" (Kol 2,7)

„Der uns aber mit euch festigt in Christus und uns gesalbt hat, ist Gott." (2Kor 1,21)

„... steht in dieser Weise fest im Herrn, Geliebte!" (Phil 4,1)

„Der Herr aber richte eure Herzen auf die Liebe Gottes und auf das Ausharren des Christus!" (2Thes 3,5)

Hast du schon einmal versucht, einen Baum aus dem Boden zu reißen? Ich meine keinen kleinen Baum ... Ich erinnere mich noch daran, wie ich als Teenager meinem Vater einmal dabei half, einen alten, nicht mehr wirklich gesunden Kirschbaum aus dem Vorgarten unseres Grundstücks in San Jose, Kalifornien, zu entfernen. Wir waren es alle leid, auf dem Weg zur Haustür ständig auf Kirschen zu treten, und hatten beschlossen, dass der Baum weichen musste. Zuerst entfernten wir alle Äste, sodass nur noch ein kahler, dicker Stamm übrig war, der wie ein Totempfahl aus dem Boden ragte. Dann gruben wir um den Baum herum einen tiefen Graben und versuchten dabei, so viele Wurzeln wie möglich zu durchtrennen. Schließlich banden wir das eine Ende eines dicken Drahtseils um den oberen Teil des etwa sechs Meter hohen Stammes und die andere an unseren Kombi.

Ich werde nie vergessen, wie die Hinterreifen unseres Kombis in der Luft schwebten, als mein Dad aufs Gaspedal trat, um den Kirschbaum aus dem Boden zu ziehen. Nun handelte es sich nicht einfach um irgendeinen alten Kombi. Ganz bestimmt nicht! Da mein Dad nicht mit einer lahmen Kiste auf der Autobahn vorwärtskriechen wollte, hatte er den Motor des Familienwagens durch einen Chevy 454 Big Block ersetzt. Doch obwohl wir damit genug PS hatten, um jeden Raser der Stadt abzuhängen, wollte sich dieser Baum einfach nicht vom Fleck bewegen, bis wir erneut viel Zeit mit Graben verbracht hatten.

Ich weiß nicht, wie es bei dir aussieht, aber ich für meinen Teil wünsche mir, dass mein Leben als Christ so ist wie dieser Kirschbaum. Ich möchte „gewurzelt und auferbaut in ihm und gefestigt im Glauben" sein, wie es Paulus in Kolosser 2,7 ausdrückt. Ich möchte wie der Baum aus Psalm 1 sein, der „an Wasserbächen" gepflanzt ist, und nicht wie die Gottlosen, die so sind „wie Spreu, die der Wind verweht" (Ps 1,3-4). Ich möchte in Christus gefestigt sein (2Kor 1,21), fest im Herrn stehen (Phil 4,1) und ein Herz haben, das auf das Ausharren Christi gerichtet ist (2Thes 3,5). Kurz gesagt, ich will leben wie jemand, der in Christus verwurzelt ist – denn das bin ich. Und ich bete, dass auch du so lebst.

Wenn dann wie damals in Kolossä Irrlehrer auftreten, die behaupten, dass Jesus nicht genug sei und man mehr brauche als ihn, um geistlich voranzukommen (Kol 2,8.16-23), dann wirst du so sehr in Christus verwurzelt sein, dass du gar nicht erst hinhörst. Wenn du wegen deines Bekenntnisses zu Christus bedrängt wirst oder dich plötzlich Leid trifft, weil du einfach ein vergänglicher Mensch bist, dann stehst du fest in Christus. Wenn du zu Unrecht beschuldigt, gemieden, verachtet, übersehen oder grob behandelt wirst, obwohl jeder objektive Betrachter zustimmen würde, dass du danach strebst, gerecht zu leben und Gott zu ehren, dann wirst du deine Wurzeln nur noch tiefer in den Boden (Jesus) schlagen, wo du alle Nährstoffe bekommst, die du brauchst.

Denn du bist so fest mit Christus verbunden wie dieser starrsinnige Kirschbaum mit dem Boden. Aber anders als der Kirschbaum, den wir schließlich mit viel Mühe und Arbeit aus dem Boden reißen konnten, kann dich nichts von Christus losreißen, keine Macht kann dich wegbewegen und keine Kraft kann dich von ihm trennen, da du *in Christus* verwurzelt bist.

KAPITEL 33

IN CHRISTUS BESCHNITTEN

„In ihm seid ihr auch beschnitten worden mit einer Beschneidung, die nicht mit Händen geschehen ist, sondern im Ausziehen des fleischlichen Leibes, in der Beschneidung des Christus." (Kol 2,11)

Die nachfolgenden Inhalte könnten auf Kinder verstörend wirken. So oder so ähnlich werden Nachrichten manchmal eingeleitet. An einer Stelle im Neuen Testament schreibt der Apostel Paulus recht ungeniert, dass unser *In-Christus-Sein* mit der Beschneidung vergleichbar ist.

Aus irgendeinem Grund, der den meisten Lesern der Bibel fremd ist, beschloss Gott, sich ein Volk zu erwählen (die Kinder Israels). Zu diesem Zweck befahl er ihnen, dass jedem Mann ein Stück Haut an seinem privatesten und empfindlichsten Körperteil abgeschnitten werden sollte. Dieses Zeichen des Bundes erinnerte sie täglich daran, dass sie sich von den anderen Nationen um sie herum, die nicht den einzig wahren Gott anbeteten, unterschieden.

Doch Gott wollte nie, dass diese Beschneidung rein körperlich war. Er wollte, dass die Menschen seines Volkes auch ihre *Herzen* beschnitt (5Mo 10,16; Jer 4,4), was jedem, der an ihn glaubte – ob Jude oder Heide –, die Möglichkeit eröffnete, zum Volk Gottes zu gehören, da die Beschneidung eine Frage der inneren Herzenshaltung war (Röm 9,29).

Wenn Paulus also in Kolosser 2,11 schreibt: „In ihm [Christus] seid ihr auch beschnitten worden mit einer Beschneidung, die nicht mit Händen geschehen ist, sondern im Ausziehen des fleischlichen Leibes, in der Beschneidung des Christus", dann führt er die Analogie der geistlichen Beschneidung noch einen Schritt weiter. Die Beschneidung ist nicht nur eine Frage des Herzens (das meint er damit, wenn er schreibt, dass sie „nicht mit Händen geschehen ist"), sondern die geistliche Beschneidung trennt dich auch von deiner Neigung zur Sünde.

Bitte versteh mich nicht falsch. Paulus streitet nicht ab, dass man sich zur Sünde hingezogen *fühlt*. Aber das ist ein psychologischer Aspekt. Paulus will vielmehr sagen, dass du in Wahrheit nicht mehr in der Sünde gefangen bist. Das hängt damit zusammen, dass die damaligen Israeliten wahrscheinlich dachten, die Vorhaut derer, die sie noch hatten, sei untrennbar mit der Sünde verbunden und werde deshalb zwangsläufig zum Sündigen führen. Lass mich das erklären:

Die Nationen rund um Israel lebten in verschiedener Hinsicht unmoralisch, sowohl buchstäblich als auch bildlich gesprochen. Die Männer dieser Nationen hatten noch ihre Vorhäute. Die Beschneidung als Zeichen des Bundes war für jeden Israeliten eine stetige Erinnerung daran, sich nicht „unmoralisch" zu verhalten. Darunter verstand das Alte Testament u. a. sexuelle Unreinheit, aber häufig wurde es auch mit Götzendienst in Verbindung gebracht (5Mo 7,3-4; 2Mo 34,16; Jos 23,6-13). Jedes Mal, wenn ein Mann die Beschneidung an sich sah, wurde er daran erinnert, dass er nicht unmoralisch leben musste, weil er von der Unmoral getrennt und stattdessen durch den Bund mit Gott verbunden war. Eine unbeschnittene Person wurde sozusagen zwangsläufig als unmoralisch angesehen, als hätte sie auf jeden Fall Götzen gedient. Die Vorhaut abzuschneiden war ein Zeichen dafür, dass man den Götzendienst vermeiden konnte (auch wenn ein beschnittener Israelit natürlich trotzdem sündigen konnte; aber es war nun vermeidbar). Die Beschneidung erinnerte einen Israeliten wahrscheinlich daran, dass er nicht die Wege der anderen Nationen gehen musste, weil er durch einen Bund an den einen, wahren Gott gebunden war.

Diesem Gedanken folgend schrieb Paulus, dass diejenigen, die durch die geistliche Beschneidung mit Christus verbunden sind, von der Macht der Sünde abgetrennt sind. Das ist wahrscheinlich dieselbe geistliche Vorstellung, über die Paulus auch in Römer 6,6 (jedoch verknüpft mit einem anderen Vergleich) schreibt, wo er sagt, dass jemand, der der Sünde gestorben ist, nicht länger in ihr leben muss.

Mit anderen Worten: Wenn unsere „Vorhaut", also unsere unvermeidbare Neigung zur Sünde, entfernt wurde, sind wir nicht länger an die Sünde gebunden.

Mir sagte einmal ein junger Student, er könne einfach nicht aufhören, auf eine bestimmte Weise zu sündigen. Aber die Bibel sagt etwas anderes. Unsere Neigung zur Sünde wurde entfernt. Das bedeutet, dass es nicht mehr unvermeidbar ist, der Sünde nachzugeben. Wir sind geistlich beschnitten worden und müssen uns daher nicht mehr der Sünde hingeben. Warum? Weil wir mit Christus verbunden sind. Wir sind geistlich beschnitten *in Christus.*

KAPITEL 34

MIT CHRISTUS VERBORGEN IN GOTT

„... und euer Leben ist verborgen mit dem Christus in Gott." (Kol 3,3)

Mir ging ein christliches Lied durch den Kopf. Ich saß gerade auf einem Berg, von dem aus ich auf die kalifornische Kleinstadt Idyllwild blickte. Das war einer meiner Lieblingsorte zum Beten. Ich hatte mir an diesem Tag Zeit fürs Gebet genommen, weil ich spürte, dass ein geistlicher Sturm aufzog. Der Refrain des Lieds lautet:

He hideth my soul in the cleft of the rock
That shadows a dry, thirsty land
He hideth my life in the depths of His love
And covers me there with His hand.[15]

(Er verbirgt meine Seele im Spalt eines Felsen,
der Schatten auf trockenes und dürres Land wirft,
Er verbirgt mein Leben in den Tiefen seiner Liebe
Und hält seine Hand über mir.)

Während ich mithilfe dieses Lieds betete, drehte ich mich um und sah zu der steilen Felswand hinter mir hinauf. Zu meiner Verwunderung erblickte ich unter einem Felsbrocken, der seitlich aus dem

Berg herausragte, tatsächlich einen Felsspalt (bzw. einen kleinen höhlenartigen Unterschlupf). Ich war mir ganz sicher, dass Gott ihn extra für mich dort platziert hatte.

Obwohl ich nicht gerade ein erfahrener Kletterer bin, verbrachte ich die nächsten 20 Minuten damit, die steile Felswand zu erklimmen, bis ich schließlich mit dem einen oder anderen Kratzer mehr an dem Spalt angekommen war. Ich setzte mich in diese Nische und verbrachte dort zwei Stunden im Gebet. Ich konnte dabei zusehen, wie am Horizont ein (echter) Sturm aufzog. Ich dachte über all die Glaubenshelden der Bibel nach, die von Gott in Felsspalten versteckt und beschützt worden waren.

Ich dachte an Mose, dessen Geschichte als Grundlage für das zitierte Lied diente. Er verlor sich als Reaktion auf Gottes Größe so sehr in der Anbetung, dass er mit dem Wunsch herausplatzte, die Herrlichkeit Gottes zu sehen. Der Herr konnte Mose natürlich nicht sein Angesicht zeigen, da Mose sonst umgekommen wäre. Aber er führte Mose liebevoll in einen Felsspalt und legte seine Hand über ihn, während er an ihm vorüberging. Dann hob er für einen Moment seine Hand, sodass Mose von hinten einen flüchtigen Blick auf Gottes Herrlichkeit erhaschen konnte (2Mo 33,18-23).

Ich dachte auch an die kurze Begebenheit aus den Erzählungen über Elia in 1. Könige 18,3-4, die von Obadja (nicht von dem gleichnamigen Propheten) handelt. Obadja war ein gottesfürchtiger Mann, der Hunderte Propheten Gottes in zwei Felshöhlen versteckte und versorgte, als Isebel alle Propheten im Land Israel ausrotten wollte. Ich stellte mir vor, selbst einer dieser Propheten zu sein, die in der Höhle Zuflucht suchten und warteten, bis Isebels Zorn sich legte.

Dann dachte ich an Elia, der von Gott einen neuen Auftrag empfangen hatte, nachdem er vor Isebel geflohen war und sich ebenfalls in einer Felshöhle versteckt hatte. Gott begegnete ihm von außerhalb des Berges, indem er ein leises Wehen sandte – ein zartes Flüstern von dem Herrn, der der Gebieter über Stürme, Erdbeben und Feuer ist und sich doch dazu entschied, Elia ganz behutsam zu begegnen (1Kö 19).

Ich erinnerte mich an die Stelle in Hebräer 11,38, die von den Helden des Glaubens spricht, die sich in „Höhlen und den Klüften der Erde" versteckten. Ich dachte auch an die unterirdischen Städte, die ich in der Türkei besucht hatte, in die damals die Christen vor ihren Verfolgern geflüchtet waren.

Und in meinem Gebet dachte ich über die Wahrheit nach, dass mein Leben, weil ich mit Christus auferweckt bin, für immer „mit Christus in Gott verborgen" ist (Kol 3,3). *In Christus* bin ich vor den Mächten des Bösen verborgen, die mir schaden wollen, und auch vor den böswilligen Machenschaften von Menschen. Nichts Böses kann mich erreichen, weil ich in Christus verborgen bin. Mit diesen Gedanken stärkte Gott mein Herz.

Ich stand schließlich auf und verließ die Felsspalte wieder, insbesondere weil ich sehen konnte, dass es nicht mehr lange dauern würde, bis das Unwetter mich erreichte. Aber das Beste an alledem war es zu wissen: Selbst wenn ich in einen Sturm gerate (ob im wörtlichen oder im übertragenen Sinne), ich bin *immer noch* mit Christus in Gott verborgen. Diese Zusage ist real und zuverlässig, weil ich *in Christus* bin.

TÄGLICHES LEBEN
IN CHRISTUS

KAPITEL 35

DEM BILD CHRISTI GLEICHFÖRMIG GEMACHT

„Denn die er vorher erkannt hat, die hat er auch vorherbestimmt, dem Bild seines Sohnes gleichförmig zu sein, damit er der Erstgeborene ist unter vielen Brüdern." (Röm 8,29)

„... und den neuen angezogen habt, der erneuert wird zur Erkenntnis nach dem Bild dessen, der ihn erschaffen hat!" (Kol 3,10)

In diesem Kapitel geht es nicht um Vorherbestimmung, auch wenn es das Erste ist, worüber meine Studenten diskutieren wollen, wenn wir Römer 8,29 durchnehmen. An dieser Stelle möchte ich dazu nur sagen, dass dieses Thema sehr wichtig für mich ist. Ich tauche mit meinen Studenten so tief wie möglich in diese Lehre ein.

Aber eine Analyse der Vorherbestimmung ist nicht das Ziel dieses Buches. Dieses Buch soll uns dabei helfen zu verstehen, wie das *In-Christus-Sein* mit unserem Leben zusammenhängt. Und Römer 8,29 ist ein Schild, das uns in die richtige Richtung weist. Darin wird erklärt, dass Gott vor Anbeginn der Zeit wusste und plante, diejenigen, die er rechtfertigen würde, auch „dem Bild seines Sohnes gleichförmig" zu machen. Gott, der dadurch seine verschwenderische und unverdiente Liebe ausdrückte, entschloss sich, uns nicht nur zu rufen, zu rechtfertigen und zu verherrlichen, sondern uns auch zu einem Ebenbild Jesu zu formen – uns ihm gleich zu machen.

Ich will dich auf eine Reise in die ewige Vergangenheit mitnehmen. Gott hat gerade verkündet, dass er eine Welt voller Menschen erschaffen will. Er musste das nicht tun. Als Vater, Sohn und Heiliger Geist war er, ganz ohne Menschen um sich herum, vollkommen glücklich. Aber er wusste auch, dass es gut sein würde, eine Welt und Menschen in ihr zu erschaffen. Das tat er am Abend eines jeden Schöpfungstags freudig kund. Aber anders als alle anderen Dinge, die er an den ersten fünf Tagen erschaffen hatte, formte er den Menschen so, dass er mehr Ähnlichkeit mit ihm selbst hatte als alles andere.

„Und Gott sprach: ‚Lasst uns Menschen machen als unser Bild, uns ähnlich! Sie sollen herrschen …‘ Und Gott schuf den Menschen als sein Bild, als Bild Gottes schuf er ihn; als Mann und Frau schuf er sie“ (1Mo 1,26-27).

Doch dann kam der Sündenfall. Ein tiefer Fall für die Menschen. Die Sünde gelangte in die Welt, und das Bild Gottes in den Menschen wurde beschädigt, verdreht, verzerrt. Es wurde aber nicht ausgelöscht. Aus diesem Grund haben Menschen nicht das Recht, anderen das Leben zu nehmen, denn sie wurden im Ebenbild Gottes geschaffen (1Mo 9,6).

Aber Adam und Eva – und auch wir, denn wir sind ihre Nachfahren – wurden geistlich entstellt, als die Sünde bei ihnen Einzug hielt.

Trotzdem bereitete Gott seinen Geschöpfen weiterhin beharrlich den Weg, seinem Bild gleich zu sein. Und wenn Gott sich etwas vornimmt, dann wird es mit Sicherheit auch so geschehen. Er sandte Jesus, Gott in Menschengestalt, das vollkommene Bild Gottes, um uns erneut zu rufen, zu formen, zu verändern – um uns als Abbilder Christi neu zu erschaffen. So wie manche Kinder ihren Eltern immer ähnlicher werden, je älter sie werden, so war es Gottes Plan, dass wir Christus immer ähnlicher werden.

Solltest du dich jemals fragen, warum Gott Leid in deinem Leben zulässt, dann führe dir vor Augen, dass Gottes ultimative Absicht für dich nicht deine Bequemlichkeit ist, sondern dich an sein Bild anzupassen. Solltest du dich jemals wundern, warum Gott deine Gebete nicht sofort erhört, und darüber seufzen (Röm 8,23-26), dann erinnere dich daran, dass Gott dich erneuert, seinem Bild gleich zu sein, so wie er es mit den ersten Menschen am sechsten Schöpfungstag getan hat. Wenn Beziehungen dir schwierig erscheinen und die Tage lang werden, wenn du merkst, dass du die Ziele, die du dir als junger Mensch vorgenommen hast, nicht erreicht hast, dann denke daran, dass Gottes Hauptziel für dich sich wahrscheinlich von deinen eigenen Zielen unterscheidet. Sein Ziel ist, dass du Christus ähnlich wirst. Und er hält unerschütterlich daran fest, dich seinem Bild gleichzumachen. Er wird damit nicht aufhören, bis er seine Pläne mit dir zu Ende geführt hat. In diesem Wissen kannst du Ruhe finden. Er wird dich an das Bild Jesu anpassen, weil er dich *in Christus* berufen hat.

KAPITEL 36

IN CHRISTUS DIE WAHRHEIT SAGEN

„Ich sage die Wahrheit in Christus, ich lüge nicht, wobei mein Gewissen mir Zeugnis gibt im Heiligen Geist." (Röm 9,1)

„So gewiss die Wahrheit Christi in mir ist." (2Kor 11,10)

„Lasst uns aber die Wahrheit reden in Liebe und in allem hinwachsen zu ihm, der das Haupt ist, Christus." (Eph 4,15).

Während meiner Zeit im Nahen Osten passierte etwas, das irgendwie witzig war. Wir versuchten gerade, die erste Gemeinde in einer Stadt zu gründen, in der bisher nur wenige Ortsansässige zum Glauben gekommen waren. Doch ein junger Mann, Ozzie (Name geändert), mit dem ich mich regelmäßig traf, schien kurz davor zu sein, sich dem Herrn anzuvertrauen. Zur gleichen Zeit hatte ich Kontakt zu einem anderen Mann, Junee (Name geändert), der sich auch ernsthaft für das Evangelium zu interessieren schien. Bis dahin hatten sich die beiden Männer noch nie gesehen. Eines Tages, als ich mich gerade in meinem Büro mit Ozzie unterhielt, kam Junee unangekündigt vorbei. Verblüffenderweise fing Ozzie an, Junee davon zu überzeugen, die christliche Botschaft anzunehmen – und Junee schien es positiv aufzunehmen! In den nächsten Monaten bekannten sich beide Männer zum christlichen Glauben und nahmen Kontakt auf zu der Handvoll Gläubigen, die es in der Stadt gab.

Doch dann nahm die Geschichte eine unerwartete und leider auch traurige Wendung:

Sowohl Ozzie als auch Junee hatten in jeglicher Hinsicht gelogen. Sie *beide* waren Informanten, die sich in unseren Kreis einschleusen wollten. Ozzie arbeitete für die Polizei und Junee für eine nationalistisch-fundamentalistische Gruppierung. Alles, wirklich alles, was bei dem besagten Gespräch mit den beiden herausgekommen war, war komplett vorgetäuscht. Das Witzige daran war, dass keiner von beiden von den Intrigen des jeweils anderen wusste. (Ich weiß nicht, ob ich darüber lachen oder weinen soll ...)

Doch Gott deckte ihr doppeltes Spiel auf und bewahrte die Gemeinde, die noch in den Kinderschuhen steckte. Doch diese beiden Männer waren die ersten von etwa einem Dutzend Menschen, die ich im Laufe der Zeit als notorische Lügner kennengelernt habe, die nicht nur mutwillig, sondern auch unentwegt lügen.

Falls es dir noch nicht aufgefallen ist: Lügen ist eine der schlimmsten Sünden in einer Beziehung. Es kann sich keine tiefere Freundschaft zwischen zwei Menschen entwickeln, wenn Betrug in der Luft liegt. Wenn wir aber die Wahrheit sagen, dann fördert dies anhaltende Beziehungen. Doch für uns Christen geht es noch tiefer. Laut dem Apostel Paulus sagen wir die Wahrheit *in Christus* (Röm 9,1; 2Kor 11,10). Wir bemühen uns nicht nur, die Wahrheit zu sagen, damit wir unser Gegenüber nicht verletzen oder einer Beziehung schaden, sondern wir tun es, weil wir mit Jesus im Glauben verbunden sind. Und wenn es für uns zur Gewohnheit wird, „die Wahrheit [zu] reden in Liebe", dann wachsen wir gemäß der Bibel noch mehr *zu Christus hin* (Eph 4,15).

Aber inwiefern wirkt sich das *In-Christus-Sein* nun darauf aus, dass wir die Wahrheit sagen? Ganz einfach: Indem Christus *die* Wahrheit *ist*. Er sagt von sich selbst: „Ich bin der Weg, die Wahrheit und das Leben" (Joh 14,6). Wir leben heute in einer relativistischen Welt, in der die Menschen denken, jeder könne seine eigenen Wahrheiten erschaffen, die sich von den Wahrheiten der anderen unterscheiden. Das ist, nebenbei bemerkt, der Beweis dafür, dass sie in Wirklichkeit nichts über die Wahrheit wissen. Aber Jesus sagt, dass er der Maßstab ist, anhand dessen alle anderen Behauptungen gemessen werden müssen, egal, wie banal oder grundlegend sie sind.

Wie steht es mit deinem Umgang mit der Wahrheit? Versteckst du dich ab und zu hinter unehrlichen Worten? Verbiegst du manchmal die Wahrheit, um deine Haut zu retten, mit deinen Plänen voranzukommen oder einfach, um gut dazustehen? Manche von uns haben sich auf eine gefährliche Rutschpartie begeben, die mit ein paar „unschuldigen" Halbwahrheiten beginnt, aber in einem verstrickenden Netz von Lügen enden kann. Diejenigen von uns, die dieser Kategorie zuzuordnen sind, brauchen möglicherweise einen erfahrenen Christen, der ihnen dabei hilft, ihre Identität in Christus besser zu verstehen und tiefer in ein von Christus abhängiges Leben der Wahrheit hineinzuwachsen. Merke dir also: Als Christen sagen wir die Wahrheit *in Christus.*

KAPITEL 37

SICH IN CHRISTUS RÜHMEN

„Ich habe also in Christus Jesus etwas zum Rühmen in den Dingen vor Gott." (Röm 15,17)

„Mir aber sei es fern, mich zu rühmen als nur des Kreuzes unseres Herrn Jesus Christus, durch das mir die Welt gekreuzigt ist und ich der Welt." (Gal 6,14)

„Wer sich aber rühmt, der rühme sich des Herrn!" (1Kor 1,31; 2Kor 10,17)

Niemand verbringt gerne Zeit mit Angebern. Ich erinnere mich noch an ein Gespräch, in dem ich gerade noch „Hallo, wie geht es dir?" sagen konnte, bevor mein Gegenüber mir lang und breit erklärte, warum er an diesem Tag so gut gekleidet war, wo er seine Klamotten gekauft hatte, wie günstig er sie hatte erwerben können (trotz der ja offenkundig so guten Qualität), wie gut er darin sei, beim Shoppen zu sparen, und wie viel besser er gekleidet sei als alle anderen Teilnehmer der Veranstaltung. Der Monolog des jungen Mannes war, vorsichtig ausgedrückt, anstrengend.

Niemand, wirklich niemand, ist gerne mit Angebern zusammen.

Laut Psychologen sind die meisten Formen von Prahlerei (mit nur wenigen Ausnahmen) unerwünscht. Paulus würde dem zustimmen. Man sollte sicht nicht mit guten Taten brüsten (Eph 2,9) oder behaupten, besser zu sein als andere (Gal 5,26), oder damit prahlen, mehr geistliche Gaben zu haben als andere (1Kor 4,7). Man soll auch nicht damit protzen, dass der Leiter der eigenen Gemeinde besser sei als andere (1Kor 3,21-22) oder dass man auf andere Einfluss habe (Gal 6,13). Paulus nimmt zweimal Bezug auf eine berühmte Stelle in Jeremia, in der dieser zuverlässige und doch auch leidgeprüfte Prophet sagt, dass es nicht angemessen sei, sich wegen seiner Weisheit, seiner Stärke oder seines Reichtums zu rühmen (Jer 9,23-24; 1Kor 1,31; 2Kor 10,17).

Warum rühmt sich Paulus dann selbst so viel? Ein Student meinte einmal zu mir, dass er Paulus nicht möge, weil er ihn für einen Angeber halte. In gewisser Weise hatte er recht; Paulus rühmte sich tatsächlich gelegentlich. Aber nicht so, wie dieser Student es tat. In erster Linie rühmte sich Paulus Jesu und des Kreuzes (Gal 6,14). Angenommen, du wärst einer der ersten Menschen gewesen, dem durch den medizinischen Durchbruch mit dem Medikament Penicillin das Leben gerettet wurde. Würdest du anderen nicht von dieser Superarznei erzählen wollen, damit auch sie gerettet werden können? Vielleicht wärst du sogar eine Art Aktivist geworden, der sich für Penicillin einsetzt. Das freimütige Verkündigen von Jesus und der Errettung durch das Kreuz war Paulus' Spezialgebiet in Bezug auf das Rühmen. Kein Christ kann diese Art des Rühmens als unangemessen bezeichnen. Wie Paulus können und sollen wir Christus und das Kreuz voller Überzeugung verkünden.

Paulus „rühmte" sich außerdem gerne der Christen, die großzügig mit ihren Finanzen umgingen (2Kor 9,2) und treu dienten (2Kor 7,14). An anderer Stelle lenkte er die Aufmerksamkeit auf seine eigenen Schwächen und drückte sich folgendermaßen aus: „... so will ich mich der Zeichen meiner Schwachheit rühmen" (2Kor 11,30; 12,5.9). Eigentlich ist das genau das Gegenteil von Rühmen. Außerdem verteidigte Paulus am Ende des zweiten Korintherbriefs seine durch Gott bestätigte Berufung als Apostel – nicht weil er das wollte, sondern weil er glaubte, dass das Werk Gottes durch die Angriffe auf ihn untergraben wurde. Er verteidigte seine Berufung als Apostel, um die Glaubwürdigkeit des Evangeliums zu schützen (2Kor 10,8-17; 11,16-19).

Aber wie gerade erwähnt war der wichtigste Grund, warum Paulus sich rühmte, Christus selbst und alles, was Christus getan hat, um uns durch das Kreuz zu erlösen und zu befreien. Paulus „prahlte" mit Jesus. Er sprach ständig von ihm und erzählte jedem von ihm, der ihm begegnete. Wenn Paulus das „sich rühmen" nennt, dann ist das für mich in Ordnung. Ich wünsche mir, dass auch ich selbstbewusst Christus verkünde und dabei nicht mich selbst, sondern meinen Herrn lobe. Doch wir dürfen nicht vergessen, dass der Fokus unseres Rühmens auf Christus liegen und der Grund für unser Rühmen die Tatsache sein sollte, dass wir *in Christus* sind.

KAPITEL 38

ARBEIT IN CHRISTUS

„Grüßt Tryphäna und Tryphosa, die im Herrn arbeiten! Grüßt Persis, die Geliebte, die viel gearbeitet hat im Herrn!" (Röm 16,12)

„Daher, meine geliebten Brüder, seid fest, unerschütterlich, allezeit überreich in dem Werk des Herrn, da ihr wisst, dass eure Mühe im Herrn nicht vergeblich ist!" (1Kor 15,58)

„Als Gottes Mitarbeiter ..." (2Kor 6,1; NLB)

„... vor unserem Gott und Vater an euer Werk des Glaubens gedenken und die Bemühung der Liebe und das Ausharren in der Hoffnung auf unsern Herrn Jesus Christus." (1Thes 1,3)

Meine ersten drei Jahre als Vollzeitprofessor verbrachte ich im Umkreis von New York (Stadt). In dieser Zeit fühlte ich mich häufig ausgelaugt. Neben einer ganzen Reihe von Kursen an fünf Tagen in der Woche diente ich in Teilzeit als Lobpreispastor. Zudem stand ich in der Verantwortung, für meine Frau und unsere beiden kleinen Töchter dazusein und finanziell für sie zu sorgen. Es ist wenig überraschend, dass ich oft übermüdet war. Bitte versteh das nicht falsch. Ich war wirklich dankbar für die Möglichkeiten, die Gott mir gegeben hatte. Ich durfte wiederholt erleben, dass Gottes Gnade mich trug. Ich durfte erfahren, wie Gott meine Arbeit segnete. Aber trotzdem war ich oft müde. Und wenn ich müde bin, neige ich dazu, insgeheim zu denken, meine Bemühungen seien vergebens.

Warst du einmal müde von deiner Arbeit? „Es hat einen Grund, warum man es ‚Arbeit' nennt", hörte ich mal einen älteren Geschäftsinhaber sagen, als er hörte, wie sich ein jüngerer Mann darüber beschwerte, wie schwer es auf seiner Arbeitsstelle sei. Ja, Arbeit ist nun einmal Arbeit.

Aber heißt das, dass wir einfach die Zähne zusammenbeißen und zurück an die Arbeit gehen sollen? Gibt es einen Unterschied, wie Christen und Nichtchristen damit umgehen, wenn sie von ihrer Arbeit ausgelaugt sind?

Einer der Hauptunterschiede ist, dass wir Christen uns daran erinnern dürfen, dass wir *im Herrn* arbeiten. Ob unsere Arbeit nun im weltlichen oder christlichen Umfeld angesiedelt ist (diesen Unterschied macht die Bibel ohnehin nicht), ob wir für unsere Arbeit bezahlt werden oder ohne Bezahlung dienen, ob wir in der Öffentlichkeit arbeiten oder zu Hause – jede Art von Arbeit soll *im Herrn* geschehen.

Stell dir vor, du kämst eines Tages auf die Arbeit, und der neu eingestellte Kollege wäre Jesus selbst. Ich wette, dass du dich auf deinem Arbeitsplatz anders fühlen würdest als jetzt. Du würdest nicht nur so arbeiten, dass es Jesus stolz macht, sondern du wärst auch gestärkt in dem Wissen, dass Jesus mit dir zusammenarbeitet. Tatsache ist, dass wir durch unser *In-Christus-Sein* „Gottes Mitarbeiter" sind (2Kor 6,1; NLB). Egal, ob wir als Professor, Pilot, Poet, Polizist, Prediger oder Pyrotechniker arbeiten – all diese Arbeiten können wir *für*, *mit* und *in* Christus erledigen.

Tryphäna, Tryphosa und Persis waren drei Frauen, die unter den Christen in Rom dienten. Da alle drei Namen damals übliche Namen für Sklaven waren, gehen Theologen davon aus, dass diese

Frauen Sklavinnen oder ehemalige Sklavinnen waren. Wenn dem so ist, dann wussten sie besser als die meisten von uns, was es heißt, von der Arbeit ausgelaugt zu sein. Aber Paulus bezeichnete ihren Dienst als „im Herrn“ (Röm 16,12). Die Gemeinde in Rom konnte sich glücklich schätzen, dass diese drei Frauen so ein tolles Vorbild für die Zusammenarbeit mit Christus waren!

Mühst auch du dich ab? Bist du von deiner Arbeit ausgelaugt? Du wirst von Gott gestärkt und ermutigt, wenn du daran denkst, dass du *in Christus* arbeitest. Du kannst „überreich in dem Werk des Herrn“ sein, weil du weißt, dass deine „Mühe im Herrn nicht vergeblich ist!“ (1Kor 15,58). Lieber Bruder, liebe Schwester, deine Arbeit ist nicht vergeblich, denn du bist *in Christus.*

KAPITEL 39

HEILIGUNG IN CHRISTUS

„... an die Gemeinde Gottes, die in Korinth ist, den Geheiligten in Christus Jesus, den berufenen Heiligen, samt allen, die an jedem Ort den Namen unseres Herrn Jesus Christus anrufen, ihres und unseres Herrn." (1Kor 1,2)

„... wie er uns in ihm auserwählt hat vor Grundlegung der Welt, dass wir heilig und tadellos vor ihm sind in Liebe." (Eph 1,4)

„Der hat sich selbst für uns gegeben, damit er uns loskaufte von aller Gesetzlosigkeit und sich selbst ein Eigentumsvolk reinigte, das eifrig sei in guten Werken." (Tit 2,14)

HEILIGUNG. Ein Wort mit drei Silben, das nur Theologen kennen müssen. Etwas, das Heilige beschreibt. Nicht mich.

Diese Beschreibung enthält genau eine korrekte Aussage, nämlich dass Heiligung etwas mit Heiligen zu tun hat. Aber das Wort „Heilige" bedeutet etwas anderes, als die meisten Leute denken.

Außerdem ist Heiligung ein Wort, das nicht nur für Theologen relevant ist, sondern für alle Christen.

In der christlichen Theologie wird das Wort „Heiligung" normalerweise benutzt, um zu beschreiben, dass ein Christ in ein heiliges Leben hineinwächst. Dazu gehört auch, dass man sündige Gedanken und Handlungen vermeidet. Im Unterricht an einer Bibelschule würdest du schnell merken, dass das Wort sich meist auf die moralischen Aspekte des christlichen Lebens bezieht: das Sich-Abwenden von den Sünden der Lust, der Selbstsucht und des Stolzes und die zunehmende Hinwendung zu einem Leben, das Gott gewidmet ist.

Natürlich stimmt das alles, doch der Apostel Paulus verwendet das Wort „Heiligung" und alle Worte derselben Wortfamilie (geheiligt, heilig, Heiliger) auf zwei verschiedene Arten und Weisen. Und darin liegt ein wertvolles Geheimnis für das praktische Leben in Christus. Wenn Paulus von Heiligung schreibt, bezieht er sich manchmal auf unsere *heilige Stellung* und manchmal auf unsere *fortschreitende Heiligung,* d. h. unser geistliches Wachstum.

Er grüßt die Gemeinde in Korinth mit den Worten: „An die Gemeinde Gottes, die in Korinth ist, den Geheiligten in Christus Jesus, den berufenen Heiligen" (1Kor 1,2). In diesem Fall sagt er den Korinthern nicht, dass sie sich bemühen sollen, geheiligt zu werden oder heilig zu sein, sondern er sagt ihnen, dass sie schon geheiligt wurden bzw. schon heilig sind, weil Gott sie dazu erklärt hat. Gott hat an einem bestimmten Zeitpunkt in unserer Vergangenheit, nämlich in dem Moment, als wir zum Glauben kamen, die endgültige Entscheidung getroffen, uns als heilig anzusehen. Dieser zu wenig betonte Aspekt der Heiligung ist das, was ein älterer Mann in meiner Gemeinde einmal als „eine beschlossene Sache" bezeichnet hat.

Wen meint Paulus also mit den Heiligen? Er meint nicht besondere Menschen der römisch-katholischen Kirchentradition (wie Franz von Assisi oder Mutter Teresa). Nein, jedes Mal, wenn er in seinen Briefen die „Heiligen" anspricht, schreibt er an alle, die Gottes unverdientes Geschenk der Erlösung durch Jesus Christus angenommen haben. Wenn sich Paulus mit „Heiligung" also auf unsere *Stellung* bezieht, meint er, dass Gott beschlossen hat, alle von uns, die in Christus sind, als Heilige zu betrachten.

Ich möchte dir ein Geheimnis verraten (so geheim, dass ich es in diesem Buch immer wieder auf verschiedene Weise erwähne!): Die *fortschreitende Heiligung* (also ein Leben zu führen, das zunehmend dadurch gekennzeichnet ist, dass man die Sünde ablegt und heilige Gewohnheiten entwickelt) baut auf unserer *Stellung als Heilige* auf. Warum sollte ein Christ nach praktischer und fortschreitender Heiligung streben? Weil wir in Christus bereits dazu auserwählt wurden, heilig und tadellos vor Gott zu sein (Eph 1,4). Wir wurden von der Gesetzlosigkeit losgekauft, damit Christus sich ein Volk reinigen kann, das nach guten Taten strebt (Tit 2,14). Es ist an der Zeit, dass wir diese Wahrheit lernen und anfangen, uns auf sie zu stützen. Unser Fortschritt in Bezug auf ein heiliges Leben beginnt damit, dass wir unsere heilige Stellung *in Christus* verstehen.

KAPITEL 40

GEMEINSCHAFT MIT CHRISTUS

„Gott ist treu, durch den ihr berufen worden seid in die Gemeinschaft seines Sohnes Jesus Christus, unseres Herrn." (1Kor 1,9)

Ich erinnere mich noch, wie ein Jugendpastor einmal sagte, das Wort „fellowship", welches in englischen Übersetzungen dieses Verses für „Gemeinschaft" verwendet wird, leite sich aus den Worten „fellows" *(Gefährten)* und „ship" *(Schiff)* ab. „Das Wort ‚fellowship'", verkündete er, „kommt von Gefährten, die zusammen auf einem Schiff sind."

Der Gedanke, dass das Wort „fellowship" etwas mit *Gefährten* und *Schiffen* zu tun hat, ist natürlich Unsinn. Zwar könnten sämtliche Menschen, deren Bezeichnungen man mit der Endung „-ship" *(-schaft)* erweitern kann, wie Partner(schaft), Ärzte(schaft), Jäger (schaft) Staatsbürger(schaft), Führer(schaft), Urheber(schaft), Burschen(schaft) oder Arbeiter(schaft), gemeinsam auf einem Schiff sitzen, doch das heißt nicht, dass sie auch eine Gemeinschaft wären. Sie könnten sich schließlich auch gegenseitig an die Gurgel gehen oder einen Aufruhr anzetteln.

Tatsächlich sind die Worte „fellowship" und „Gemeinschaft" Übersetzungen für das griechische Wort *koinonia,* was eines der wenigen bekannteren neutestamentlichen Worte ist. Es kommt in Kontexten vor, in denen gemeinsames Teilen und gemeinsame Teilnahme betont werden. In Paulus' Briefen teilen Christen zum Beispiel

Liebe und Einheit (Phil 2,1-2), das Abendmahl (1Kor 10,16) und ihre Finanzen (Röm 15,26; 2Kor 8,4). Diese Gemeinschaft im Sinne einer Teilhabe unter Gläubigen entspricht auch der Vorstellung, die den meisten heutigen Christen am vertrautesten ist. Aber Paulus kam es außerdem noch auf die Gemeinschaft mit Christus an.

Die Vorstellung, dass ein Mensch eine enge Beziehung zu einer Gottheit haben könnte, die gestorben, auferstanden und nicht mehr auf der Erde ist, empfanden die meisten Menschen in der damaligen Welt als absurd – ganz zu schweigen von den Menschen unserer modernen Welt! Aber genau das behauptet Paulus. Wir sind in die Gemeinschaft mit Gottes Sohn, Jesus Christus, berufen worden (1Kor 1,9). Wir sind nicht nur berufen worden, ihm zu dienen, ihm zu gehorchen, uns ihm unterzuordnen oder ihm zu folgen – obwohl das alles stimmt –, wir sind auch berufen worden, seine Gefährten zu sein, seine Partner, seine Freunde.

Meine Mutter, die schon beim Herrn ist, war die Erste, die mir Gemeinschaft mit Christus vorlebte. Als kleiner Junge war es für mich offensichtlich, dass meine Mutter Jesus liebte. Sie betrachtete Jesus als Freund. Ich kann mich sogar daran erinnern, wie sie mir abends, wenn sie mich ins Bett brachte, sagte: „Selbst wenn alle deine Freunde dich im Stich lassen, wird Jesus immer dein Freund sein. Selbst wenn du das Gefühl hast, keinen Freund auf der Welt zu haben, wird Jesus immer da sein. Er ist dein bester Freund." Meine Mutter verstand ganz praktisch, was Jesus meinte, als er sagte: „Ich nenne euch nicht mehr Sklaven, denn der Sklave weiß nicht, was sein Herr tut; euch aber habe ich Freunde genannt, weil ich alles, was ich von meinem Vater gehört, euch kundgetan habe" (Joh 15,15). Sie erlebte Gemeinschaft mit Christus. Diese Art der Nähe hat auch mich als sechsjährigen Jungen dazu gebracht, Christus anzunehmen und die Gemeinschaft mit ihm zu suchen.

„Gott ist treu, durch den ihr berufen worden seid in die Gemeinschaft seines Sohnes Jesus Christus, unseres Herrn“ (1Kor 1,9). Was gibt es Wichtigeres, als in der Gemeinschaft mit Jesus zu leben? Ich möchte dich ermutigen, täglich die Gemeinschaft mit Jesus zu suchen. Wenn du morgens aufwachst, beginne deinen Tag damit, ihm zu sagen, dass du ihn liebst. Wenn du arbeitest oder zur Schule gehst, denke bewusst an ihn. Wenn du Zeit mit Gläubigen verbringst, denke an seine liebende Gegenwart. Wenn du isst, an der Kasse bezahlst, mit Kollegen sprichst oder Bus fährst, denke daran, dass er all diese Aktivitäten mit dir tun möchte. Du wurdest in die Gemeinschaft mit Jesus berufen und kannst diese Gemeinschaft praktisch ausleben, denn du bist *in Christus*.

KAPITEL 41

CHRISTI SINN HABEN

„Ein natürlicher Mensch aber nimmt nicht an, was des Geistes Gottes ist, denn es ist ihm eine Torheit, und er kann es nicht erkennen, weil es geistlich beurteilt wird. ... Denn ‚wer hat den Sinn des Herrn erkannt, wer, der ihn unterweisen könnte?' Wir aber haben Christi Sinn." (1Kor 2,14-16)

Meine Frau und ich verbrachten kürzlich einige Tage am südlichsten Zipfel der kalifornischen Küste, um unseren Hochzeitstag zu feiern. An einem Tag gingen wir in einen beliebten Frozen-Yogurt-Laden an der Hauptstraße der Küstenstadt Encinitas. Wir füllten unsere Becher mit unseren Lieblingssorten, garnierten sie mit ein paar „Beilagen" und gingen zur Kasse, um zu bezahlen. Die Teenagerin hinter der Theke schaute in meine Richtung, doch sie sah mich nicht. Ich war vielleicht einen Meter entfernt. Sie blickte mich direkt an. Aber sie nahm einfach nicht wahr, dass ich direkt vor ihr stand. Ich glaube, dass sie einer Unterhaltung zuhörte, die hinter ihr stattfand, und mich deshalb „herausfilterte". Erst als ich mich räusperte, nahm sie mich wahr und kassierte das Geld. Doch als ich nach der Quittung fragte, war sie schon wieder in ihrer eigenen Welt verschwunden und bemerkte gar nicht, dass ich mit ihr sprach! Ich glaube, ich genoss höchstens acht Sekunden ihrer Aufmerksamkeit. Wenn die Polizei sie gebeten hätte, mich bei einer Gegenüberstellung zu identifizieren, hätte sie wahrscheinlich mit felsenfester Überzeugung behauptet, dass sie mich noch nie in ihrem Leben gesehen hat!

Wenn Paulus in 1. Korinther 2,16 schreibt, dass wir „Christi Sinn" haben, dann fasst er gewissermaßen zusammen, was er bereits erklärt hat: dass die Gegenwart des Heiligen Geistes einem Christen hilft, Dinge über Gott so zu verstehen und anzunehmen, wie es ein Nichtchrist nicht kann (1Kor 2,6-16). Mit anderen Worten nehmen wir die Perspektive Jesu ein, die uns durch den Heiligen Geist vermittelt wird. Nichtchristen hingegen sind eher wie die Kassiererin im Frozen-Yogurt-Laden. Gottes Wahrheiten können direkt vor ihrer Nase liegen, aber sie „sehen" sie nicht.

Damit sagt Paulus nicht, dass jeder Gedanke, der den Sinn eines Christen durchkreuzt, ein Gedanke Jesu ist. Was er meint, ist, dass die Gegenwart des Heiligen Geistes eine erweiterte Perspektive auf die Dinge vermittelt, und zwar die Sicht Christi. Der Geist offenbart Christus auf eine Art und Weise, die wahrnimmt, beeinflusst und überführt sowie eine Veränderung nach sich zieht. Ein Nichtchrist mag dieselbe Wahrheit ansehen, wird aber dennoch ihre Bedeutung und Wirkung übersehen. Das geschieht, weil er in ein anderes Gespräch vertieft ist – ein Gespräch, das ihn davon ablenkt, die Wahrheit über Gott zu hören. Aber der geistliche Mensch wird durch den Geist nicht nur befähigt, die Wahrheit zu sehen, er ist auch in der Lage, sie „anzunehmen", wie es in 1. Korinther 2,14 heißt.

Dieses Wissen sollte uns ermutigen, unsere Sensibilität für das Wirken des Heiligen Geistes in unserem Denken zu schärfen, sodass wir unsere Gedanken zunehmend nach den Gedanken Jesu ausrichten. Es geht nicht nur um die Frage: *Was würde Jesus tun?* Es geht auch um die Frage: *Was würde Jesus denken?* Aber es reicht auch nicht aus zu fragen, was er denken *würde;* wir müssen fragen, was Jesus *denkt.* Wir kennen seine allgemeinen Gedanken, seine Gesamtperspektive, weil er sie ein für alle Mal in seinem Wort offenbart hat. Aber uns wird auch geholfen, seine Absichten in bestimmten

Situationen zu erkennen, weil der Heilige Geist unsere Aufmerksamkeit und Wahrnehmung auf sie lenkt.

Wie wir bereits festgestellt haben, denkt der „natürliche Mensch" nicht auf diese Weise. Aber weil Jesus seinen Nachfolgern seinen Geist sandte, nachdem er in den Himmel aufgefahren war, wurde uns ein neuer Geist gegeben – eine neue Weise, die Dinge Gottes zu verstehen und anzuwenden. Paulus nennt dies „*Christi Sinn*". Wir haben diesen erneuerten Geist, diese neue Art zu denken, weil wir *in Christus* sind.

KAPITEL 42

SEXUELLE REINHEIT IN CHRISTUS

„Ihr sagt: ‚Das Essen ist für den Bauch da und der Bauch für das Essen.' Richtig. Doch vor Gott ist beides vergänglich. Unser Körper wurde aber nicht zur Unzucht geschaffen. Er ist für den Herrn bestimmt, und der Herr sorgt für ihn. Durch seine göttliche Kraft wird Gott uns von den Toten auferwecken, so wie er den Herrn von den Toten auferweckt hat. Wisst ihr denn nicht, dass eure Körper zum Leib Christi gehören? Darf da ein Mann seinen Körper, der doch Christus gehört, mit dem einer Prostituierten vereinigen? Niemals! Oder wisst ihr nicht, dass ein Mann, der mit einer Prostituierten verkehrt, mit ihr eins wird? Denn in der Schrift heißt es: ‚Die beiden werden zu einer Einheit.' Wer aber dem Herrn gehört, ist ein Geist mit ihm." (1Kor 6,13-17; NLB)

Deine Sexualität definiert dich nicht. Bist du versucht, mit Personen des anderen Geschlechts zu sündigen? Als Christ wirst du nicht von diesem Begehren definiert. Verspürst du homosexuelle Gefühle? Auch diese definieren dich nicht. Du wirst nicht mehr von deinem sexuellen Begehren definiert als von deinem Verlangen nach Kaffee. Dein Verlangen nach Kaffee mag hartnäckig und stark sein; für viele Menschen ist es regelrecht zwanghaft. Aber nur weil „Essen … für den Bauch … und der Bauch für das Essen" da ist, heißt das nicht, dass deine Identität von deinem Verlangen nach Essen (oder Kaffee) definiert wird. Aber wenn dein Begehren dich nicht definiert, was dann?

1. Korinther 6,13-17 gibt uns eine ganz klare Antwort: Wenn du *in Christus* bist, dann wirst du *dadurch* definiert. „Wisst ihr denn nicht, dass eure Körper zum Leib Christi gehören?" (V. 15). Du gehörst zu Jesus und bist dadurch „ein Geist mit ihm" (V. 17). Paulus ermahnt uns, auf der Grundlage unseres *In-Christus-Seins* nach sexueller Reinheit zu streben. Es gäbe noch mehr zum Thema *sexuelle Reinheit* zu sagen, aber zuallererst müssen wir uns der Wichtigkeit unserer Gemeinschaft mit Christus bewusst werden. Das ist die Voraussetzung für alles andere.

Ich kenne ein junges Paar, von dem sowohl die Eltern der Frau als auch die des Mannes verlangen, dass das Paar jedes Jahr zu ihrem Thanksgiving-Essen kommt. Aus irgendeinem Grund hat sich das junge Paar noch keinen Ausweg aus diesem Dilemma überlegt. Und so besuchen die beiden jedes Jahr *zwei* Thanksgiving-Essen. Am Nachmittag gehen sie zur ersten Familienfeier, wo es ganz traditionell gefüllten Truthahn, Kartoffelpüree, Süßkartoffeln, Bratensauce, Preiselbeersauce und zum Nachtisch Kürbiskuchen gibt. Dann verabschieden sie sich brav und fahren zur nächsten großen Familienfeier mit gefülltem Truthahn, Kartoffelpüree, Süßkartoffeln …

Was meinst du, wie stark ihr Verlangen nach diesem zweiten Festessen ist? Richtig! Nicht besonders stark. Um genau zu sein, widert sie der Gedanke an ein zweites Essen an. Egal, wie zurückhaltend sie sich beim ersten Festmahl beteiligen, *niemals* haben sie noch Hunger, wenn sie beim zweiten Festessen ankommen.

Genauso verhält es sich auch bei denen, die an ihrem *In-Christus-Sein* festhalten, anstatt ihren sexuellen Gelüsten nachzugeben. Wer gefüllt ist von Christus, hat kein Verlangen mehr nach etwas anderem. Auf so jemanden wirken auch die großen Kürbiskuchen-Stücke mit Schlagsahne nicht mehr verlockend.

In unserer heutigen Zeit, die von Sex völlig übersättigt ist, sind die einzigen Menschen, die im Kampf um sexuelle Reinheit konsequent siegen, diejenigen, die so von Christus „gesättigt" (erfüllt) sind, dass ihr Hunger nach sexueller Sünde minimal ist im Vergleich zu ihrem Hunger, ihr Leben ganz *in Christus* zu leben. Dein Verlangen zu sündigen wird abnehmen, wenn du mit dem Leben Christi erfüllt bist.

Sobald wir diese Wahrheit vollständig und von ganzem Herzen verinnerlicht haben, können wir uns den praktischen Aspekten des Kampfes um sexuelle Reinheit zuwenden: Wir können geistliche Gewohnheiten entwickeln, Orte der Versuchung meiden, die Wurzeln unseres Verlangens aufdecken, gottgefällige Freundschaften pflegen, um mit jemandem über unsere Versuchung zu sprechen, und wir können vor der Sünde fliehen, sobald wir versucht werden. Aber das treibende Verlangen nach sexueller Sünde wird abnehmen, wenn wir lernen, vertrauensvoll anzunehmen und praktisch danach zu leben, dass wir bereits erfüllt sind, wenn wir *in Christus* sind.

KAPITEL 43

CHRISTUS NACHAHMEN

„Seid meine Nachahmer, wie auch ich Christi Nachahmer bin!" (1Kor 11,1)

„Und ihr seid unsere Nachahmer geworden und die des Herrn." (1Thes 1,6)

„Seid nun Nachahmer Gottes als geliebte Kinder! Und wandelt in Liebe, wie auch der Christus uns geliebt und sich selbst für uns hingegeben hat als Opfergabe und Schlachtopfer, Gott zu einem duftenden Wohlgeruch!" (Eph 5,1-2)

Eines der bekanntesten Werke der christlichen Andachtsliteratur, das je geschrieben wurde, ist *Nachfolge Christi* von Thomas von Kempen. Der englische Titel dieses Buchs lautet *The Imitation of Christ* (Nachahmung Christi). Das kleine Buch, das ursprünglich auf Latein verfasst wurde, wurde seit seiner Entstehung im frühen 15. Jahrhundert in viele Sprachen übersetzt, und es erschienen Hunderte Neuauflagen. John Wesley hielt seinerzeit so viel von dem Buch, dass er es im 18. Jahrhundert ins Englische übersetzte. Das Buch enthält verschiedene Weisheiten über das Wesen der Demut und deren praktische Aspekte, über die Vorteile von Einsamkeit und Stille und über den Umgang mit Leiden. Von einigen wurde das Buch – vielleicht zu Recht – kritisiert, weil es lebensfremd sei. Aber es gab auch viele Christen, die seine geistliche Führung als hilfreich empfunden haben, auch wenn sie teilweise einräumen mussten, dass das Buch einige blinde Flecken hat, die seiner Entstehungsepoche geschuldet sind.

Aber es gibt *ein* erhebliches Manko dieses Buchs, das ich noch nie von irgendjemanden gehört habe: Durch die fehlende Betonung der Gemeinschaft mit Christus betont der Autor manchmal den falschen Schwerpunkt. Wie schon viele vor ihm, und umso mehr in unserer Generation, konzentriert er sich auf das *Wie* des christlichen Lebens. Dadurch hält er seine Leser davon ab, sich angemessen mit der Quelle des christlichen Lebens zu beschäftigen: dem *In-Christus-Sein*.

Es stimmt, dass Paulus uns auffordert, Christus nachzuahmen. Aber Paulus' Anweisungen müssen im Kontext all dessen verstanden werden, was er sonst über das *In-Christus-Sein* geschrieben hat. Wir sind in der Tat aufgerufen, auf Christus als unser Vorbild zu schauen (1Kor 11,1; 1Thes 1,6): Wir sollten versuchen, in der Liebe zu wandeln, indem wir die aufopfernde Liebe Jesu betrachten (Eph 5,2); und wir lernen das Wesen der Demut besser kennen, indem wir auf Christus schauen (Phil 2,5). Aber wir ahmen ihn nicht nach, indem wir ihn aus der Distanz betrachten und versuchen, ihn zu kopieren; wir ahmen ihn durch unsere untrennbare und innige Verbindung zu ihm nach.

Mein Vater erzählte mir kürzlich eine Geschichte aus meiner Kindheit, die das vielleicht verdeutlichen kann. Er erzählte davon, dass ich ihn bat, mir zu helfen, eine Kiste umzustellen, die zu schwer für mich war. Mein Vater erzählte mir, dass er zu der Kiste ging und sie gerade hochheben wollte, als er es sich im letzten Moment anders überlegte. Er drehte sich zu mir um und sagte: „Du hast mich gebeten, dir zu helfen. Also tragen wir sie gemeinsam." Obwohl er die Kiste auch selbst hätte tragen können, lud er mich ein, ihm zu helfen. Dadurch konnte ich es mit ihm zusammen tun.

Mein Vater zeigte mir, wie man die Kiste trägt. Er war mein Vorbild dafür, wie man das macht. Aber er hat mich die Kiste nicht allein tragen lassen. Das hätte ich sowieso nicht geschafft. Ich habe sie *mit ihm* getragen. Nur weil wir *mit* Christus vereint sind, können wir versuchen zu dienen, wie Christus gedient hat, zu vergeben, wie Christus vergeben hat, und zu lieben, wie Christus geliebt hat. Natürlich solltest du die Bibel aufschlagen und versuchen, dem Beispiel Jesu in den Evangelien zu folgen. Aber vergiss nie, dass wir ihn nicht dadurch nachahmen, dass wir ihn aus der Ferne betrachten und dann mühsam versuchen, es selbst zu schaffen. Wir können ihn nur nachahmen, weil wir eine innige Beziehung zu ihm pflegen. Wir sind eingeladen, Christus nachzuahmen, weil wir bereits *in Christus* sind.

KAPITEL 44

HOFFNUNG IN CHRISTUS

„Wenn der Glaube an Christus nur für dieses Leben Hoffnung gibt, sind wir die elendesten Menschen auf der Welt." (1Kor 15,19; NLB)

„Christus in euch, die Hoffnung der Herrlichkeit." (Kol 1,27)

„[indem wir ...] vor unserem Gott und Vater an euer Werk des Glaubens gedenken und die Bemühung der Liebe und das Ausharren in der Hoffnung auf unsern Herrn Jesus Christus." (1Thes 1,3)

„Christi Jesu, unserer Hoffnung." (1Tim 1,1)

Worauf freust du dich in Bezug auf den Himmel am meisten? Ich freue mich am meisten darauf, dass Sünden und Sorgen, Tränen und Trauer, Krieg und Katastrophen ein Ende haben. Ich freue mich darauf, die Engel zu treffen, die epische Schlachten im Himmel gekämpft haben und mir während meiner Zeit auf der Erde im Verborgenen gedient haben. Ich freue mich auf die Möglichkeit, den Gläubigen der Vergangenheit zu danken, die Leid ertrugen, nach einem heiligen Leben strebten und mir ein Vorbild waren, wie ich selbst den Weg des Glaubens beschreite. Ich freue mich darauf, meine Mutter wiederzusehen. Ich freue mich darauf, gutes Essen zu genießen, wirklich tiefgründigen Lobpreis zu machen, eine neue Schöpfung zu erleben, die nicht durch den Sündenfall entstellt ist, und mit dem Dienst loszulegen, den Gott für mich im Sinn hat. Aber am meisten freue ich mich darauf, bei Jesus zu sein. Ich sehne mich danach, in der Gegenwart dessen zu sein, den ich mehr liebe als das Leben. Tatsächlich *ist* meine Hoffnung Christus.

Aber „hoffen" ist ein ziemlich schwaches Wort, oder? Wir sagen zum Beispiel: „Ich hoffe, sie verliebt sich in mich", selbst wenn sie wahrscheinlich nicht einmal weiß, wer wir sind; oder: „Ich hoffe, dass meine Party heute Abend gut besucht wird", auch wenn wir damit rechnen, dass nur wenige kommen. Wir sagen sogar: „Ich hoffe, mein Lehrer ändert meine Prüfungsnote noch mal", obwohl diese Hoffnung doch eigentlich gar keine Grundlage hat!

Biblische Hoffnung dagegen ist nicht schwach. Sie sprudelt über vor Vorfreude. Hoffnung ist das sehnliche Erwarten dessen, was auf uns zukommt. Sie gründet auf der Vollkommenheit dessen, der versprochen hat, es zu vollenden. Biblische Hoffnung besteht nicht darin, dass man sich wünscht, dass Jesus bald wiederkommt, sondern dass man sicher ist, dass er wiederkommen, alles richtig machen und uns mit in sein ewiges Königreich nehmen wird. Sie ist tief verwurzelt und gegründet in dem, was Jesus versprochen hat, sie wird durch seine Vertrauenswürdigkeit bekräftigt und ist durch den Heiligen Geist versiegelt. Unsere Hoffnung ist in Christus. Oder besser gesagt, unsere Hoffnung *ist* Christus. Diese Sichtweise hat auch Paulus eingenommen. Wir sollten Jesus nicht nur als den ansehen, der uns sein Versprechen gegeben hat, oder als den, der uns den Zugang verschafft hat, oder als den, der alles vollenden wird, was er versprochen hat – auch wenn all das wahr ist. Er selbst ist das, worauf wir hoffen (Kol 1,27; 1Thes 1,3; 1Tim 1,1).

Ich selbst hoffe und erwarte sehnsüchtig darauf, bei Jesus zu sein, seit ich als 14-Jähriger auf die High School kam. Damals hat Gott mein Herz erobert. Eines Nachts dachte ich darüber nach, wie lang die Ewigkeit im Vergleich zu unserem kurzen Leben ist. Es raubte mir den Schlaf. Das war die beste schlaflose Nacht meines Lebens! Bis heute denke ich viel über die unfassbare Zukunft nach, die Gott für mich vorbereitet hat. Was Gott in mir entfacht hat, als ich 14 war, hat mich *niemals* wieder losgelassen.

Immer wenn ich einen Christen sagen höre: „Ich habe die Hoffnung verloren", will ich am liebsten schreien: „Deine Hoffnung gründet nicht darauf, ob du dich hoffnungsvoll fühlst! Deine Hoffnung ist *in Christus,* mit dem du vereint bist, der in dir lebt, der dir eine wundervolle Zukunft versprochen und vorbereitet hat, der selbst deine Hoffnung der Herrlichkeit ist!"

Lieber Christ, liebe Christin, du wirst so viel Ermutigung auf deiner geistlichen Reise erfahren, wenn du in der freudigen Erwartung auf die herrliche Zukunft bleibst, die Jesus für dich vorbereitet hat. Deine Hoffnung, bei ihm zu sein, wird dadurch bestätigt, dass du schon jetzt *in Christus* bist.

KAPITEL 45

AN CHRISTI LEIDEN TEILHABEN

„Denn wie die Leiden des Christus überreich auf uns kommen ..." (2Kor 1,5)

„Denn euch ist es im Blick auf Christus geschenkt worden, nicht allein an ihn zu glauben, sondern auch für ihn zu leiden." (Phil 1,29)

„Mein Wunsch ist es, Christus zu erkennen .... Ich möchte lernen, was es heißt, mit ihm zu leiden." (Phil 3,10; NLB)

In einer ziemlich bekannten Geschichte über Jesus gibt es eine Stelle, die häufig übersehen wird. Sie steht in Matthäus 20,20-28. Johannes und Jakobus lassen ihre *Mutter* Jesus darum bitten, dass er sie zu seiner Rechten und Linken in seinem Königreich setzen möge. Jesus antwortet nicht der Mutter, sondern spricht die Brüder direkt an: „Ihr wisst nicht, um was ihr bittet. Könnt ihr den Kelch trinken, den ich trinken werde?"

Die beiden antworten (naiverweise): „Wir können es."

Daraufhin sagt Jesus: „Meinen Kelch werdet ihr zwar trinken, aber das Sitzen zu meiner Rechten und zu meiner Linken zu vergeben, steht nicht bei mir, sondern ist für die, denen es von meinem Vater bereitet ist."

Die Geschichte geht damit weiter, dass die anderen zehn Jünger sich über die beiden Brüder ärgern. Der Zwischenfall gibt Jesus

Anlass für eine starke Lektion zum Thema Dienen, die im Mittelpunkt dieser biblischen Erzählung steht.

Aber ist dir aufgefallen, was Jesus zu seinen Jüngern sagt? Er prophezeit ihnen, *dass sie in der Tat seinen Kelch trinken werden!* Diese Aussage verschlägt mir den Atem, wenn ich daran denke, dass Jesus beim letzten Abendmahl das Blut, das er im Begriff ist zu vergießen, mit einem *Kelch* Wein vergleicht (Mt 26,27-29), und dass er in Gethsemane voller Kummer betet, der *Kelch* der Leiden möge an ihm vorübergehen (Mt 26,37-39), und dass er Petrus bei seiner Gefangennahme dazu ermahnt, sein Schwert wegzustecken, mit der Begründung: „Den *Kelch*, den mir der Vater gegeben hat, soll ich den nicht trinken?“ (Joh 18,11).

Wahrscheinlich fragst du dich jetzt: Waren Jesu Leiden nicht einmalig? War das nicht etwas, was nur er tun konnte? Ja, Jesu Kelch der Leiden, der ihn schließlich zum Kreuz führte, war einzigartig; nur sein stellvertretender Tod konnte Sühnung bewirken. Vielleicht ist das auch der Grund, warum Jesus Jakobus und Johannes für ihren Hochmut zurechtwies, die gedankenlos behaupteten, sie könnten seinen Kelch trinken.

Doch das ist nicht alles. Jesus forderte jeden seiner Jünger zum Leiden auf. Er sagte, dass jeder Jünger einen Kelch des Leidens trinken müsse. „Ein Sklave ist nicht größer als sein Herr“, sagt Jesus in Johannes 15,20. Sklaven müssen zusammen mit ihren Herren leiden.

Wenn Paulus uns also daran erinnert, an Christi Leiden teilzuhaben (2Kor 1,5; Phil 1,29; 3,10), wiederholt er im Grunde nur das, was Jesus schon vorher angekündigt hatte. Wir sollten nicht denken, dass wir von jeglichem Leid verschont bleiben – sei es nun, dass jemand uns verspottet, weil wir Christen sind, oder seien es die gewöhnlichen Schmerzen oder Krankheiten, die jeder in einer gefallenen Welt einmal durchlebt. Wenn dich nie jemand gewarnt hat, dass als

Christ Leid auf dich wartet, dann lass es dir hiermit gesagt sein: Es gibt kein christliches Leben ohne Leid.

Aber auf eine gewisse Art und Weise finde ich Paulus' Ehrlichkeit auch tröstend. Er versucht nicht, die Wahrheit zu verstecken. Als meine Frau und ich im Nahen Osten lebten, lernten wir einen älteren, sehr weisen und gottesfürchtigen Mann kennen, der sich mit einigen von uns, die dort dienten, traf. Eines Abends erinnerte er uns daran, dass unsere Entscheidung, in einem so schwierigen Teil der Welt als Botschafter für Christus zu leben, langfristig ein Risiko für unsere geistliche (und natürlich auch körperliche) Gesundheit sei. Seine Worte halfen uns, da sie das bestätigten, was wir bereits teilweise beobachtet und erlebt hatten. Aber ist Jesus nicht auch das wert? Ihm sei der Dank – denn wir leiden nicht alleine. Wir *nehmen teil* an seinen Leiden. Er ist bei uns und begleitet uns durch *unsere* Leiden, weil wir auch mit ihm in *seinen* Leiden verbunden sind. Jesu Leiden zu teilen ist ein weiterer Aspekt unseres Lebens *in Christus.*

KAPITEL 46

TROST IN CHRISTUS

„Denn wie die Leiden des Christus überreich auf uns kommen, so ist auch durch den Christus unser Trost überreich." (2Kor 1,5)

„Wenn es nun irgendeine Ermunterung in Christus gibt, wenn irgendeinen Trost der Liebe ..." (Phil 2,1)

Wenn ich auf der Arbeit eine schwierige Situation erlebe, rufe ich häufig meine Frau an.

Die Tochter eines einflussreichen New Yorker Anwalts drohte mir einmal öffentlich damit, mich persönlich und mein College zu verklagen, weil ich ihr nicht erlaubte, eine Prüfung zu dem von ihr gewünschten Zeitpunkt und den von ihr gewünschten Bedingungen zu schreiben. Nachdem ich mich etwas beruhigt hatte, rief ich Trudi an. Zwei Jahre später zettelten zwei meiner Studenten in Südkalifornien während des Griechischunterrichts fast eine Prügelei an. Danach rief ich Trudi an. Dann war da noch eine Begebenheit, als ich herausfand, dass einer meiner Studenten es geschafft hatte, seine Note zu fälschen. Auch an diesem Tag rief ich Trudi an.

In Beziehungen finden wir Trost. Und welche Beziehung ist tiefer als die, dass wir *in Christus* sind? Der Apostel Paulus schreibt: „Denn wie die Leiden des Christus überreich auf uns kommen, so ist auch durch den Christus unser Trost überreich" (2Kor 1,5).

Warum drehe ich mich immer, wenn ich einen Alptraum habe, zu meiner Frau um? Ich muss sie nicht einmal wecken; allein ihre Anwesenheit hilft mir. Doch es gibt auch sehr reale Wege, wie mir Jesus noch näher ist als meine Frau.

Die Leiden, von denen Paulus im ersten Kapitel des zweiten Korintherbriefs schreibt, waren viel schlimmer als eine Auseinandersetzung mit einem Studenten während des Unterrichts oder ein beunruhigender Traum. Die von Paulus und seinen Mitarbeitern erlebte „Bedrängnis, die uns in Asien widerfahren ist" beschrieb Paulus mit ziemlich düsteren Formulierungen: „übermäßig beschwert" und „sodass wir sogar am Leben verzweifelten". Er spricht von einer „Todesgefahr" und erinnert sich schmerzlich, dass sie „schon das Urteil des Todes erhalten" hatten (2Kor 1,8-10). Man weiß zwar nicht genau, was Paulus und seine Mitarbeiter in Kleinasien erlebt haben, aber was es auch war, es muss fürchterlich gewesen sein.

Doch trotz der schrecklichen Bedrängnis fanden Paulus und seine Mitarbeiter Trost in Christus. Das griechische Wort *paraklesis* ist das wichtigste Wort in 2. Korinther 1,3-7. Allein in diesem kurzen Abschnitt taucht es in dieser oder einer ähnlichen Form neunmal auf. Trotzdem bin ich ein wenig überrascht, dass dieses Wort in vielen Bibelübersetzungen mit „Trost" übersetzt wird.

Natürlich ist es eine annehmbare Lösung, denn „Trost" ist eine der gängigen Bedeutungen dieses griechischen Wortes und passt auch zu dem Kontext dieser Bibelstelle. Aber trotzdem finde ich, dass durch diese Übersetzung etwas verloren geht. Gott hat Paulus und seine Mitarbeiter nicht nur beruhigt und ihr Leiden gelindert, wie es durch das Wort „Trost" vermittelt wird. Paulus schreibt, dass Gott sie im Geist *gestärkt* und *ermutigt* hat, wodurch sie auch in Prüfungen bestehen konnten. An anderen Stellen des Neuen Testaments wird das Wort nicht mit „Trost", sondern mit „Ermunterung" übersetzt, wie zum Beispiel bei dem ersten Nomen in Philipper 2,1: „Wenn es nun irgendeine *Ermunterung* in Christus gibt …“ Der Abschnitt in 2. Korinther 1,3-7 lehrt uns nicht nur, dass Gott uns in unserer Bedrängnis tröstet. Er lehrt uns auch, dass Gott uns geistlich stärkt und ermutigt, wenn wir in Christus leiden.

Ein kleines Kind klagt, Angst vor der Dunkelheit zu haben. Seine Mutter fragt es: „Wenn ich jetzt das Licht ausschalte, hast du dann Angst?“ – „Nein, du bist doch bei mir“, antwortet das Kind. „Dann hast du keine Angst vor der Dunkelheit. Du hast Angst davor, allein im Dunkeln zu sein“, lautet die weise Antwort der Mutter.

Dass wir *in Christus* sind, bedeutet, dass wir niemals allein sind. Wir sind zu jeder Zeit mit Christus verbunden. Egal, wie dunkel es auch ist – wir müssen niemals Angst vor der Dunkelheit haben. Gottes Trost und auch seine geistliche Stärkung und Ermunterung sind seine wertvollsten Geschenke für die, die *in Christus* sind.

KAPITEL 47

CHRISTI HERRLICHKEIT

„Sei es, was Titus betrifft, er ist mein Gefährte und in Bezug auf euch mein Mitarbeiter; seien es unsere Brüder, sie sind Gesandte der Gemeinden, Christi Herrlichkeit." (2Kor 8,23)

„... damit der Name unseres Herrn Jesus in euch verherrlicht wird und ihr in ihm nach der Gnade unseres Gottes und des Herrn Jesus Christus." (2Thes 1,12)

„... wozu er euch auch berufen hat durch unser Evangelium, zur Erlangung der Herrlichkeit unseres Herrn Jesus Christus." (2Thes 2,14)

Paulus war kein Einzelgänger. Auch wenn es Gerüchte gibt, die das Gegenteil besagen. Oft wird Paulus als zielstrebiger und ehrgeiziger Missionar beschrieben, der alleine loszog, um die Gute Nachricht zu den Unerreichten zu bringen. Aber Paulus war kein Einzelgänger. In der Bibel wird fast immer geschrieben, dass Paulus *mit anderen* unterwegs war und diente. Und in den einzigen beiden Situationen, in denen Paulus in seinen Briefen schreibt, dass er alleine war, schien er nicht besonders glücklich darüber gewesen zu sein (s. 1Thes 3,1; 2Tim 4,11).

Ein Beispiel für Paulus' Zusammenarbeit mit anderen steht in 2. Korinther 8,16-24. Darin erwähnt er Titus (einen seiner engsten Vertrauten), einen weiteren Bruder im Herrn, den er nicht beim

Namen nennt (wenn du Spaß an der Lösung historischer Rätsel hast, dann versuch doch einmal herauszufinden, wer der *„Bruder"* in Vers 22 ist), und noch andere Begleiter (8,23). Diese Männer reisten vermutlich aus zwei Gründen mit: Erstens, weil sie ehrlich waren, und zweitens, weil sie stark waren – niemand würde sich mit ihnen anlegen. Paulus war auf Reisegefährten angewiesen, da er zu diesem Zeitpunkt eine beträchtliche Geldsumme bei sich trug, die er von den zum Glauben gekommenen Heiden für die verarmten Gläubigen in Jerusalem eingesammelt hatte. Um sicherzustellen, dass das Geld bei seinen Empfängern ankam und keine Diebe und Räuber es Paulus unterwegs entwendeten, hatten die heidnischen Gemeinden Reisegefährten ausgewählt und mitgeschickt.

Verblüffenderweise bezeichnet Paulus diese Männer der Reisegruppe als „Christi Herrlichkeit" (2Kor 8,23). Paulus muss bemerkt haben, dass ihr Charakter, ihr Auftreten und ihr Handeln Christus widerspiegelten.

Was heißt es, wenn eine Person die *Herrlichkeit* Christi ist? Oder was meint Paulus in 2. Thessalonicher 1,12 mit: „… damit der Name unseres Herrn Jesus in euch verherrlicht wird und ihr in ihm"?

Es bedeutet, dass die Ehre, die Jesus bereits besitzt, dadurch bekannt gemacht wird, dass *In-Christus*-Menschen so leben, dass andere ihre Verbindung zu Jesus bemerken und beobachten können. Die Worte „Herrlichkeit" und „Name" hatten für die Menschen, die im ersten Jahrhundert im Mittelmeerraum lebten, eine größere Bedeutung als für die meisten von uns heute. Die Adressaten von Paulus' Briefen lebten in Kulturen, in denen das Streben nach Ehre und das Vermeiden von Schande von zentraler kultureller Bedeutung war. Wenn also jemand *als die Herrlichkeit eines anderen* bezeichnet wurde, bedeutete dies, dass Person 1 das gesellschaftliche Ansehen von Person 2 erhöhte, weil Person 1, die mit Person 2 verbunden war, auf eine Art und Weise handelte, die ein gutes Licht auf Person 2 warf. Wenn also jemand einen Sohn als die Herrlichkeit seines Vaters bezeichnete, bedeutete dies, dass der Sohn seinem Vater durch die Art, wie er lebte, öffentlich Ehre brachte. Und umgekehrt: Wenn der Vater geehrt wurde, dann wurde dadurch auch der Sohn geehrt.

Willst du, dass die Menschen deinem geliebten Herrn Jesus die Ehre geben, wenn sie deine Lebensweise beobachten? Dann lebe so, dass Jesu Name durch dich verherrlicht wird (wie durch die bulligen Typen, die mit Paulus nach Jerusalem reisten). Dann könntest auch du „Christi Herrlichkeit" genannt werden. Das wäre doch etwas! Möge Gott alle Herrlichkeit und Ehre in dir und durch dich empfangen, indem du dein Leben *in Christus* lebst.

KAPITEL 48

GEDANKENWELT IN CHRISTUS

„... so zerstören wir überspitzte Gedankengebäude und jede Höhe, die sich gegen die Erkenntnis Gottes erhebt, und nehmen jeden Gedanken gefangen unter den Gehorsam Christi." (2Kor 10,4b-5)

Joaquín Guzmán, besser bekannt als *El Chapo,* war ein mexikanischer Drogenbaron, der als Anführer eines Drogenkartells eine Menge Macht hatte und grausame Verbrechen beging. Am bekanntesten ist er wohl dafür, dass er immer wieder davonkam. Ihm gelang es wiederholt, der Polizei und dem Militär zu entkommen, als diese versuchten, ihn gefangen zu nehmen, und zweimal schaffte er es sogar, aus Hochsicherheitsgefängnissen auszubrechen.

El Chapo ist vergleichbar mit unserer Gedankenwelt. Es ist ein merkwürdiger Vergleich, ich weiß. Aber schon Paulus verwendete ihn. Um unsere Gedankenwelt zubeschreiben, benutzte er das Bild eines flüchtigen Häftlings, der immer wieder auszubrechen versucht. Wir versuchen, „jeden Gedanken gefangen [zu nehmen] unter den Gehorsam Christi" (2Kor 10,5), aber irgendwie schaffen unsere Gedanken es immer wieder, aus diesem Hochsicherheitstrakt auszubrechen.

Denke einmal darüber nach. Selbst während Anbetungsgottesdiensten, wenn alles darauf abgestimmt ist, dass wir uns auf Gott konzentrieren – die Musik, die Andacht, die Beiträge –, merken wir, wie wir mit unseren Gedanken abschweifen, sogar in Bereiche, die Gott nicht gefallen.

Was können wir dagegen tun? Es ist so leicht, gedanklich abzuschweifen. Was müssen wir tun, um jeden Gedanken unter den Gehorsam Christi gefangen zu nehmen? Hier sind sechs Tipps:

1. Sei ehrlich zu dir selbst in Bezug darauf, wie oft du es zulässt, dass deine Gedanken abschweifen. Bekenne dem Herrn Jesus, dass du seine Hilfe brauchst, um mit deinen eigenwilligen Gedanken umzugehen.

2. Erinnere dich an die Wahrheit des Evangeliums. Vor vielen Jahren hatte ich einen Freund, der mich immer wieder ermutigte, mir selbst das Evangelium zu predigen! Das ist ein guter Ratschlag. Weise deine bösen Gedanken (z. B. dass Gott sich nicht um deine Heiligung sorgt, dass er dich nicht wirklich liebt, dass ihm deine Probleme egal sind …) zurück in ihre Schranken, sobald sie dir durch den Kopf gehen. Und erinnere dich immer wieder daran, dass Jesus sein Leben stellvertretend für dich opferte.

3. Denke nicht nur ständig an die allgemeine Wahrheit der Bibel, sondern rufe dir konkrete Bibelstellen ins Gedächtnis, die du auswendig kennst. Ganze Abschnitte sind besser als einzelne Verse (und Kapitel besser als Abschnitte), aber vor allem: Sage dir sämtliche konkreten Bibelverse auf, die du kennst. Voraussetzung dafür ist natürlich, dass du überhaupt Bibelverse auswendig kennst …

4. Überflute deine Gedanken mit Gebet. Wenn du permanent mit Gott im Gespräch bist, hast du weder die Gelegenheit noch das Verlangen, gedanklich abzuschweifen.

5. Reduziere deinen Medienkonsum. Entziehe dich den Tausenden von Nachrichten, die pausenlos auf dich einprasseln. Sieh weniger fern, verbringe weniger Zeit am Computer und schau seltener auf dein Smartphone als sonst.

6. Verbinde deine Gedankenwelt mit deinem *In-Christus-Sein*. Hier sind einige Beispiele:

Wenn du anfängst zu verzweifeln und zu denken, dass du jedem egal bist und Gott sich nicht für dich interessiert, denke daran, dass der Herr Jesus immer bei dir ist und sich immer um dich kümmert. Wenn du versucht bist, etwas zu tun, um deinen fleischlichen Begierden nachzugehen, dann erinnere dich daran, dass Jesus im Fleisch für dich gelitten hat und dass dein Körper ihm gehört. Wenn du anfängst, der Lüge zu glauben, dass Jesus deinen Problemen nicht gewachsen sei, dann denke daran, dass Jesus Mensch wurde, dein Leiden nachvollziehen kann und dich zu einem neuen Leben mit ihm eingeladen hat. Wenn du dich immer mehr auf dich selbst konzentrierst oder dein eigenes Vergnügen suchst, dann erinnere dich daran, dass Christus dein Leben ist. Wenn du den Besitz oder Lebensstil eines Mitmenschen beneidest, dann denke an all die geistlichen Reichtümer, die dir gehören, weil du zu Christus gehörst.

Wenn du bereits in Christus bist, kann nichts im Himmel oder auf der Erde diese Verbindung kappen. Denke ständig an die Wahrheiten, die damit einhergehen. Lass diese Gedanken den ersten Platz in deinem Denken einnehmen.

Lass deine Gedanken nicht abschweifen und „ausbrechen“, sondern konzentriere dich auf die Wahrheit, dass du *in Christus* bist.

KAPITEL 49

AUFRICHTIGE HINGABE AN CHRISTUS

„Ich fürchte nur, dass es euch wie Eva geht, die damals durch die Falschheit der Schlange verführt wurde. Genauso könnten eure Gedanken von der aufrichtigen Hingabe an Christus abkommen." (2Kor 11,3; NeÜ)

Ein Tagesvers. Einfach ein einzelner Vers, auf den man sich im Laufe des Tages besinnen kann. – Stößt du manchmal auch auf einen Vers, von dem du weißt, dass er für dein geistliches Leben hilfreich ist? Prägst du ihn dir ein und wiederholst ihn mehrmals am Tag in deinen Gedanken? So ging es mir schon oft mit 2. Korinther 11,3.

Warum gerade dieser Vers? Weil ich weiß, wie schnell ich mich ablenken lasse und versucht bin, mich gedanklich allmählich von meiner Hingabe an Christus abbringen zu lassen. Manchmal sind es gute Dinge, die meine Gedanken von Jesus wegbewegen. Aber sobald sie ihn aus dem Mittelpunkt verdrängen, gerät auch mein Leben aus der Balance.

Daher ermahne ich mich selbst öfter mit 2. Korinther 11,3: „Ken, ich fürchte, dass es dir wie Eva geht, die damals durch die Falschheit der Schlange verführt wurde. Genauso könnten deine Gedanken von der aufrichtigen Hingabe an Christus abgelenkt werden."

Aber was ist mit den zig Mails, die sich angesammelt haben, als ich letzte Woche so viel zu tun hatte? Sollte ich die nicht abarbeiten?

Ich fürchte, dass es dir wie Eva geht, die damals durch die Falschheit der Schlange verführt wurde. Genauso könnten deine Gedanken von der aufrichtigen Hingabe an Christus abgelenkt werden.

Okay, aber ich muss wirklich noch dieses Projekt abschließen. Wenn ich nicht rechtzeitig fertigwerde, enttäusche ich meine Kollegen und meinen Chef.

Ich fürchte, dass es dir wie Eva geht, die damals durch die Falschheit der Schlange verführt wurde. Genauso könnten deine Gedanken von der aufrichtigen Hingabe an Christus abgelenkt werden.

Aber meine Kinder … Ich weiß, sie sind Geschenke Gottes, und ich bin auch wirklich dankbar für sie. Aber ich bin so müde! Dauernd brauchen sie etwas, dauernd wollen sie etwas. Diese Ausdauer, mich um alles zu kümmern, habe ich einfach nicht.

Ich fürchte, dass es dir wie Eva geht, die damals durch die Falschheit der Schlange verführt wurde. Genauso könnten deine Gedanken von der aufrichtigen Hingabe an Christus abgelenkt werden.

Er war einmal einer meiner besten Freunde. Aber ich weiß einfach nicht, was ich noch tun soll, um die angespannte Situation zwischen uns zu entschärfen. Ich möchte mich so gern wieder mit ihm vertragen, aber er will nichts mehr mit mir zu tun haben. Ich kann an nichts anderes mehr denken. Beständig muss ich daran denken und darüber nachgrübeln.

Ich fürchte, dass es dir wie Eva geht, die damals durch die Falschheit der Schlange verführt wurde. Genauso könnten deine Gedanken von der aufrichtigen Hingabe an Christus abgelenkt werden.

Ich habe Angst, dass mein Ansehen darunter leidet.

Ich fürchte, dass es dir wie Eva geht, die damals durch die Falschheit der Schlange verführt wurde. Genauso könnten deine Gedanken von der aufrichtigen Hingabe an Christus abgelenkt werden.

So viele Menschen zählen auf mich.

Ich fürchte, dass es dir wie Eva geht, die damals durch die Falschheit der Schlange verführt wurde. Genauso könnten deine Gedanken von der aufrichtigen Hingabe an Christus abgelenkt werden.

Ich habe heute so viel zu tun.

Ich fürchte, dass es dir wie Eva geht, die damals durch die Falschheit der Schlange verführt wurde. Genauso könnten deine Gedanken von der aufrichtigen Hingabe an Christus abgelenkt werden.

„Herr, ich bekenne, dass ich oft den Fokus verliere; ich bekenne, dass meine Hingabe alles andere als aufrichtig ist. Tief im Inneren weiß ich, dass es nicht darum geht, ob meine Mühen erfolgreich sind, oder darum, was andere von mir denken, oder ob ich mich gut fühle. Ich bin mit dir verbunden. Das ist es, was mehr zählt als alles andere. Ich möchte dir meine aufrichtige Hingabe schenken. Ich weiß, dass diese Hingabe nicht von alleine kommt; auch nicht davon, dass ich mich darum bemühe. Ich bin in dir, Herr Jesus, und die Quelle meiner Hingabe bist du!"

Meine Hingabe gründet auf der Wahrheit, dass ich *in Christus* bin.

KAPITEL 50

SCHWACHHEIT UND KRAFT IN CHRISTUS

„Und er hat zu mir gesagt: Meine Gnade genügt dir, denn meine Kraft kommt in Schwachheit zur Vollendung. Sehr gerne will ich mich nun vielmehr meiner Schwachheiten rühmen, damit die Kraft Christi bei mir wohnt." (2Kor 12,9)

Es war der unerträglichste Schmerz, den ich je erlebt hatte. Weitaus schlimmer als Rückenschmerzen und Gürtelrose – die beiden intensivsten Arten von Schmerz, die ich bis dato kannte. Die Ärzte nannten es Trigeminusneuralgie – ein stechender Nervenschmerz auf einer der beiden Gesichtshälften. Eine Reihe von Ärzten war sich einig, dass dieser schreckliche Schmerz, der mein Gesicht in kurzen, intensiven und unerwarteten Intervallen heimsuchte, mein lebenslanger Begleiter sein könnte.

Diese Diagnose habe ich vor fast zwei Jahren erhalten. In den ersten zwei Monaten waren die Schmerzen so stark, dass ich dachte, mein Leben, wie ich es kannte, sei vorbei. Mir war klar: Wenn sich nichts änderte, würde ich nie wieder in der Lage sein, zu unterrichten, zu predigen oder auch nur ein normales Gespräch zu führen, ohne von diesen unkontrollierbaren Schmerzen beeinträchtigt zu sein. Glücklicherweise fand ein Forscher vor einiger Zeit heraus, dass es einige Medikamente gegen Krampfanfälle gibt, die diese Art von Schmerzen etwas lindern können – zumindest für eine gewisse

Zeit. Heute, fast zwei Jahre später, ist die Situation größtenteils unter Kontrolle, obwohl die plötzlich auftretenden Schmerzen auf meiner rechten Gesichtshälfte noch immer Dutzende Male pro Woche auftreten, wenn auch zum Glück nicht mehr in dem Ausmaß wie zu Beginn der Tortur. Ich kann immer noch an der Universität unterrichten, obwohl ich meine Studenten zu Semesterbeginn jedes Mal vorwarnen muss, dass ich mitten im Unterricht einen Schmerzanfall bekommen könnte – einfach damit meine Studenten nicht auch noch in Panik geraten.

Das hier ist eine der letzten Andachten dieses Buches, die ich schreibe. (Ich habe nicht alle der Reihe nach geschrieben.) Ich hatte das Buch etwa zur Hälfte geschrieben, als diese schmerzhafte Krankheit begann. Das Nachsinnen über die großartigen theoretischen und praktischen Aspekte des *In-Christus-Seins* war in dieser von Schmerz geprägten Zeit eine immense geistliche Hilfe für mich.

Doch von all den Bibeltexten zu diesem Thema, über die ich beim Verfassen dieses Buchs gestolpert bin, wurde ich durch 2. Korinther 12,7-10 ganz besonders ermutigt. Der Apostel Paulus erlebte eine Art stechenden Schmerz, den er als „Dorn für das Fleisch" (2Kor 12,7) bezeichnete. Ob dieser Schmerz wörtlich oder metaphorisch zu verstehen ist, ist unklar.[16] Er flehte den Herrn dreimal an, ihm diesen Schmerz zu nehmen. Die ergreifende Antwort Gottes hat mir zutiefst geholfen: „Meine Gnade genügt dir, denn meine Kraft kommt in Schwachheit zur Vollendung" (2Kor 12,9). Die Wahrheit, die hinter dieser eindrucksvollen Aussage steckt, wird auch dich tragen, wenn du dir immer wieder ins Gedächtnis rufst, dass du *in Christus* bist – trotz aller Schmerzen. Der Zusammenhang zwischen Schwachheit, Kraft und dem *In-Christus-Sein* wird noch einmal unterstrichen, als Paulus ein Kapitel später schreibt: „… denn auch wir sind schwach in ihm, aber wir werden mit ihm leben aus Gottes Kraft" (2Kor 13,4).

Aber wie kann Stärke in Schwachheit zur Vollendung kommen? Dieser Prozess beginnt, wenn wir anfangen zu glauben, dass Gott erst dann handelt, wenn wir uns eingestehen, dass wir nicht ansatzweise in der Lage sind, geistliche Fortschritte zu erzielen, uns zu verändern, zu wachsen oder die Kraft Gottes zu erleben. Wir müssen an einen Punkt kommen, an dem wir ganz klar einsehen, dass wir *schwach* sind. Eines der Hauptmittel, mit denen Gott uns diese Lektion erteilt, ist Schmerz. Gott lässt Schmerz in unserem Leben zu, damit wir unsere Schwachheit erkennen und lernen, uns allein auf ihn zu verlassen. So kann Gott mit seiner Kraft in und durch unser Leben wirken. Unsere Schwäche, unser Leiden und unsere Schmerzen als Menschen, die *in Christus* sind, führen uns, auch wenn wir es nicht erwarten, zu geistlicher Stärke *in Christus.*

KAPITEL 51

CHRISTUS GEFALLEN

„Deshalb setzen wir auch unsere Ehre darein, ob ‚einheimisch' oder ‚ausheimisch', ihm wohlgefällig zu sein." (2Kor 5,9)

„Wie ihr seht, geht es mir nicht darum, Menschen zu gefallen! Nein, ich versuche, Gott zu gefallen. Wollte ich noch Menschen gefallen, wäre ich kein Diener von Christus." (Gal 1,10; NLB)

„... indem ihr prüft, was dem Herrn wohlgefällig ist." (Eph 5,10)

Bist du jemand, der anderen Menschen gefallen will? Tust du Dinge für andere, damit sie dich mögen, dir dankbar oder einfach nicht von dir verärgert sind? Im Englischen gibt es ein Wort dafür: *people-pleaser* (= jemand, der Menschen gefällt).

Im *Urban Dictionary* wird scherzhaft angemerkt, dass bei *people-pleasern*, wenn sie sterben, nicht ihr eigenes Leben vor ihrem inneren Auge ablaufe, sondern das eines anderen Menschen.[17]

Im Nahen Osten gibt es eine bekannte Parabel, die von einem Vater handelt, der seinen Sohn auf einen Esel setzt und sich mit ihm auf den Weg in eine Stadt macht. Unterwegs hören sie, wie einige Leute am Straßenrand sich beschweren, der Junge habe keinen Respekt vor seinem Vater. Also bittet der Sohn den Vater, nebenher gehen zu dürfen, während der Vater auf dem Esel reitet. Doch kurz nachdem sie getauscht haben, hören sie jemanden den Vater kritisieren, weil er den Jungen laufen lässt und selbst auf dem Essen reitet. Schließlich setzen sich Vater und Sohn gemeinsam auf den Esel. Aber wie du vielleicht schon ahnst, schimpft wieder ein anderer über sie, weil sie den armen Esel mit ihrer dopptelten Last quälen. In einer Version der Geschichte versuchen Vater und Sohn am Ende sogar, den Esel zu tragen, um den Menschen zu gefallen – und landen bei dem Versuch schließlich im nahegelegen Fluss.

Ich weiß nicht genau, woher der Ausdruck *people-pleaser* kommt, aber vielleicht hatte Paulus etwas damit zu tun. Er schrieb: „Wie ihr seht, geht es mir nicht darum, Menschen zu gefallen! Nein, ich versuche, Gott zu gefallen. Wollte ich noch Menschen gefallen, wäre ich kein Diener von Christus" (Gal 1,10; NLB). Beachte den Kontrast, den Paulus hier aufzeigt: *Entweder* dient er Christus *oder* er gefällt Menschen. Unser Leben kann nicht darauf ausgerichtet sein, Menschen zu gefallen, wenn wir Diener Christi sein wollen.

Doch an dieser Stelle wird es knifflig. Denn anderen zu dienen ist etwas, wozu jeder Christ berufen ist (Gal 5,13). Menschen, die ihren Mitmenschen gefallen wollen, dienen ihnen. Und diese Mitmenschen sind dafür meist dankbar. Wie unterscheiden wir also dazwischen, ob wir etwas tun, um Menschen zu gefallen oder um ihnen in Liebe zu dienen? Das Hauptunterscheidungsmerkmal ist das *Motiv*. Warum tust du das, was du tust? Mit welcher Einstellung im Herzen dienst du? Sehnst du dich nach der Anerkennung anderer? Wirst du von dem Wunsch angetrieben, anderen zu gefallen? Oder ist dein Beweggrund, Gott zu gefallen, wenn du anderen dienst?

Warum bist du bis tief in die Nacht wachgeblieben, um das Projekt fertigzustellen, obwohl du doch sowieso in letzter Zeit zu wenig Schlaf hattest? Hast du deinen Schlaf geopfert, weil du wirklich dem Herrn gefallen wolltest? Wenn ja, war es die Sache wert. Oder war dein Hauptbeweggrund zu vermeiden, dass jemand anders von dir enttäuscht ist? Sei ehrlich. Deine Antwort wird dir dabei helfen, festzustellen, ob du jemand bist, der Menschen gefallen will, oder jemand, der Gott gefallen will.

Wenn du merkst, dass du dazu neigst, anderen gefallen zu wollen, bekenne es ganz offen dem Herrn. Fang an, dich daran zu erinnern, dass dein wichtigster Zuschauer Gott ist, wenn du *in Christus* bist. Mach dir diese Wahrheit immer und immer wieder bewusst. Du bist kein Sklave der Meinungen anderer. Du gehörst Christus. Dein Dienst sollte durch dein Hinschauen auf Christus motiviert sein. Du musst kein *people-pleaser* mehr sein, denn du bist *in Christus.*

KAPITEL 52

GLAUBE AN CHRISTUS

„... was ich aber jetzt im Fleisch lebe, lebe ich im Glauben, und zwar im Glauben an den Sohn Gottes, der mich geliebt und sich selbst für mich hingegeben hat." (Gal 2,20)

„... nachdem ich von eurem Glauben an den Herrn Jesus und von eurer Liebe zu allen Heiligen gehört habe." (Eph 1,15)

„... dass der Christus durch den Glauben in euren Herzen wohnt." (Eph 3,17)

„[Ich ...] freue mich und sehe eure Ordnung und die Festigkeit eures Glaubens an Christus." (Kol 2,5)

In den letzten Jahren haben die Verantwortlichen der Film- und Musikindustrie unzählige Filme und Lieder herausgebracht, in denen für den Glauben geworben wird. Ich habe gerade die Worte „just believe" (glaube einfach) in das Suchfeld einer Internetseite für Songtexte eingegeben – das Ergebnis: „Wir haben 40 410 Songtexte, 16 Künstler und 100 Alben gefunden, die zur Suchanfrage ‚just believe' passen."

Natürlich werden über die üblichen Medienkanäle entweder leerer Glaube (eine Art Glaube an den Glauben) oder Glaube an sich selbst vermittelt; mit biblischem Glauben hat das wenig zu tun. Ich hoffe inständig, dass dein Verständnis von Glauben durch solche

Botschaften nicht allzu sehr beeinflusst wurde, obwohl ich glauben … ich meine … annehmen muss, dass das bei manchen, die diesen Text lesen, der Fall ist. Also, was ist Glaube eigentlich?

Glaube heißt ‚an Christi Glaubwürdigkeit zu glauben; auf Christi Vertrauenswürdigkeit zu vertrauen; sich auf Christi Zuverlässigkeit zu verlassen. Anders gesagt: Glaube – wahrer Glaube – ist untrennbar damit verbunden, dass wir *in Christus* sind. Er ist nicht einfach ein Wunschdenken, dass etwas Bestimmtes passieren wird. Und ganz bestimmt ist er nicht der Glaube an dich selbst.

In den Paulusbriefen steht der Glaube häufig zusammen mit den Worten „an Christus". Da ich mit diesem Buch beleuchten möchte, wie Paulus die Lehre über die Gemeinschaft mit Christus *(In-Christus-Sein)* auf unser Leben bezieht, lohnt es sich zu betonen, dass Paulus den Zusammenhang zwischen *In-Christus-Sein* und Glauben unter anderem so versteht, dass unsere Verbindung zu Christus einen Unterschied in unserem Leben bewirkt. Paulus nutzt die Worte „Glaube an Christus" (oder ähnliche Formulierungen) auf zweierlei Art und Weise:

Erstens verwendet er sie, um auszudrücken, dass dieser Glaube das Mittel ist, durch das wir als sündige Menschen gerecht vor einem heiligen Gott dastehen. Diese Gerechtigkeit durch Glauben an Christus nennt man auch *Glaubensgerechtigkeit* (Gal 2,16; 3,22-26; Röm 3,22.26; Phil 3,9; 1Tim 1,16; 2Tim 3,15).

Die zweite Art und Weise, wie Paulus über den „Glauben an Christus" schreibt, hat mit der Heiligung, d. h. unserem täglichen Wachstum hin zur Heiligkeit, zu tun (Gal 2,20; Eph 1,15; 3,17; Kol 2,5). Diese Art von Glaube bedeutet, dass wir uns täglich Gottes Plänen anvertrauen, indem wir uns von ihm abhängig machen und uns ihm hingeben. Diese Art des Glaubens steht im Mittelpunkt der Überlegungen in diesem Kapitel.

Ich befürchte allerdings, dass die Sprache des Glaubens durch die Medien so verwässert wurde, dass es uns schwerfällt zu verstehen, wie wirklich gelebter Glaube aussieht. Deshalb möchte ich ein paar Beispiele geben.

Es ist Glaube, wenn dir die Diagnose einer schmerzhaften und den Körper schwächenden Krankheit gestellt wird, für die es keine Behandlungsmöglichkeiten gibt, und du trotzdem weiter auf Christus schaust, weil du darauf vertraust, dass seine Treue dich hindurchtragen wird. Es ist Glaube, wenn du Jesus als deinen Herrn ansiehst und deine Arbeit bestmöglich erledigst, selbst wenn du dich überfordert, unterbezahlt und von deinem Chef nicht wertgeschätzt fühlst. Es ist Glaube, wenn du eine neue Arbeit für den Herrn in dem Bewusstsein beginnst, dass dieser Dienst deine eigenen Fähigkeiten übersteigen könnte, weil du gelernt hast, dich darauf zu verlassen, dass Christus zuverlässig ist. Es ist Glaube, wenn du dich auf die Wahrheit stützt, dass du *in Christus* bist und dich nichts von dieser Wahrheit abbringen kann, auch wenn dich jemand aufgrund deiner Herkunft, Familie, Bildung, gesellschaftlichen Stellung oder wegen deinem Eifer für das Wort Gottes auslacht. Es ist Glaube, wenn du weiterbetest, obwohl du schon so lange gebetet hast und nichts passiert ist, weil du darauf vertraust, dass dein Gebet Christus ehrt.

Wirklicher Glaube ist kein Glaube an den Glauben (was auch immer das heißen soll) oder an dich selbst; die Bedeutung von wirklichem Glauben war schon immer und wird es auch immer sein, dass du dein Vertrauen *in Christus* setzt.

KAPITEL 53

UMGESTALTET IN CHRISTUS

„Meine Kinder, um die ich abermals Geburtswehen erleide, bis Christus in euch Gestalt gewonnen hat." (Gal 4,19)

Wusstest du, dass wir dadurch umgestaltet werden, dass Jesus in unserem Leben Gestalt annimmt? So schreibt es Paulus in Galater 4,19. Ähnliche Formulierungen finden wir in Römer 8,29: „… die hat er auch schon vorher dazu bestimmt, in Wesen und *Gestalt* seinem Sohn gleich zu werden ..." (NeÜ), und in Römer 12,2: „… sondern lasst die Art und Weise, wie ihr denkt, von Gott erneuern und euch dadurch *umgestalten* …" (NeÜ). Diese Umgestaltung ist das, was wir auch als „geistliches Wachstum", „Erneuerung des Sinnes" (Röm 12,2) oder „Heiligung" kennen. Alle diese Begriffe drücken Gottes Ziel für uns aus. Galater 4,19 enthält einige Hinweise, wie wir den Veränderungsprozess, der durch all diese Formulierungen angedeutet wird, verstehen sollten. Konkret können wir diesem Vers und seinem Kontext vier Dinge entnehmen:

1. Gott ist derjenige, der den Gläubigen verändert.
2. Die Person, die verändert wird, sollte die Veränderung durch Gott zulassen.
3. Andere Christen können den Prozess unterstützen.
4. Ein treffender Vergleich für den Prozess ist die Geburt.

Der erste und wichtigste Punkt ist, dass wir uns nicht selbst geistlich umgestalten können. Der Vergleich mit einer Geburt macht deutlich, dass wir von Gott geformt werden, wie ein Kind im Mutterleib geformt wird und Gestalt annimmt. Gott bildet das Kind im Mutterleib und schenkt Wachstum. Der Prozess geschieht nicht teilweise durch Gottes und teilweise durch dein eigenes Wirken. Genauso ist es auch bei deiner geistlichen Veränderung – sie ist allein Gott zuzuschreiben, und er bekommt die Ehre dafür, denn ohne ihn könntest du niemals in das Bild Christi umgestaltet werden.

Zweitens müssen wir bis zu einem gewissen Grad bei dem mitwirken, was Gott in uns erneuern will. Natürlich ist er derjenige, der uns umgestaltet, aber wir sollten angemessen darauf reagieren, indem wir es zulassen und die Veränderung, die er uns schenkt, annehmen. Andernfalls verhindern oder verlangsamen wir Gottes Wirken in uns, z. B. durch Gesetzlichkeit, Faulheit oder fehlenden Glauben. Die Galater sind ein Negativbeispiel dafür, weil sie zuließen, dass Irrlehrer die Gesetzlichkeit in den Vordergrund rückten und sich dadurch der Umgestaltung, die Gott in den Galatern schon begonnen hatte, in den Weg stellten.

Drittens können Mitchristen einen Beitrag zu unserer Umgestaltung in Christus leisten. Um wieder zum Vergleich mit der Geburt zurückzukommen, war Paulus sozusagen ein Geburtshelfer. Er hatte dabei mitgewirkt, den Galatern beim Durchbruch zu einem neuen Leben zu helfen – und diesen Prozess wollte er sicher nicht noch einmal durchlaufen! Seine Leidenschaft für die Galater ließ ihn intensiv für sie beten (er betete häufig für weit entfernte Christen, Röm 1,10; Eph 1,16; 1Thes 1,2). Außerdem gebrauchte Gott Paulus, indem er durch ihn die Galater vor judaisierenden Irrlehrern beschützte, damit nichts ihrem Wachstum im Wege stand.

Wie lange dauerte dieser Prozess? Paulus sagt, dass er seine Bemühungen fortsetzen wird, „bis Christus in euch Gestalt gewonnen hat.“ Die Veränderung geschieht nach und nach und erstreckt sich über das gesamte Leben eines Christen.

Das *In-Christus-Sein*, einschließlich der Werte und Beweggründe Jesu, wird immer mehr Teil deines Lebens, sodass die Menschen, die dich erleben, jeden Tag ein bisschen mehr von Jesus in dir sehen. Sie können immer mehr Hinweise auf Jesu Gnade, Demut, Liebe, Mut, Glauben etc. in dir feststellen und beschäftigen sich dadurch immer, wenn sie dich sehen, gedanklich mit Jesus.

Also, Brüder und Schwestern, lasst uns an dem mitwirken, was Gott in uns verändern will. Lasst uns nicht so handeln wie die Galater, die sich in die Irre führen ließen und glaubten, sie seien bessere Christen, wenn sie bestimmte (in ihrem Fall jüdische) Praktiken ausübten. Sie wollten sich ihre gerechte Stellung vor Gott verdienen, die sie durch ihr *In-Christus-Sein* schon längst hatten. Lasst uns auch sonst nicht zulassen, dass Gottes gestalterisches Wirken in uns in irgendeiner Weise verhindert wird. Denn die Grundlage und der Ausgangspunkt für jegliche geistliche Umgestaltung ist nicht das, was wir tun, sondern das, was Gott bereits getan hat. Gott formt und gestaltet uns *in Christus*.

KAPITEL 54

DANKBARKEIT IN CHRISTUS

„Gepriesen sei der Gott und Vater unseres Herrn Jesus Christus! … zum Preis der Herrlichkeit seiner Gnade … damit wir zum Preis seiner Herrlichkeit sind, die wir vorher schon auf den Christus gehofft haben." (Eph 1,3.6.12)

„Und alles, was ihr tut, im Wort oder im Werk, alles tut im Namen des Herrn Jesus, und sagt Gott, dem Vater, Dank durch ihn!" (Kol 3,17)

„Sagt in allem Dank! Denn dies ist der Wille Gottes in Christus Jesus für euch." (1Thes 5,18)

Einer meiner Lieblingsfeiertage in den Vereinigten Staaten ist *Thanksgiving*. Früher dachte ich, es sei der einzige christliche Feiertag, der noch nicht vom weltlichen und materialistischen Denken beeinträchtigt ist. Doch das war, bevor Football die Oberhand gewann. Weil viele Amerikaner so von Football besessen sind, ist an diesem Tag der einzige Dank, der noch zum Ausdruck gebracht wird, für viele von uns nur ein kurzes Stoßgebet, bevor wir uns über den gefüllten Truthahn hermachen und uns wieder dem Spiel widmen können. Natürlich gibt es an diesem Tag auch eine Art der Danksagung, die mit lauten Jubelschreien einhergeht; nämlich dann, wenn das favorisierte Team das Spiel gewinnt – wobei dieser Dank (normalerweise) nicht an Gott gerichtet ist. Ironischerweise kommt unsere überschwängliche Dankbarkeit über den Erfolg unseres Lieblingsteams vielleicht näher an Paulus' Überschwänglichkeit (z. B. in Epheser 1) heran als das Dankgebet für den Truthahn beim Festschmaus dieses Feiertages.

Aber in Christus dankbar zu sein geht viel weiter als ein kurzes Dankgebet für eine Mahlzeit oder den Sieg des Lieblingsteams. Die Danksagung in den Paulusbriefen umfasst *das gesamte Leben eines Christen*. Das ist keine Übertreibung. Man kann das christliche Leben ganz einfach so zusammenfassen: Gott hat uns Gnade geschenkt, und unsere Antwort auf diese Gnade sollte ein Leben voller Dankbarkeit sein. Paulus drückt es so aus: „Und alles, was ihr tut, im Wort oder im Werk, alles tut im Namen des Herrn Jesus, und sagt Gott, dem Vater, Dank durch ihn!" (Kol 3,17). Diese Dankbarkeit schlägt sich in allen Bereichen des Christenlebens nieder.

Die Art und Weise, wie wir dienen, veranschaulicht diese Aussage recht treffend. Christlicher Dienst ist nicht einfach die Entscheidung zu dienen, gefolgt von einem bloßen „Abarbeiten". Wir dienen im Bewusstsein der großzügigen Gnade, die wir von Gott empfangen haben! Gott schaute auf uns Sünder herab und entschloss sich, Jesus zu senden, der an unserer Stelle starb. Als Antwort darauf dienen wir anderen aufopfernd, weil wir grenzenlose Gnade empfangen haben.

Die Sünderin, die Jesus sehr kostbares Salböl auf die Füße goss und sie dann mit ihren Haaren abtrocknete, veranschaulicht den Zusammenhang zwischen Dankbarkeit und Dienst. Als der Pharisäer Simon sich innerlich entrüstete, dass Jesus einer sündigen Frau erlaubte, ihn zu berühren, stellte Jesus diesem Gedanken herausfordernd entgegen: „… wem aber wenig vergeben wird, der liebt wenig" (Lk 7,47). Die Frau zu Jesu Füßen wusste, wie viel ihr vergeben worden war, und sie ließ zu, dass diese Gnade ihr Herz zur Dankbarkeit bewegte. Das Ergebnis war ein außergewöhnlicher Akt der Liebe zu Jesus.

Es gibt zwei berühmte *Thanksgiving*-Reden von Abraham Lincoln. Er hielt sie in den Jahren 1863 und 1864 – noch *vor* Ende des amerikanischen Bürgerkriegs. Lincoln hatte erkannt, dass wir nicht nur in guten Zeiten Dank sagen sollten, sondern dass Danksagung auch in dunklen und gefährlichen Zeiten wichtig ist. Paulus schreibt: „Sagt in allem Dank! Denn dies ist der Wille Gottes in Christus Jesus für euch" (1Thes 5,18). Egal, ob wir es im Leben leicht haben oder ob wir völlig verzweifelt sind – wir müssen mit einer Haltung der Dankbarkeit für die Gnade leben, die Gott uns in Jesus Christus erwiesen hat.

Das christliche Leben ist, kurz gesagt, ein Leben voller Dankbarkeit für das, was Gott *in Christus* getan hat.

KAPITEL 55

WACHSTUM UND REIFE IN CHRISTUS

„... bis wir alle hingelangen zur Einheit des Glaubens und der Erkenntnis des Sohnes Gottes, zur vollen Mannesreife, zum Maß der vollen Reife der Fülle Christi. Denn wir sollen nicht mehr Unmündige sein, hin- und hergeworfen und umhergetrieben von jedem Wind der Lehre durch die Betrügerei der Menschen, durch ihre Verschlagenheit zu listig ersonnenem Irrtum. Lasst uns aber die Wahrheit reden in Liebe und in allem hinwachsen zu ihm, der das Haupt ist, Christus. Aus ihm wird der ganze Leib zusammengefügt und verbunden durch jedes der Unterstützung dienende Gelenk, entsprechend der Wirksamkeit nach dem Maß jedes einzelnen Teils; und so wirkt er das Wachstum des Leibes zu seiner Selbstauferbauung in Liebe." (Eph 4,13-16)

„Denn wir möchten, dass sie Menschen werden, die in Christus erwachsen geworden sind." (Kol 1,28; NeÜ)

Was wir bei einem einjährigen Kind niedlich, lustig und akzeptabel finden, finden wir bei einem 20-Jährigen nicht mehr niedlich, lustig und akzeptabel. Als du ein Jahr alt warst, mag man ein „Bäuerchen" noch niedlich gefunden haben, aber mit 20 ist es nicht mehr niedlich. Es mag lustig sein, wenn du als Kleinkind Grimassen geschnitten hast; aber wenn du 20 bist, ist es das nicht mehr. Es mag akzeptabel sein, dass du als Baby deinen Brei wieder ausgespuckt hast; aber mit 20 ist es das definitiv nicht mehr.

„Werdet endlich erwachsen!", ermahnte uns mein Biologielehrer in der siebten Klasse, als er bemerkte, dass mein Kumpel und ich drei präparierte Fische aus dem Biologieraum geschmuggelt und sie an einem Seil über dem Hauptgang unserer Schule aufgehängt hatten. Es war an der Zeit für uns, endlich erwachsen zu werden!

Dass ich erwachsen werden musste, wurde mir auch an meinem Hochzeitstag sehr bewusst, als mein Schwiegervater mir mit auf den Weg gab: „Pass gut auf sie auf. Du bist jetzt für sie verantwortlich." Da musste ich erst einmal schlucken.

Das Erwachsenwerden ist einer der besten Vergleiche für das Christsein, sowohl in Bezug auf einzelne Personen als auch in Bezug auf ganze Gemeinden. Paulus sagt im Epheserbrief, wir müssen „in allem hinwachsen zu ihm" (4,15). Wohin sollen wir noch wachsen? „Zur vollen Mannesreife, zum Maß der vollen Reife der Fülle Christi." Dieser Abschnitt ist nur so von *In-Christus*-Formulierungen durchtränkt. Das Wachstum geschieht „zu ihm" hin. Das Ziel ist zu wachsen, bis wir die „Reife der Fülle Christi" erreicht haben.

Das bedeutet, dass es nach einer gewissen Zeit nicht mehr akzeptabel ist, bestimmte Dinge zu tun, die es vielleicht waren, als wir noch Kinder im Glauben waren. Zum Beispiel sagt Paulus, dass wir nicht mehr sein sollen wie Fähnchen im Wind, die von jeder Lehre hin- und hergeworfen werden. Jemand, der in Christus gereift ist, sollte falsche Lehren erkennen und ihnen aus dem Weg gehen. Wachstum bedeutet auch, dass wir von der Trennung zur Einheit gelangen und von der Oberflächlichkeit zu einem tieferen Verständnis von Christus (Eph 4,13). Außerdem sollen wir darin wachsen, einander in Liebe die Wahrheit zu sagen (Eph 4,15).

Aber Wachstum erfordert Zusammenarbeit. Genauso wie wir aus eigener Kraft keine Pflanze wachsen lassen können, können wir von uns aus auch nicht geistlich wachsen – nur Gott kann das bewirken. Wir können aber für einen gesunden Boden zu sorgen, für genügend Wasser zum Gießen und alles beseitigen, was das Wachstum beeinträchtigt (Unkraut). Wenn wir im Bewusstsein unserer Gemeinschaft mit Christus leben, uns daran erinnern, wie sehr wir von ihm abhängig sind, und unseren Willen, unseren Sinn und unser Herz täglich nach ihm ausrichten, können wir mit geistlichem Wachstum rechnen. Mein damaliger Biologielehrer hatte recht: Ich musste endlich erwachsen werden. Aber er verstand darunter wahrscheinlich eher, dass ich selbst mir Mühe geben müsste zu reifen. Aber die Wahrheit ist, dass wir nur dann geistlichen Fortschritt erleben, wenn wir unsere Abhängigkeit von Christus erkennen und in dem Bewusstsein leben, dass wir seine Führung und Hilfe brauchen. Alles Wachsen hin zu geistlicher Reife geschieht *in Christus.*

KAPITEL 56

CHRISTUS LERNEN

„Ihr aber habt den Christus nicht so gelernt, wenn ihr wirklich ihn gehört habt und in ihm gelehrt worden seid, wie die Wahrheit in dem Jesus ist." (Eph 4,20-21; ELB CSV)

Wann hast du zum ersten Mal etwas über Jesus gelernt? Haben deine Eltern dir als Kind von Jesus erzählt? Oder hast du angefangen zu lernen, was die Bibel über Jesus sagt, als du im Teenageralter warst? Oder warst du vielleicht schon erwachsen, als du etwas über Jesus gelernt hast?

Aber davon einmal abgesehen, wann hast du Christus *gelernt?* In fast allen deutschen Bibelübersetzungen wird das im Griechischen verwendete Verb, das eigentlich *lernen* bedeutet, mit *kennenlernen* übersetzt: „Ihr aber habt den Christus nicht so kennengelernt." Wörtlich übersetzt lautet der Vers jedoch: „Aber so habt ihr Christus nicht *gelernt.*" Fast alle Bibelübersetzer haben also den Vers gewissermaßen bereits interpretiert.

Gibt es einen Unterschied zwischen „Jesus *kennenlernen*" und „Jesus *lernen*"? Definitiv. Wir finden ihn in Epheser 4,20-21.

Paulus' Aussage (im Griechischen), dass die Leser Jesus „gelernt" haben, ist eher ungewöhnlich. In der griechischen Literatur der Antike bin ich noch nie auf einen Satz gestoßen, bei dem das zum Verb *lernen* gehörige Objekt eine Person ist (auch wenn ich gerne zugebe, dass ich etwas übersehen haben könnte). Man kann natürlich *etwas lernen*, zum Beispiel Schulstoff, eine Theorie oder eine Sprache. Man kann auch etwas über eine Person *lernen,* wie es in den deutschen Bibelübersetzungen steht. Aber eine Person *lernen?* Das macht Paulus' Ermahnung so ungewöhnlich und ist wahrscheinlich auch der Grund, warum die meisten Bibelübersetzer es mit *„kennengelernt"* übersetzt haben. Aber ist es wirklich das, was Paulus mit „Christus lernen" meinte? Und gibt es einen Unterschied zwischen „etwas über Christus lernen", „Christus kennenlernen" und „Christus lernen"?

Definitiv. Dazu sollten wir uns den Vers im Kontext anschauen. Paulus' ungewöhnliche Formulierung folgt unmittelbar auf seine Ermahnung, dass Christen nicht so wandeln sollen wie die Menschen dieser Welt: in Sinnlosigkeit, verfinstertem Verstand, Unwissenheit und Herzenshärte (Eph 4,17-19). Plötzlich ruft er aus: „Aber so habt ihr Christus nicht gelernt!" Anschließend folgt die Erinnerung, dass sie Christus gehört haben, in ihm gelehrt wurden und dass die Wahrheit in Christus ist (Eph 4,21).

Wenn wir die vorangehenden und nachfolgenden Verse bedenken, müssen wir zu dem Schluss kommen, dass „Christus lernen" sowohl umfasst, dass man etwas (theoretisch) über ihn lernt, als auch bedeutet, dass man ihn im täglichen Leben persönlich (praktisch) *kennenlernt.* Zum einen bezieht sich Paulus auf die Botschaft des Evangeliums, die die Epheser gelernt haben – also auf das, was sie über Christus gelernt haben –, indem sie hörten, gelehrt wurden und die Wahrheit erkannten. Zum anderen impliziert Paulus' Aussage, dass sie *in Christus* gelehrt wurden und darauf achten sollten, so zu wandeln, wie es sich für Christen gehört. „Christus lernen" ist also auch praktisch und beziehungsorientiert zu verstehen. „Christus lernen" bedeutet, sowohl die Wahrheiten über Christus zu lernen, als auch in der Beziehung zu ihm ihn immer besser kennenzulernen.

Wann hast du Christus gelernt? Du hast vielleicht wie viele andere Menschen einige Fakten über Christus gelernt, bevor du in eine persönliche Beziehung mit ihm getreten bist. Aber wenn es dir so geht wie mir, dann bist du noch immer dabei, Christus zu lernen.

Lass uns die Überlegungen darüber, was es heißt, Christus zu lernen, damit beschließen, dass wir Paulus' Aufforderung in unsere Köpfe, Herzen und Hände eindringen lassen. Wenn wir wirklich Christus gelernt haben, dürfen wir nicht mehr so leben wie die Menschen dieser Welt. Wir müssen stattdessen anfangen, gemäß dem zu leben, was wir gelernt haben. Wenn wir feststellen, dass wir bisher versäumt haben, Christus zu lernen, können wir uns neu dazu entschließen, so viel wie möglich über Christus zu lernen und die Beziehung mit ihm neu zu entfachen. Wenn du dir unsicher bist, wie das geht, möchte ich dich ermutigen, wieder Zeit damit zu verbringen, mit ihm zu sprechen (Gebet), und das wertvollste aller Bücher zu lesen, das er uns geschenkt hat und durch das er uns hilft, eine Beziehung zu ihm aufzubauen (die Bibel). Außerdem solltest du Zeit mit anderen Menschen verbringen, die eine tiefe und feste Beziehung zu Christus haben. So werden du und ich an das erinnert, was wir gelernt haben, und an die Beziehung, die wir eingegangen sind. Wir werden in der Überzeugung wachsen, dass wir untrennbar mit Christus verbunden sind.

Nur wenn wir uns diese Wahrheit zu eigen machen, können wir wirklich *Christus lernen*. Die Grundlage dafür, Christus zu lernen, ist, dass wir bereits *in Christus* sind.

KAPITEL 57

IN JESU NAMEN

„Sagt allezeit für alles dem Gott und Vater Dank im Namen unseres Herrn Jesus Christus!" (Eph 5,20)

„... alles tut im Namen des Herrn Jesus, und sagt Gott, dem Vater, Dank durch ihn!" (Kol 3,17)

„... damit der Name unseres Herrn Jesus in euch verherrlicht wird und ihr in ihm nach der Gnade unseres Gottes und des Herrn Jesus Christus." (2Thes 1,12)

Ich lauschte der enthusiastischen Stimme meiner zehnjährigen Tochter Grace. Sie hatte mir eine Sprachnachricht hinterlassen und mir mitgeteilt, es gebe etwas Aufregendes, das sie mir erzählen müsse. „Bitte ruf mich zurück, so schnell du kannst, *Daddy*." Und dann sagte sie: „Na ja, ich muss jetzt los. In Jesu Namen, Amen." Sie bemerkte ihren Denkfehler und prustete los. Ich hörte ihr etwa eine Minute beim Lachen zu und konnte nicht anders, als mit einzustimmen. Später erfuhr ich, dass sie sogar gestürzt war, weil sie so heftig lachte.

„In Jesu Namen, Amen." Wir denken so wenig darüber nach, was das heißt, dass wir schnell annehmen, es bedeute nichts weiter. Manchmal verwenden wir diesen Satz einfach wie eine Floskel, mit der wir unser Gebet beenden, so als würden wir Gott einfach nur *Tschüss* sagen. Aber dieser Satz ist viel mehr als das!

Jesus lehrte seine Jünger, in seinem Namen zum Vater zu beten (Joh 14,13-14; 15,16; 16,23-26). Ich bin mir sicher, dass auch Paulus mit dieser Lehre Jesu vertraut war. Doch der Name *Jesus* wird in der Bibel nicht nur auf das Gebet bezogen, auch wenn das Gebet einer der wichtigsten Aspekte ist, die mit Jesu Namen verknüpft werden (Eph 5,20; 1Kor 1,2). Die ersten Jünger trieben in Jesu Namen auch Dämonen aus (Lk 10,17; Apg 16,18) und heilten Kranke in seinem Namen (Apg 3,6; 4,10). Paulus' frühe Wortverkündigung wird mit den Worten „im Namen Jesu" beschrieben (Apg 9,27-28). Wenn es nach Paulus ging, sollte alles „im Namen des Herrn Jesus" getan werden (Kol 3,17), damit Jesu Name in seinen Nachfolgern verherrlicht würde (2Thes 1,12).

Aber was heißt es eigentlich, im Namen Jesu zu beten oder irgendetwas anderes in seinem Namen zu tun? Es bedeutet, die Vollmacht (Autorität) auszuüben, die uns durch die Gemeinschaft mit Christus gegeben wurde. Diese Kraft kommt nicht aus uns selbst, sondern aus Gott.

Doch was ist eigentlich diese Vollmacht? Ein Polizist besitzt nicht die körperliche Kraft, ein vorbeifahrendes Auto anzuhalten. Aber kraft des Gesetzes kann er, wenn er seine Uniform trägt und den Fahrer herauswinkt, das Auto zum Anhalten bringen. Er kann dies nicht aufgrund seiner eigenen Stärke tun, sondern weil der Staat ihn dazu ermächtigt. Er tut es nicht aufgrund einer selbst erlangten Befähigung, sondern aufgrund der Befugnis, die er von jemand anderem erhalten hat. So ist es auch bei uns. Wir haben Vollmacht (Autorität), weil sie uns verliehen wurde.

Wenn wir von bösen Mächten angegriffen werden und in Jesu Namen die von ihm ausgehende Vollmacht ausüben, tun wir das als Menschen, die zu ihm gehören. Wenn wir seine gute Nachricht weitererzählen, bewegt diese Nachricht unsere Zuhörer, weil wir sie als Menschen verkünden, die mit Christus vereint sind. Wenn wir in Jesu Namen beten, erkennen wir an, dass wir die Dinge, für die wir beten, nicht selbst erreichen können. Wenn Gott unsere Gebete nicht erhört, dann werden sich unsere Bitten nicht erfüllen. Doch der Vater erhört die Gebete seiner Kinder mit Freude. Er hört uns gerne zu, weil wir *in Christus* sind. In unserer Gemeinschaft mit Christus wurde uns die Vollmacht gegeben, im Namen Jesu für die Dinge zu beten, die seinem Willen entsprechen, und wir können fest damit rechnen, dass Gott solche Gebete erhört.

Liebes Kind Gottes, bist du mit der Vollmacht vertraut, die dir im Namen Jesu gegeben ist? Diese Vollmacht hast du, weil du *in Christus* bist.

KAPITEL 58

DEMUT IN CHRISTUS

„Habt diese Gesinnung in euch, die auch in Christus Jesus war, der in Gestalt Gottes war und es nicht für einen Raub hielt, Gott gleich zu sein. Aber er entäußerte sich und nahm Knechtsgestalt an, indem er den Menschen gleich geworden ist, und der Gestalt nach wie ein Mensch befunden, erniedrigte er sich selbst und wurde gehorsam bis zum Tod, ja, zum Tod am Kreuz." (Phil 2,5-8)

Zweimal in meinem Leben hat Gott mich mit meinem Stolz konfrontiert. Damit meine ich nicht, dass es mir nur zweimal in meinem Leben an Demut gefehlt hat. Ganz sicher nicht! Aber zweimal hat Gott verborgenen Stolz in mir entlarvt und mich an das Vorbild Jesu erinnert, der den Himmel verließ und den größten Akt der Demut vollzog, der jemals in der Geschichte gemacht wurde: Gott wurde Mensch. Ich möchte dir von dem ersten Mal erzählen, als Gott meinen verborgenen Stolz aufdeckte.

Ich war ein junger Mann, der in einem fremden Land lebte und verzweifelt versuchte, eine neue Sprache zu lernen. Meine übliche Vorgehensweise war, dass ich zu Hause ein paar Stunden lang mit meinem Sprachlernhelfer neue Sätze lernte und anschließend von Geschäft zu Geschäft zu ging und diese Sätze aufsagte.

Am ersten Tag sagte ich: „Hallo. Ich heiße Ken. Ich lerne Ihre Sprache. Das ist alles, was ich sagen kann. Auf Wiedersehen." Diese Worte habe ich in mindestens 40 Geschäften heruntergerasselt.

Am zweiten Tag musste ich ein paar Sätze mehr sagen: „Hallo. Ich heiße Ken. Ich bin Amerikaner. Ich lerne Ihre Sprache. Ich verbringe meine Zeit damit, in Geschäfte zu gehen und dort sprechen zu üben. Können Sie mir helfen? Das ist alles, was ich sagen kann. Auf Wiedersehen."

Oft versuchte man, mir zu antworten, aber zumindest am Anfang hatte ich nicht genug Sprachkenntnisse, um darauf einzugehen. Innerhalb einer Woche konnte ich, wenn ich die Straße hinunterschaute, beobachten, wie sich zahlreiche Menschen in den Geschäften sammelten, in denen ich meine Sätze aufgesagt hatte, und auf meine Ankunft warteten! Ich betrat die Läden, in denen die Leute schweigend auf mich warteten und sich bemühten, nicht zu lachen. Nachdem ich meinen Text aufgesagt und den Laden verlassen hatte, konnte ich nicht einmal bis fünf zählen, bevor im Laden Gelächter ausbrach. Das war ziemlich demütigend.

Inmitten dieser Demütigung, die ich Tag für Tag erlebte, begann ich darüber nachzudenken, dass Jesus gesagt hatte, wie wichtig es sei, wie ein Kind zu werden (Mk 10,15; Lk 18,17). Eins steht fest: Das Vertrauen auf mich selbst, das Gefühl, einigermaßen intelligent zu sein, und sogar zu denken, ich sei ein Erwachsener, hatte sich in Luft aufgelöst. Gott benutzte diese demütigenden Begegnungen, um mich daran zu erinnern, dass Christus sich selbst mehr gedemütigt hat, als ich mir jemals vorstellen konnte, und dass ich als jemand, der mit ihm verbunden ist, nach Demut streben musste.

Der Apostel Paulus schreibt: „Habt diese Gesinnung in euch, die auch in Christus Jesus war" (Phil 2,5). Wenn Jesus, der „in der Gestalt Gottes war", der „Gott gleich" war (Phil 2,6), sich selbst demütigte, indem er Mensch wurde, wer bin ich dann zu denken, ich hätte besondere Ehre – oder überhaupt irgendeine Art Ehre – verdient? Einige englische Bibelübersetzungen (zum Beispiel die ESV) gehen sogar noch einen Schritt weiter, indem sie sagen, dass wir Paulus' Anweisung nicht nur so verstehen sollten, dass wir auf Jesus als unser Vorbild schauen sollen, sondern dass wir nach Demut streben sollen, *weil* wir bereits mit Christus vereint sind: „Habt diese Gesinnung in euch, die euch ist in Christus Jesus." Mit anderen Worten: Weil wir mit ihm vereint sind und somit die Demütigung seiner Kreuzigung teilen (vgl. Gal 2,20; Röm 6,2-6), müssen wir als Menschen, die *in Christus* sind, praktische Demut anstreben.

Oh, die Abgründe unseres Stolzes! Gerade wenn wir anfangen, unseren Stolz zu überwinden und demütig zu sein, beglückwünschen wir uns schon für unsere neu angeeignete Demut – und da ist er wieder, der Stolz! Aber lasst uns dem Vorbild Jesu folgen und *in Christus* nach Demut streben.

KAPITEL 59

FREUDE IN CHRISTUS

„Was auch immer geschehen mag, meine lieben Brüder und Schwestern: Freut euch, weil ihr zum Herrn gehört! Ich werde nicht müde, euch immer wieder dasselbe zu sagen; weiß ich doch, dass es euch Gewissheit gibt." (Phil 3,1)

„Freut euch im Herrn allezeit! Wiederum will ich sagen: Freut euch!" (Phil 4,4)

„Ich habe mich aber im Herrn sehr gefreut, dass ihr endlich einmal wieder aufgeblüht seid, an mich zu denken." (Phil 4,10)

Was raubt uns unsere Freude? Warum fällt es so vielen von uns schwer, sich zu freuen? Das frage ich meine Studenten oft, wenn wir den Philipperbrief aufschlagen.

„Zeitdruck", „finanzielle Verflichtungen", „nicht erfüllte Erwartungen" und „Verletzungen in der Vergangenheit". So lauten die häufigsten Antworten meiner Studenten. Aber Paulus zeigt uns zwei andere, grundlegende Ursachen für unseren Mangel an Freude:

Einer der Gründe für unseren Mangel an Freude ist, dass wir uns zu wenig freuen. Das klingt zunächst einmal sehr banal. Nun meinte Paulus mit „freuen" vielleicht etwas anderes als das, was wir darunter verstehen. Das von Paulus verwendete Verb könnte man auch mit „jubeln" übersetzen. Das wirft schon ein anderes Licht auf die Sache. Während wir unter „freuen" meist eher ein Gefühl verstehen – also etwas Passives, etwas, das wir nur schwer kontrollieren können –, ist *jubeln* etwas, das wir aktiv tun können. Jubeln ist sozusagen die aktive Art, sich zu freuen. Aus dieser Perspektive würde Paulus' Antwort also lauten: Der Grund, warum wir uns schwertun mit der Freude, ist, dass wir nicht genügend jubeln. Aber einzugestehen, dass wir uns nicht genügend aktiv freuen, ist nur der zweitwichtigste Punkt in Bezug auf unsere Schwierigkeiten mit der Freude.

Die Hauptursache für unseren Mangel an Freude ist, dass für die meisten von uns die Freude nicht „im Herrn" ist. Paulus verknüpft nämlich seine Anmerkungen zum Thema Freude stets mit den Worten „im Herrn", also mit dem *In-Christus-Sein* (3,1; 4,4; 4,10). Die meisten von uns sind auf der Suche nach Glücksgefühlen und nicht nach der Freude in Christus. Wie dir vielleicht aufgefallen ist, fordert Paulus uns nie dazu auf, einfach nur zu versuchen, glücklich zu sein. Paulus' Freude ist grundlegend mit seiner Gemeinschaft mit Christus verbunden. Er kennt tiefe, anhaltende und echte Freude, weil er *in Christus* ist.

Wenn das, was ich hier schreibe, zutrifft, dann bedeutet es, dass unsere Freude in Christus *nicht* von äußeren Umständen abhängig ist. Paulus schrieb den Brief an die Philipper wahrscheinlich, während er sich unter römischem Arrest befand und an einen römischen Wachmann gekettet war. Er war zu diesem Zeitpunkt schon seit etwa drei bis fünf Jahren gefangen (zuerst war er in einem Gefängnis in Cäsarea eingesperrt, dann wurde er gefangen auf einem Schiff nach Rom gebracht und nun dort in einen angemieteten Raum gefangen gehalten). Von den Umständen her hatte er also kaum Gründe, sich zu freuen. Aber da er wusste, dass seine Freude *in Christus* war, jubelte er immer wieder *im Herrn.*

Es fällt auf, dass die Freude in Christus zwar nicht durch äußere Umstände gemindert, wohl aber vermehrt werden kann: Paulus deutet an, dass seine Freude durch die Gemeinschaft mit anderen Christen gesteigert wurde. Seine Freude wuchs, wenn er an seine innige Beziehung zu den Philippern dachte, die in Christus ihren Ursprung hatte (1,3-8; 1,25; 4,1). Seine Freude wuchs, als er erfuhr, dass das Evangelium verbreitet wurde (1,18). Seine Freude wuchs, wenn er an Christen dachte, die einmütig zusammenlebten (2,2). Seine Freude wuchs, als er erfuhr, dass die Philipper sich dazu entschlossen hatten, ihn während seiner Gefangenschaft finanziell zu unterstützen (4,10-18). Seine Freude wuchs sogar, als er darüber nachdachte, dass seine eigenen Leiden möglicherweise dazu beitrugen, dass seine Freunde in Philippi im Glauben wuchsen (2,17). Anders gesagt: Für uns, die wir bereits *in Christus* sind, gibt es keinen Grund, warum unsere Freude ins Wanken geraten sollte. Stattdessen sollten wir uns durch das Wissen ermutigen lassen, dass unsere Freude nur gesteigert werden kann.

Wünschst du dir mehr Freude im Leben? Dann lerne, dich aktiv zu freuen. Was immer du tust, halte beständig an der Wahrheit fest, dass du *in Christus* anhaltende Freude hast.

KAPITEL 60

ALLES UM CHRISTI WILLEN FÜR VERLUST HALTEN

„Aber was auch immer mir Gewinn war, das habe ich um Christi willen für Verlust gehalten; ja wirklich, ich halte auch alles für Verlust um der unübertrefflichen Größe der Erkenntnis Christi Jesu, meines Herrn, willen, um dessentwillen ich alles eingebüßt habe und es für Dreck halte, damit ich Christus gewinne." (Phil 3,7-8)

Paulus betrachtete alles als Verlust, weil er in Christus war. Wenn man Philipper 3,7-8 liest, kann man seine Leidenschaft regelrecht spüren, die seine niedergeschriebenen Wort atmen. Aber für einen kurzen Augenblick klingt er fast wie ein Buchhalter. Er schreibt, dass er alles, was er vorher als *Gewinn* angesehen hat, wegen Christus nun als *Verlust* betrachtet.

Kannst du dir einen Buchhalter als einen leidenschaftlichen Menschen vorstellen? Meist stempeln wir so jemanden (häufig zu Unrecht) als kopflastig und ordnungsliebend ab, der sich viel wohler mit Zahlen fühlt als mit Menschen. Leidenschaft passt nicht so recht in dieses Klischee.

Aber ich weiß, wie du bei einem Buchhalter im Handumdrehen Leidenschaft erleben kannst: indem du ihm klarmachst, dass er alles, was er eigentlich auf der Haben-Seite verbuchen wollte, tatsächlich auf der Soll-Seite verbucht hat. All das Geld, von dem er dachte, dass es vorhanden sei, gibt es also gar nicht. Das Konto, das er verwaltet, ist im Soll – von Gewinn weit und breit keine Spur. Ich wage zu behaupten, dass dein Buchhalter jetzt leidenschaftlich wird. Das Atmen fällt ihm plötzlich schwer, er beginnt zu schwitzen, und von seinen ohnehin schon spärlichen Haaren fallen ganze Haarbüschel aus.

In seinem „Geschäftsabschluss", d. h. dem Fazit über sein frommes und gottesfürchtiges Leben als Jude – beschnitten am achten Tag; alle Gesetze einhaltend, die für Pharisäer galten; ein so großer Eiferer für das Gesetz, dass er sogar bereit war, die zu verfolgen, die seine Ansichten nicht teilten; vor dem Gesetz untadelig (Phil 3,5-6) –, kommt Paulus zu dem Ergebnis, dass er alles als Verlust betrachtet, weil er nun mit Christus verbunden ist.

Paulus verschärft seine Aussage sogar noch. Er sieht diese Dinge nicht nur als Verlust an, sondern als *skubala*. Das ist das griechische Wort, das Paulus benutzt. Klingt irgendwie eklig, oder? Man verwendete es, um entweder den Haushaltsmüll zu beschreiben (also die verdorbenen Essensreste) oder die Ausscheidungen des Körpers (Exkremente) ein paar Stunden nach einer Mahlzeit. All das, was Paulus vorher als Gewinn angesehen hat, gehört für ihn jetzt nicht einmal mehr auf die Soll-Seite, sondern nur noch auf die Müllkippe oder ins Klo.

Aber … Moment mal! Nachdem unser fiktiver Buchhalter gemerkt hat, dass er jedes Mal den Betrag abzieht, obwohl er ihn hinzuaddieren wollte, macht er eine erstaunliche Entdeckung. Während er hektisch seine Unterlagen durchgeht, um festzustellen, was los ist, entdeckt er auf einmal ein Konto, das so hohe Beträge aufweist und von solchem Wert ist, dass alle Verluste plötzlich nichts mehr sind im Vergleich zu dem neu entdeckten Vermögen. Was er ohne eigenes Dazutun gewonnen hat, ist unendlich viel mehr wert als all das, was er verloren hat. Seine Verluste rücken angesichts dessen, was er gewonnen hat, völlig in den Hintergrund.

Jesus hätte es wahrscheinlich so ausgedrückt, dass unser Buchhalter einen Schatz im Acker (Mt 13,44) oder eine wertvolle Perle gefunden hat (Mt 13,45-46). Deswegen sind für Paulus seine früheren Besitztümer und Errungenschaften nun noch weniger als wertlos, da der Schatz, den er gefunden hat, Christus selbst ist.

Meine Schwester, mein Bruder im Herrn, hältst du noch an der Illusion fest, dass dein Guthaben auch nur ansatzweise mit dem Leben vergleichbar ist, das du in Christus besitzt? Oder ist dir schon klar geworden, dass dein eigener Wert einzig und allein auf den Einen gegründet ist, der dein Leben lebenswert macht? Alles andere ist so viel weniger wert als Christus – nein … im Vergleich zu Christus hat es überhaupt keinen Wert.

Zu wissen, dass Christus wertvoller ist als alles andere, kann deine Leidenschaft, ihn besser kennenzulernen und nur noch für ihn zu leben, vertiefen. Sieh alles andere als Verlust an, weil du *in Christus* bist.

KAPITEL 61

DIE ERKENNTNIS DES CHRISTUS

„... um der unübertrefflichen Größe der Erkenntnis Christi Jesu, meines Herrn, willen." (Phil 3,8)

„... um ihn ... zu erkennen." (Phil 3,10)

„... dass der Gott unseres Herrn Jesus Christus, der Vater der Herrlichkeit, euch gebe den Geist der Weisheit und Offenbarung in der Erkenntnis seiner selbst." (Eph 1,17)

Die unübertreffliche Größe der Erkenntnis Christi Jesu. Ich liebe diese Aussage! Philipper 3,8 ist einer meiner Lieblingssätze der gesamten Bibel. Was ist wertvoller, als Jesus zu kennen? Gibt es irgendetwas im Universum, das der Erkenntnis Jesu gleichkommt?

Als meine Kinder noch klein waren, versuchte ich, ihnen mit Vergleichen zu zeigen, wie lieb ich sie hatte und wie wichtig mir die Beziehung zu ihnen war. Ich fragte: „Liebe ich euch mehr als meinen Computer?" – „Ja!", riefen sie, „du liebst uns mehr als deinen Computer!" – „Liebe ich euch mehr als meine Gitarre?" – „Ja! Mehr als deine Gitarre!" – „Liebe ich euch mehr als mein Auto?" – Ja! Du liebst uns mehr als dein Auto!" (Der Teil fiel mir leicht, denn es war ein alter Minivan von Mazda.) „Liebe ich euch mehr als alle meine Bücher?" – „Ja! Sogar mehr als deine Bücher!" Um ihnen meinen Standpunkt deutlich zu machen, fügte ich manchmal hinzu: „Ich liebe euch mehr als alles andere auf der Welt!" Meine Töchter wollten natürlich testen, ob ich die Wahrheit sagte, und so fragten sie mich: „Außer Jesus? ... und Mama?" – „Ja", antwortete ich, „mehr als alles andere auf der Welt außer Jesus und eure Mama." Ich frage mich, ob wir diese Überschwänglichkeit wiedergewinnen müssen, wenn wir von dem Privileg reden, Christus zu kennen.

Lass einmal einige Übersetzungen von Paulus' Superlativ auf dich wirken. Er spricht von der „alles übertreffenden Erkenntnis Christi Jesu" (SLT), dem „überwältigenden Gewinn, dass ich Jesus Christus als meinen Herrn kenne" (GNB), „dem unvergleichlichen Gewinn, dass Jesus Christus mein Herr ist" (HFA), „dem unschätzbaren Gewinn, Jesus Christus, meinen Herrn, zu kennen" (NLB). Wie können Worte das unvergleichliche Privileg, Jesus zu kennen, vermitteln?

Mit der Erkenntnis, von der hier die Rede ist, ist kein Wissen gemeint. Paulus nennt Jesus „meinen Herrn". Dieser Ausdruck ist erstaunlich persönlich, insbesondere, wenn man bedenkt, dass Paulus über seinen Herrn und Meister und – ich wage kaum, es zu sagen – seinen Besitzer spricht. Doch genau dieser Meister hat Paulus (und uns) in eine persönliche, freundschaftliche Beziehung mit ihm gerufen. Unser Herr Jesus will nicht, dass wir ihm aus der Ferne dienen. Er hat uns in seine Gegenwart gerufen und will, dass wir ihn persönlich kennen. Es ist erstaunlich, wenn man darüber nachdenkt. Er ist nicht zu beschäftigt. Er hat nichts Besseres zu tun. Er wünscht sich eine Beziehung zu uns, durch die wir ihn kennenlernen. Ich wünsche mir das auch. Sehr sogar! Was ist mit dir?

Ich erinnere mich an eine Zeit im College, als einer meiner Professoren – ein vielbeschäftigter Mann, der von allen Studenten sehr geschätzt wurde und mit dem ich unbedingt Zeit verbringen wollte – mich für ein Jahr lang einmal pro Woche zu einem persönlichen Treffen einlud. Er lud mich ein, ihn kennenzulernen! Du glaubst nicht, wie sehr ich mich auf diese wöchentlichen Treffen gefreut habe. Aber dass mich dieser gottesfürchtige Mann in seine Privatsphäre eintreten ließ, ist nichts im Vergleich zu dem Privileg, Jesus zu kennen.

Der unvergleichliche, unschätzbare und überwältigende Gewinn. Die alles übertreffende Erkenntnis. Was ist mit der Erkenntnis Jesu vergleichbar?

Findest du es wichtiger als alles andere auf der Welt, Jesus zu kennen? Ist das Privileg, in der Erkenntnis Jesu wachsen zu dürfen, für dich kostbarer als deine Gitarre oder dein Auto (selbst wenn deine Gitarre oder dein Auto besser ist als meine)? Ist die Freundschaft mit Jesus dir wertvoller als alle deine Besitztümer, deine Karriere und deine Beziehungen? Schätzt du ihn so sehr, dass du dir genug Zeit nimmst, ihm im Gebet dein Herz zu öffnen, erwartungsvoll auf sein Wort zu hören und dir seine Gegenwart jeden Tag bewusst zu machen? Ist Jesus zu kennen besser als alles andere?

Das ist es. Und es ist noch mehr. Jesus hat uns eingeladen, ihn zu kennen. Den wertvollsten Schatz unseres Lebens finden wir *in Christus.*

KAPITEL 62

DER FRIEDE DES CHRISTUS

„Und der Friede des Christus regiere in euren Herzen, zu dem ihr auch berufen worden seid in einem Leib! Und seid dankbar!" (Kol 3,15)

„… und der Friede Gottes, der allen Verstand übersteigt, wird eure Herzen und eure Gedanken bewahren in Christus Jesus." (Phil 4,7)

„Wie geht's dir heute?" Wie vielen von euch wird mir diese Frage mehrmals am Tag gestellt. Die üblicherweise erwartete Antwort, die ich schon in meiner Kindheit lernte, lautet: „Mir geht's gut, danke." Aber manchmal, wenn ich gefragt werde, wie es mir geht, ist mir nicht danach, mit dem standardmäßigen „Mir geht's gut" zu antworten. Das liegt daran, dass es mir eben nicht immer gut geht. Das bedeutet nicht, dass die Dinge in meinem Leben schlecht laufen. Aber … es ist kompliziert.

Ich schreibe diese Worte, während ich in einer Werkstatt darauf warte, dass der Ölwechsel bei meinem Auto fertig ist (was übrigens schon eine Stunde länger dauert, als mir versprochen wurde). Aus dem Fernseher in der Ecke höre ich eine Talkshow-Moderatorin, die über die brutalen Einzelheiten der Übergriffe eines Serienmörders redet.

„Wie geht's dir, Ken?"

Na ja, einerseits bin ich unglücklich darüber, dass ich hier schon zwei Stunden sitze. Ich möchte nach Hause zu meiner Frau, die etwas aufgeregt ist, weil sie morgen früh ein medizinischer Eingriff erwartet. Ich wünsche mir auch, dass ein Blitz die Stromleitungen draußen vor der Werkstatt trifft, eine Überspannung erzeugt und auf diese Weise die Kabel des Fernsehers schmoren lässt. Aber gleichzeitig habe ich auch inneren Frieden, ein offenes Herz, vertraue auf den Herrn und nutze die Wartezeit zum Beten, auch jetzt, während ich dieses Kapitel verfasse.

Ist es möglich, zur selben Zeit traurig und glücklich zu sein? Kann ein Christ trauern und gleichzeitig hoffen? Kann ein Nachfolger Jesu Besorgnis und Frieden zugleich verspüren? In der Tat. Einer der größten Vorzüge des *Lebens in Christus* ist der tiefe Friede, der uns stützt und umgibt, auch wenn unsere augenblicklichen Emotionen eher turbulent sind. Paulus beschreibt sich und seine Mitchristen als „Traurige, aber allezeit [sich] freuend" (2Kor 6,10). In einem seiner Briefe sagt er, dass der Unglaube seiner Landsleute in ihm „große Traurigkeit und unaufhörlichen Schmerz" hervorruft (Röm 9,2-3), während er seine Leser in einem anderen Brief auffordert, sich stets zu freuen (Phil 4,4), und ihnen kurz danach versichert, dass der Friede Gottes unsere Herzen und Gedanken in Christus Jesus bewahrt, wenn wir unsere Sorgen im Gebet zu Gott bringen (Phil 4,7).

Aber was ist mit Zeiten tiefer Trauer, zum Beispiel nach dem Verlust eines geliebten Mitchristen? Auch dann! Paulus ermutigt die Gläubigen in Thessalonich, die jemanden verloren haben, indem er auf das Geborgensein der in Christus Entschlafenen hinweist, „damit ihr nicht betrübt seid wie die Übrigen, die keine Hoffnung haben" (1Thes 4,13). Bitte versteh das nicht falsch. Christen trauern trotzdem – manchmal sogar sehr. Aber unsere Trauer ist anders als die der Menschen, die nicht in Christus sind. Wir trauern *mit Hoffnung*.

Es gibt einen tiefen Frieden, der nicht von unseren augenblicklichen Emotionen abhängig ist. Für die, die Christus persönlich kennen, ist dieser Friede in ihrem *In-Christus-Sein* begründet. Gott ruft uns dazu auf, in der Wahrheit unseres Einsseins mit Christus Ruhe zu finden, darum zu bitten, dass der Heilige Geist uns diese Wahrheit bewusst macht, und zuzulassen, dass der Friede Jesu unsere Herzen regiert, sowohl in Bezug auf uns persönlich als auch auf die Gemeinde (Kol 3,15).

Glücklicherweise hat die Fernsehmoderatorin jetzt ihren Bericht über den Serienmörder beendet und redet nun über die jüngsten Peinlichkeiten eines berühmten Stars. Leider warte ich immer noch auf mein Auto. Aber ich bin auch dankbar, dass ich von dem Frieden erfüllt bin, den ich *in Christus* erfahren darf.

KAPITEL 63

ZUFRIEDENHEIT IN CHRISTUS

„Alles vermag ich in dem, der mich kräftigt." (Phil 4,13)

Das ist einer der bekanntesten Verse der Bibel. Man sieht ihn auf Wandbildern, Autoaufklebern, in sozialen Medien und sogar als Tattoos. Dabei interpretieren ihn die meisten von uns falsch.

In Philipper 4,13 geht es nicht um eine persönliche Fähigkeit. Der Vers ist kein Versprechen, dass du alles erreichen kannst, was du willst, wenn du groß bist und wenn du es nur genug willst. Er ist auch sicher keine Garantie, dass du einen Wettkampf gewinnen oder Erfolg im Beruf haben wirst. Eigentlich ist eher das Gegenteil der Fall. In Philipper 4,13 lebt Paulus uns Zufriedenheit in *allen* Umständen vor, ob die Dinge nun gut oder schlecht laufen. Außerdem liegt der Schwerpunkt des Verses nicht auf dir, mir oder Paulus. Der Schwerpunkt liegt auf Christus, der uns stärkt und dazu befähigt, zufrieden zu sein.

Woher ich weiß, dass der Hauptaspekt in Philipper 4,13 Zufriedenheit ist und nicht Fähigkeit? Sieh dir die vorherigen Verse an: „Ich habe gelernt, mit dem *zufrieden* zu sein, was ich habe. Ob ich nun *wenig* oder *viel* habe, ich habe gelernt, *mit jeder Situation* fertig zu werden: Ich kann *einen vollen* oder *einen leeren Magen* haben, *Überfluss* erleben oder *Mangel* leiden" (Phil 4,11-12; NLB).

Und kurz nachdem Paulus über seine Zufriedenheit referiert hat, die nicht von den Umständen abhängt, schreibt er: „Alles vermag ich in dem, der mich kräftigt" (Phil 4,13). Dass Paulus sich in diesem bekannten Vers auf Zufriedenheit bezieht, wird auch durch den darauffolgenden Vers bestätigt: „Aber es war trotzdem richtig von euch, mir in meiner jetzigen schwierigen Lage zu helfen" (Phil 4,14). Paulus bedankt sich bei den Philippern dafür, dass sie ihn während seiner Leiden finanziell unterstützt haben. Er ist an einen Wachmann gekettet und auf andere Menschen angewiesen, die ihn mit Essen und Kleidung versorgen. Philipper 4,13 kann daher gar nicht von einer persönlichen Fähigkeit bzw. von persönlichem Erfolg handeln; es kann darin nur um Zufriedenheit in allen Lebenslagen gehen, auch wenn diese Lebenslagen Ketten beinhalten. Paulus will also vermitteln, dass er durch Christus fähig ist, trotz aller Umstände zufrieden zu sein. Egal, wie schwer es ist. Egal, ob es rund läuft oder nicht. Paulus ist zufrieden. Und das kannst du auch sein – egal, in welcher Situation.

Aber woher kommt diese Zufriedenheit? Diese Frage ist sehr persönlich, da es uns oft schwerfällt, zufrieden zu sein. Mir selbst auch. Wenn das Leben schwer ist, sehne ich mich nach einem Ausweg. Wenn alles in Ordnung ist, wünsche ich mir, dass es besser wäre. Und wenn es gut läuft, will ich, dass es großartig läuft, denn gut reicht mir nicht. Es ist erbärmlich! Wer wird mich aus dieser Unzufriedenheit befreien?

Dank sei Gott durch Jesus Christus, unseren Herrn! Der einzige, der *wirklich* einzige Weg, um von diesem permanenten Verlangen nach mehr, nach Komfort und Bequemlichkeit loszukommen, ist „in dem, der mich kräftigt" (Phil 4,13). Was für eine erstaunliche Bestätigung unseres Glaubens! Wenn wir uns auf Christus verlassen, egal, ob unsere Umstände leicht oder schwer sind, dann stärkt und befähigt er uns, durchzuhalten, Ruhe zu finden, zu jubeln und standhaft und zufrieden zu sein.

Lieber Bruder, liebe Schwester, ist dein Leben von Zufriedenheit geprägt? Sind Ruhe und Vertrauen in allen Situationen Merkmale deines Lebens? Hast du gelernt, auch in Widrigkeiten zufrieden zu sein? Wenn du merkst, dass Gott dich zu einem Leben in tieferer Zufriedenheit beruft, lass mich dich ermutigen, dich auf die Wahrheit zu stützen, dass du *in Christus* bist. Tiefe Zufriedenheit in allen Höhen und Tiefen des Lebens kannst du nur erreichen, wenn du dich auf dein Einssein mit Christus besinnst. Du wirst erleben, wie Jesus dich befähigt, zu jeder Zeit zufrieden zu sein, wenn du in der Wahrheit ruhst, dass du, was auch passiert, *in Christus* bist.

KAPITEL 64

BEDÜRFNISSE ERFÜLLT IN CHRISTUS

„Mein Gott aber wird alles, wessen ihr bedürft, erfüllen nach seinem Reichtum in Herrlichkeit in Christus Jesus." (Phil 4,19)

In Philipper 4,19 heißt es nicht, dass Gott dir alles geben wird, was du *willst.* Der Vers besagt auch nicht, dass Gott dir alles geben wird, von dem du *denkst,* dass du es brauchst. Er sagt noch nicht einmal aus, dass Gott dir alles geben wird, von dem die Gesellschaft denkt, dass du es brauchst.

Der Vers bedeutet, dass Gott uns „nach seinem Reichtum in Herrlichkeit in Christus Jesus" alles geben wird, was wir brauchen. Das bedeutet, dass Gott dir alles, von dem *er* weiß, dass du es brauchst, zur Verfügung stellt, indem er aus seinen ungeheuren Reichtümern schöpft. Aber wie bekommen wir Zugang zu diesen Reichtümern? Der Vers gibt uns die Antwort: „in Christus Jesus". Du kannst auf Gottes Reichtümer zurückgreifen, weil du mit Christus verbunden bist.

Das bedeutet, dass es niemals dazu kommen wird, dass Gott die Bedürfnisse seines Kindes nicht in Jesus stillen wird. Auch wenn du nicht das bekommst, das du zu brauchen meinst, auch wenn du leidest oder stirbst, kannst du vollkommen zuversichtlich sein, dass Gott weiß, was du wirklich brauchst, und es dir geben wird.

Während meiner ersten drei Jahre als Professor am College, stand ich in der Hierarchie der Fakultät ganz unten – mit einem entsprechend niedrigen Gehalt. Trotz unseres bescheidenen Lebensstils konnten wir allein mit meinem Gehalt die finanziellen Bedürfnisse unserer kleinen Familie mit (zu der Zeit) vier Kindern im teuren New York nicht decken. Und das, obwohl wir während unserer Studienzeit und unseres Diensts im Ausland gelernt hatten, in sehr einfachen Verhältnissen zu leben. In dieser Zeit waren wir ganz und gar von Gottes Versorgung abhängig.

Und dann setzten die überströmenden Segnungen ein. Es waren so viele Segnungen, dass Trudi auf den letzten Seiten ihres Tagebuchs eine Liste anlegte, um den Überblick zu behalten. So fanden wir am Straßenrand einen Sessel für unser Wohnzimmer, eine Kommode für eine meiner Töchter und sogar ein Paar brandneue Wanderschuhe, die eine meiner Töchter ganze drei Jahre in Schnee und Matsch tragen konnte. Viele unserer Bedürfnisse wurden auch durch großzügige Mitchristen gedeckt: ein gebrauchter Wintermantel, den ich schlussendlich länger trug, als ich es hier aufschreiben will, einen Rasenmäher, ganze Säcke voll gebrauchter Kleidung für unsere Töchter und einen anonymen Scheck über 1500 Dollar von „Freunden" am College, die das, was wir taten, unterstützen wollten. Einmal fiel mir in einem Laden auf, dass ein Laubgebläse im Wert von 80 Dollar fälschlicherweise mit einem 9-Dollar-Schild etikettiert war. Als ich den Verantwortlichen darauf hinwies, verkaufte er ihn mir trotzdem für 9 Dollar! Eine unserer Schwierigkeiten bestand auch darin, Geburtstagsgeschenke für Schulfreundinnen unserer Töchter zu bezahlen, die sie zu ihren Geburtstagsfeiern einluden. Eines Tages brachte ein älteres Fakultätsmitglied eine Box mit ungefähr 50 Kuscheltieren bei uns vorbei. Sie kamen direkt aus der Fabrik – mit Etikett und allem Drum und Dran. Danach hatten unsere Töchter immer passende Geschenke für Kindergeburtstage. (Keine Sorge, unsere Töchter durften sich auch selbst Kuscheltiere aussuchen!)

Ganz ehrlich: Gott hat auf dieser finanziellen Durststrecke deutlich mehr getan, als nur unsere Bedürfnisse zu erfüllen. Er erinnerte uns fast wöchentlich daran, dass er „in Christus Jesus" für uns da war und uns versorgte, wenn wir etwas wirklich brauchten. Er lehrte uns aufs Neue, darauf zu vertrauen, dass Jesus derjenige ist, in dem alle Bedürfnisse erfüllt werden. Wir erlebten, dass wir Zugang zu den überfließenden Reichtümern unseres herrlichen Gottes haben, weil wir mit Jesus verbunden sind. Wann immer wir etwas brauchten - nicht wünschten oder zu brauchen meinten –, hatte Gott die umfassenden Ressourcen, um dieses Bedürfnis zu erfüllen. Wie er uns versorgt? Nach dem Reichtum seiner Herrlichkeit *in Christus*.

KAPITEL 65

IN CHRISTUS WANDELN

„Wie ihr nun den Christus Jesus, den Herrn, empfangen habt, so wandelt in ihm." (Kol 2,6)

Zu Fuß unterwegs sein ist ein wichtiger Teil meines Lebens. Und das, obwohl man in Südkalifornien ohne Auto kaum eine Chance hat, irgendwohin zu kommen. Ich gehe einfach gerne. Ich gehe zum Unterricht und zu Terminen am Campus der Universität, an der ich angestellt bin. 18 Jahre lang ging ich zu Fuß zur Arbeit und wieder zurück, da ich jeweils relativ nah an den Universitäten wohnte, an denen ich in Vollzeit unterrichtete. Während unserer Zeit in Übersee hatten meine Frau und ich noch nicht einmal ein Auto; jedes Mal waren wir auf einen Bus, ein Sammeltaxi, ein Boot oder einen Zug angewiesen – oder wir gingen zu Fuß. Das taten wir am häufigsten. Aber die wichtigsten Spaziergänge in meinem Leben fanden frühmorgens statt, wenn ich betete. Beim Beten zu gehen tut mir gut. Das Gehen ist sogar meine Lieblingsgebetshaltung. Es hält mich wach und fördert meine Konzentration. Doch nach mehr als 30 Jahren, in denen ich zum Gebet spazieren gegangen bin, denke ich nun nicht mehr nur über die Wichtigkeit des Gebets nach, sondern auch über die Bedeutung von Paulus' Metapher vom Gehen bzw. „Wandeln" als Beschreibung des christlichen Lebens.

Das christliche Leben ist kein gehetztes Von-Termin-zu-Termin-Eilen, es ist auch nicht das Herumliegen am Pool in einem Hotel. Das normale Tempo des christlichen Lebens ist ein strammer Gang. Kein

Bummeln, sondern ein zielstrebiges Voranschreiten. Auch nicht das olympische Gehen, das wir alle vier Jahre am Bildschirm sehen können (und bei dem es noch nicht einmal erlaubt ist, zwischenzeitlich zu laufen – obwohl man doch erst dann schnell genug ist, um ein Rennen zu gewinnen). Zugegeben, es gibt auch andere Metaphern, die das christliche Leben beschreiben. Es gibt Zeiten in unserem Leben, in denen wir rennen müssen, und andere, in denen wir uns ausruhen müssen. Aber das Gehen ist eine von Paulus' Lieblingsworten, um das *Leben in Christus* zu beschreiben. Das griechische Wort für „gehen" bzw. „wandeln" benutzt er immerhin 32-mal!

Aber Paulus sagt nicht: „Just do it" (Mach's einfach), wie ein bekannter Sportschuhhersteller den Weg zum sportlichen Erfolg beschreibt. Paulus formuliert es ganz anders: „Wie ihr nun den Christus Jesus, den Herrn, empfangen habt, so wandelt in ihm" (Kol 2,6). Ich hoffe inständig, dass du inzwischen jedes Mal, wenn du in der Bibel die Worte „in Christus" oder „in ihm" liest, eine kurze Denkpause einlegst. In diesem Vers heißt es nicht: „Du hast Christus empfangen. Jetzt leb es aus." Was Paulus sagt, ist: „Wie du Christus empfangen hast, lebe *in ihm.*"

Du kannst dir diese Verbindung zu Christus so vorstellen, dass Jesus bei deinen täglichen Aktivitäten neben dir hergeht. Es ist sogar sehr sinnvoll, dir dies vorzustellen, da Jesus tatsächlich durch seinen Geist bei dir ist! Wenn du also morgens aus dem Haus gehst, stell dir vor, dass Jesus neben dir hergeht. Wenn du an deiner Schule oder Arbeitsstelle ankommst, ist er bei dir. Wenn du zum Gottesdienst gehst, wartet er nicht drinnen ungeduldig darauf, dass du sein Haus betrittst. Er geht mit dir zur Tür, öffnet sie für dich, begleitet dich zum Platz und setzt sich neben dich. Wenn du gerade ein verletzendes Gespräch hinter dir hast, in dem dich jemand zu Unrecht angefahren hat, ist Jesus bei dir. Er war da, als du beschimpft wurdest, und er ist jetzt bei dir, während du innerlich verletzt weggehst. Wenn du durch ein Einkaufszentrum schlenderst und es sich trotz der Menschenmengen so anfühlt, als gingest du alleine, und du versuchst, dieses Gefühl der Einsamkeit loszuwerden, dann bist du in Wirklichkeit nicht alleine, denn Jesus geht mit dir.

Das Allerwichtigste, was du in deinem gesamten Leben gemacht hast, war, Jesus zu empfangen. Das Zweitwichtigste, was du jemals tun wirst, ist zu lernen, *in Christus* zu wandeln.

KAPITEL 66

CHRISTUS, DEIN LEBEN

„Christus, euer Leben." (Kol 3,4)

„Denn das Leben ist für mich Christus und das Sterben Gewinn." (Phil 1,21)

„Und alles, was ihr tut, im Wort oder im Werk, alles tut im Namen des Herrn Jesus." (Kol 3,17)

„... der wird euch erinnern an meine Wege in Christus." (1Kor 4,17)

„Was wollen Sie im Leben erreichen?", fragte mich die Personalchefin. Sie machte einen recht entspannten Eindruck, als sie mir diese Frage stellte, aber ich merkte, dass sie fest entschlossen war, herauszufinden, wer ich war. Wir führten ein Bewerbungsgespräch für einen Aushilfsjob in einem nahegelegenen Kaufhaus während meiner Semesterferien. Daher wollte sie sich über meine bisherigen (recht dürftigen) Arbeitserfahrungen erkundigen, versuchen, meinen Charakter einzuschätzen, und feststellen, ob ich der Richtige für den Job war. Am nächsten Tag bot sie mir einen Teilzeitjob an, den ich jedoch ablehnte, als sich mir eine bessere Alternative, nämlich ein Vollzeitjob bei einem Elektronikkonzern, auftat. Doch die Frage aus dem Bewerbungsgespräch beschäftigte mich noch eine ganze Weile.

Kürzlich unterhielt ich mich mit einer schon etwas älteren Dame, die sich eine „Bucket List", also eine Liste mit all den Dingen, die sie bis zu ihrem Lebensende noch tun wollte, geschrieben hatte. In dem Gespräch stellte sich heraus, dass auf dieser Liste vor allem Orte standen, die sie noch besuchen wollte, und aufregende Aktivitäten, die sie noch erleben wollte. Aber nichts deutete darauf hin, dass Jesus der Mittelpunkt ihrer Liste war – oder dass er überhaupt irgendwo auf der Liste auftauchte. Dieses Gespräch ging mir in letzter Zeit des Öfteren durch den Kopf.

Was ist das Leben? Paulus' Antwort auf diese Frage in Kolosser 3,4 ist offensichtlich: „Wenn der Christus, euer Leben, offenbart werden wird, dann werdet auch ihr mit ihm offenbart werden in Herrlichkeit." Die Reihenfolge des griechischen Satzes lautet: „Wenn der Christus offenbart werden wird, euer Leben, dann werdet auch ihr mit ihm offenbart werden in Herrlichkeit." Bei dieser ursprünglichen Reihenfolge tritt der Einschub, mit dem Paulus seinen Gedankengang über die Wiederkunft Jesu unterbricht, noch deutlicher hervor. Damit betont er: *Christus ist dein Leben.*

Als Paulus über die gar nicht so unwahrscheinliche Möglichkeit nachdachte, dass seine Haft in Rom mit dem Tod enden könnte, schrieb er: „Denn das Leben ist für mich Christus und das Sterben Gewinn" (Phil 1,21). Häufig übersehen wir die Worte „für mich", weil wir uns auf die Aussage konzentrieren, dass wir nach unserem Tod in den Himmel kommen. Aber wir sollten diese beiden Worte nicht außer Acht lassen, denn mit ihnen deutet Paulus an, wie persönlich die Aussage, die er trifft, für ihn ist: „Das Leben ist für mich Christus." Paulus spricht ganz offen aus, dass der einzige Grund, warum er lebt, Christus ist!

Ein so auf Christus ausgerichtetes Dasein ist kein geistlicher Höhenflug. Es betrifft das tägliche Leben. Paulus erinnert die Gläubigen in Korinth ganz nebenbei an „seine Wege in Christus“ (1Kor 4,17). Die Kolosser ermutigt er, *alles,* was sie tun, im Namen des Herrn Jesus zu tun. Um zu verdeutlichen, dass er wirklich „alles“, also deren Reden und Handeln, meint, ergänzt er noch: „im Wort oder im Werk“ (Kol 3,17).

Nun stelle ich *dir* die Frage: Was willst du im Leben erreichen? Oder vielleicht sollte ich es lieber so formulieren: Was steht auf deiner „Bucket-List“? Wie wäre es mit genau *einem* entscheidenden Punkt? *Ich möchte mein Leben voll und ganz für Jesus leben.* Schreibe das auf ein Stück Papier und bewahre es auf. Oder noch besser: Nimm dir einen Filzstift und schreibe dick und fett auf: „Für mich ist Christus das Leben.“ Und dann ergänze die Liste nur noch, wenn das, was du hinzufügen willst, mit deinem übergeordneten Lebensziel, nämlich in, durch und für Christus zu leben, vereinbar ist.

Herauszufinden, wie andere Aktivitäten zu deinem Lebensziel passen, erfordert Zeit im Gebet, Beschäftigung mit dem Wort Gottes und den Rat von anderen Menschen, deren Lebensmittelpunkt Christus ist. Aber die Mühe lohnt sich. Dein Leben *ist* Christus und alles andere ist nebensächlich für solche, die *in Christus* sind.

KAPITEL 67

STERBEN IN CHRISTUS

„Denn wenn wir glauben, dass Jesus gestorben und auferstanden ist, wird auch Gott ebenso die Entschlafenen durch Jesus mit ihm bringen." (1Thes 4,14)

„... und die Toten in Christus werden zuerst auferstehen." (1Thes 4,16)

Was ist der Unterschied zwischen dem Sterben in Christus und dem Sterben ohne Christus? Paulus schrieb ein paar hilfreiche Worte an die Thessalonicher, die sich offenkundig Sorgen über das Schicksal der Christen machten, die vor der Wiederkunft Christi gestorben waren. Paulus versicherte diesen Gläubigen, dass „die Entschlafenen" so wie einst Jesus durch Gott auferweckt werden würden. Er fügte hinzu, dass jeder, der „in Christus" gestorben war, wiederauferstehen würde (1Thes 4,14.16).[18] Er versicherte den Christen in Thessalonich – und auch uns –, dass diejenigen, die in Christus sind, zu einem zukünftigen Leben mit ihm auferweckt werden.

Als ich ein junger Mann war, hatte ich eines Nachts einen lebhaften Traum. Ich arbeitete als Seemann auf einem Dock, so wie ich es mir immer bei Pearl Harbor auf Hawaii vorstellte. Plötzlich war der Horizont voll mit Flugzeugen, und um mich herum begannen Bomben zu explodieren. Ich suchte nach einem Versteck, aber ich fand keins. Ich war dem Feind völlig ausgeliefert. Ein angreifendes Flugzeug flog im Sturzflug direkt auf mich zu und feuerte drauflos.

In diesem Moment wusste ich, dass ich sterben würde. Ich war mir sicher, dass mein Leben nun zu Ende war.

Aber es gibt einen Grund, warum dieser Traum für mich bis heute bedeutsam ist und warum ich ihn nie vergessen habe: In dem Moment, als ich wusste, dass ich sterben würde, wusste ich auch, dass ich bereit war zu sterben. Ich war mir sicher, dass ich *in Christus* sterben und eines Tages *mit ihm* auferweckt werde, wenn eine Kugel mein Herz durchbohrt, eine Bombe mich in Stücke zerreißt oder ein abstürzendes Flugzeug mich unter sich begräbt. In diesem Moment wusste ich, dass ich die Ewigkeit mit meinem Herrn und Erlöser verbringen und ihn sehen werde, wonach ich mich schon mein ganzes Leben lang gesehnt habe. Nichts so Triviales wie eine Kugel oder eine Bombe könnte mich daran hindern. Der Tod, der große Feind der Menschheit, kann daran nichts ändern. Ich bin in Christus. Ich wusste, dass ich in Christus war. Und deshalb hatte ich keine Angst vor dem Tod.

Was ist also der Unterschied zwischen dem Sterben in Christus und dem Sterben ohne Christus? Die Bibel lehrt, dass jeder, der in Christus stirbt, keinen Grund hat, den Tod zu fürchten (Hebr 2,15). Wer in Christus stirbt, kann sich sicher sein, dass er seine Brüder und Schwestern im Herrn wiedersehen wird – und im Verhältnis zur Länge der Ewigkeit wird dieser Tag relativ bald kommen! Wer in Christus stirbt, kann getröstet sein, dass sein Leben untrennbar mit dem verbunden ist, der ihn am Ende seiner Leiden zu einem Ort der Ruhe bringen wird. Wer in Christus stirbt, kann sich sicher sein, dass Jesus während seines gesamten Todeskampfes anwesend sein wird, egal, wie beunruhigend, langwierig oder schmerzhaft er sein wird.

Wenn du wirklich *in Christus* bist – und das hoffe ich inständig –, dann hast du allen Grund zur Hoffnung, während du dich dem Tod, der jeden erwartet, Tag für Tag ein Stückchen mehr näherst. Du warst vor deinem Tod mit Christus verbunden, du bist mit Christus verbunden, wenn dein Tod naht, und du wirst auch nach deinem Tod für immer bei ihm sein. Jesus, der dein ganzen Leben lang bei dir war, wird auch noch bei dir sein, wenn du stirbst. Das hast du einzig und allein der Tatsache zu verdanken, dass du *in Christus* bist.

GEMEINDE UND MISSION IN CHRISTUS

KAPITEL 68

EIN LEIB IN CHRISTUS

„... so sind wir, die vielen, ein Leib in Christus." (Röm 12,5)

„Denn ein Brot, ein Leib sind wir, die vielen, denn wir alle nehmen teil an dem einen Brot." (1Kor 10,17)

„Ihr aber seid Christi Leib." (1Kor 12,27)

„Und er ist das Haupt des Leibes, der Gemeinde." (Kol 1,18)

„... zu dem ihr auch berufen worden seid in einem Leib." (Kol 3,15)

Ein Mann lebt auf einer einsamen Insel, wo er Jahre zuvor Schiffbruch erlitten hat. Schließlich findet ihn ein Schiff und rettet ihn. Bevor das Schiff wieder in See sticht, möchte der Mann der Crew die Insel zeigen. Als der Kapitän drei Hütten bemerkt, fragt er den Mann: „Wofür ist die erste Hütte?"

„Das ist mein Haus", antwortet der Mann.

„Wofür ist die zweite?", fragt der Kapitän weiter.

„Das ist meine Kirche."

„Und wofür ist die dritte Hütte?", hakt der Kapitän ein letztes Mal nach.

„Oh ... die da?", antwortet der Mann, „Das ist die Kirche, in die ich früher gegangen bin."

Warum bringt uns diese Geschichte dazu, etwas verlegen zu schmunzeln? Es liegt daran, dass es sich einfach *falsch* anfühlt. Sollten wir nicht zusammenhalten, statt getrennt zu sein? Sind wir nicht ein Leib in Christus?

Der Apostel Paulus bezeichnete Christen häufig als einen Leib. Also, als *einen* Leib, nicht zwei oder drei ... oder 33 000. (Das ist die Anzahl der verschiedenen christlichen Denominationen, die in der *World Christian Encyclopedia* aufgelistet sind!)

Wo wir gerade von verschiedenen Denominationen sprechen – vielleicht sollten wir einmal darüber nachdenken, wie wir das Problem so vieler christlicher Gruppierungen lösen könnten. Als ein schlagfertiger Professor darauf angesprochen wurde, scherzte er: „Verlass deine Gemeinde und komm in meine." Die Wahrheit ist, dass es leichter ist, sich an die Hand zu nehmen und Lieder über Einheit zu singen, als unsere Differenzen aus dem Weg zu räumen. Manche Differenzen lassen sich nur schwer überwinden. Es gibt sogar Differenzen, die wir sehr wohl zum Anlass nehmen *sollten*, uns von anderen Christen zu trennen. Um zu wissen, wie aktiv wir nach Einheit streben sollten, müssen wir uns bewusst machen, welchen Stellenwert eine möglicherweise trennende Frage einnimmt. Ist Jesus von den Toten auferstanden? Auf jeden Fall. Diese Botschaft vermittelt die Bibel eindeutig und mit Nachdruck. Du bist anderer Meinung? Dann haben wir leider keine andere Wahl, als getrennte Wege zu gehen, zumindest was die *christliche* Gemeinschaft anbelangt.

Auch wenn wir uns eingestehen müssen, dass eine Trennung manchmal unvermeidbar ist, fordert uns die Bibel auf, beharrlich nach Einheit zu streben. Diese Einheit basiert auf unserer gemeinsamen Verbindung zu Jesus. Wir wollen uns nicht aufgrund von Kleinigkeiten trennen, wie zum Beispiel wegen der Frage, ob wir vor dem Gottesdienst Kaffee anbieten oder welche Farbe die Wände im Versammlungsraum haben sollten. Am problematischsten sind meiner Erfahrung nach Differenzen, die in Bezug auf Lehre und Gemeindepraxis von mittlerer Bedeutung sind und von jeder Gemeinde für sich entschieden werden müssen.

Die Bibel ermahnt uns, danach zu eifern, die Einheit zu bewahren (Eph 4,3). Praktische Einheit basiert auf der unumstößlichen Wahrheit, dass jeder, der in Christus ist, untrennbar mit jedem anderen Gläubigen in Christus verbunden ist – egal, wo der andere Gläubige wohnt oder was für eine Gemeinde er besucht.

Eine Sache, die ich an internationalen Reisen liebe, ist, dass ich regelmäßig erstaunt bin, wie sehr wir in Christus vereint sind. Einmal habe ich diese Einheit mit einem koreanischen Mann genossen, den ich auf einem Schiff im Ägäischen Meer traf. Er konnte kein Englisch und ich kein Koreanisch – doch wir erlebten unsere Einheit in Christus, indem wir unsere Bibeln aufschlugen und auf Verse zeigten, die wir liebten. Wir beteten sogar füreinander in unserer jeweiligen Sprache, bevor wir uns wieder verabschiedeten. Wir spürten und teilten geistliche Einheit, die allein auf unserer Gemeinschaft mit Christus gegründet war.

Lasst uns nach Einheit untereinander streben, denn wir sind ein Leib *in Christus*.

KAPITEL 69

GEMEINDEN IN CHRISTUS

„Ich war aber den Gemeinden in Judäa, die in Christus sind, von Angesicht unbekannt." (Gal 1,22)

„… der Gemeinde der Thessalonicher in Gott, dem Vater, und dem Herrn Jesus Christus." (1Thes 1,1)

„Denn, Brüder, ihr seid Nachahmer der Gemeinden Gottes geworden, die in Judäa sind in Christus Jesus." (1Thes 2,14)

Ich unterrichte an einer christlichen Universität. Einige meiner Studenten denken, dass sie nicht mehr Teil einer Gemeinde sein müssen, die sie sonntags besuchen, da sie schon montags bis freitags an Vorlesungen und Kursen zu biblischen Themen teilnehmen. Liegen sie da richtig?

Was ist eine Gemeinde? Wenn wir Paulus fragen würden, würde seine Antwort zusammengefasst etwa so lauten: Eine Gemeinde ist ein Zusammenschluss von Menschen, die „in Christus" sind. Gründend auf dieser vereinfachten Definition wäre die christliche Universität, an der ich angestellt bin, eine Gemeinde, da die Fakultät, die Mitarbeiter und die Studenten sich zu Christus bekennen. Ist das alles oder steckt noch mehr dahinter?

Paulus würde antworten: „Ja und Nein." Auf der einen Seite setzt sich die Gemeinde laut Paulus aus all denen zusammen, die Christus kennen, unabhängig davon, wo sie leben (Eph 1,22; 5,25). Das bedeutet, dass es jedes Mal, wenn sich Christen treffen, ein Ausdruck der Einheit der weltweiten Gemeinde ist. Aber wir sollten nicht vergessen, dass Paulus sich in seinen Briefen stets an bestimmte Gruppen von Christen wendet, die sich treffen, um gemeinsam Gott anzubeten, sein Wort zu studieren und das Brot zu brechen. Solche örtlichen Gemeinden werden von Paulus als „in Christus" beschrieben. Zum Beispiel schreibt er von „den Gemeinden [Plural] in Judäa, die in Christus sind" (Gal 1,22; vgl. 1Thes 2,14). Außerdem richtet er sich an die Gruppe von Christen , die sich erst kurz zuvor in Thessalonich zusammengefunden haben, als „Gemeinde der Thessalonicher in Gott, dem Vater, und dem Herrn Jesus Christus" (1Thes 1,1).

Obwohl ich also mit jedem Christen weltweit tief verbunden bin, weil wir alle *in Christus* sind, sollte ich mich einer örtlichen Gemeinde anschließen und mich dort einbringen. Es ist ähnlich wie mit einem Vater, der mehr Verantwortung für die Bedürfnisse seiner nahen Verwandten trägt als für die der entfernten Verwandten, auch wenn er sie alle liebt und tut, was er kann, um für sie zu sorgen.

Hinzu kommt, dass eine örtliche Gemeinde für bestimmte Aktivitäten unerlässlich ist. Das bedeutet, dass die Studenten an meinem christlichen College (und auch ich als deren Professor) trotzdem Teil einer örtlichen Gemeinde sein sollten. Denn wohin bringe ich sonst jemanden, den ich zu Christus geführt habe, damit er im Glauben wachsen kann? Zur Universität? (Wer soll bloß all die Studiengebühren bezahlen?) Was, wenn ich vom Weg abkomme und zulasse, dass Sünde in mein Leben kommt? Wenn ich jemanden brauche, der mich damit konfrontiert – oder mich sogar maßregelt – und mich danach wieder erbaut, wenn ich Buße tue? Mit wem soll ich regelmäßig das Abendmahl teilen, wenn nicht mit den Mitgliedern meiner Gemeinde vor Ort? Wie soll ich von älteren und jüngeren Christen lernen und mir die blinden Flecken aufzeigen lassen, die in meiner

Generation auftreten, wenn ich nicht Teil einer örtlichen Gemeinde bin? Wie kann ich langfristig die Missionsarbeit in anderen Ländern fördern, wenn ich nicht mit anderen Christen verbunden bin, die Gottes Werk in der Welt unterstützen?

Meine Frau und ich sind während unserer ersten Ehejahre aufgrund von Ausbildung, Arbeit und Aufgaben, zu denen Gott uns berufen hatte, häufig umgezogen. Jedes Mal, wenn wir neu in eine Stadt kamen, war unser erster Arbeitsgang, uns mit einer örtlichen Gemeinde in Verbindung zu setzen. So waren wir im Laufe unserer gemeinsamen Ehejahre eng mit zehn verschiedenen Gemeinden verbunden. Ja, die Gemeinde Gottes gibt es auf der ganzen Welt. Aber sie ist auch ein ortsbezogener Ausdruck von Gottes Herrschaft über sein Volk. Wir sind nicht einfach nur Einzelpersonen, die in einem Weltmeer von Gläubigen schwimmen – wir sind Schwärme von Christen, die überall auf der Welt gemeinsam ihr *In-Christus-Sein* leben. Wir sind Gemeinden *in Christus.*

KAPITEL 70

KEIN UNTERSCHIED IN CHRISTUS

„Denn es ist kein Unterschied zwischen Jude und Grieche, denn er ist Herr über alle, und er ist reich für alle, die ihn anrufen." (Röm 10,12)

„Da ist nicht Jude noch Grieche, da ist nicht Sklave noch Freier, da ist nicht Mann und Frau; denn ihr alle seid einer in Christus Jesus." (Gal 3,28)

„Da ist weder Grieche noch Jude, Beschneidung noch Unbeschnittensein, Barbar, Skythe, Sklave, Freier, sondern Christus alles und in allen." (Kol 3,11)

Ich beginne damit, dieses Kapitel zu schreiben, nachdem ich gerade von einer offiziellen Veranstaltung an meiner Universität zurückgekommen bin. Der Universitätspräsident hat den gesamten Campus zu einer Versammlung zusammengerufen, damit wir gemeinsam über die Ungerechtigkeit, Ausgrenzung, Isolation und teilweise auch Feindseligkeit nachdenken, mit denen Farbige in unserer Gesellschaft und manchmal sogar in unserem christlichen Umfeld konfrontiert sind. Der Anlass für diese Versammlung war, dass vor einigen Wochen jemand die hochgradig gefühlslose Entscheidung getroffen hatte, ein Hakenkreuz auf die Tür eines Zimmers im Wohnheim zu malen, das sich zwei Studenten, ein Schwarzer und ein Weißer, teilten. Soweit ich weiß, wurde der Täter nicht ermittelt, aber dieses Geschehnis erinnerte uns daran, dass Menschen in dem Land, in dem sie leben – wenn sie nicht zu einer ethnischen Mehrheit gehören –, häufig ausgegrenzt und ungerecht behandelt werden, viel häufiger, als den meisten von uns bewusst ist.

Während der Versammlung trat eine Studentin ans Mikrofon und äußerte ihr schmerzliches Bedauern über das Klima an unserer Universität, einem Ort, der ihr sehr ans Herz gewachsen war. Sie redete über etwas, das ihr aufgefallen war: Aufgrund ihrer Hautfarbe wurde sie manchmal anders behandelt als andere Student(inn)en. Eine Aussage traf mich besonders: „Ich wusste, dass ich zum Leib Christi gehörte; aber es fühlte sich an, als sei ich eine andere *Art* von Körperteil. Alle waren Hände, Füße oder Augen, doch ich war anders – eher wie eine Narbe." Es betrübte mich zutiefst, dass eine meiner Schwestern in Christus sich so fühlte! Auch wenn wir in Christus ein Leib sind, so wird manchen von uns das Gefühl vermittelt, nur minderwertige Glieder des Leibes zu sein.

Aber die Bibel erklärt, dass es *in Christus* keinen Unterschied gibt. Wir teilen alle dasselbe Ansehen vor Gott. Wir sind Geschwister im Glauben. Wir alle haben denselben Vater.

Viele von euch, die das jetzt lesen (wenn auch nicht alle), sind vermutlich in einer homogenen Kultur aufgewachsen, in der die Menschen um sie herum so aussehen wie sie, so reden wie sie, dasselbe kulturelle Erbe teilen und dieselben Privilegien genießen, die unweigerlich damit einhergehen, dass man dazugehört. Was einen konstruktiven Dialog über dieses Thema so schwer macht, ist, dass eine Person, die als Mitglied einer Mehrheitskultur aufgewachsen ist, häufig nicht weiß, wie es sich anfühlt, zu einer Minderheit zu gehören. Ich habe schon des Öfteren zu meiner Frau gesagt, dass wir alle einmal einen Teil unseres Lebens als Fremde verbringen müssten! Nur in einem fremden Umfeld fallen uns all die Dinge auf, die wir als für jeden zugänglich betrachten, die es in Wahrheit aber gar nicht sind.

Natürlich können wir nicht erwarten, dass jeder einmal einen längeren Zeitraum als einer Minderheit zugehörig lebt, aber ich möchte uns dazu auffordern, dass wir uns alle Mühe geben, uns immer wieder daran zu erinnern: Wir sind als Brüder und Schwestern *in Christus* vor Gott alle gleich, unabhängig von unserem ethnischen und kulturellen Hintergrund. Wir müssen uns aktiv bemühen, Beziehungen zu Menschen aufzubauen, die in einer anderen Kultur aufgewachsen sind als wir selbst, auch wenn es zweifellos auch Schwierigkeiten mit sich bringt. Wir sind *in Christus* vereint; wir sind Brüder und Schwestern *in Christus.* Es gibt keinen Unterschied in unserer Stellung vor Gott, weil wir *in Christus* sind.

KAPITEL 71

AUFGABEN DES DIENSTES IN CHRISTUS

„Denn wie wir in einem Leib viele Glieder haben, aber die Glieder nicht alle dieselbe Tätigkeit haben, so sind wir, die vielen, ein Leib in Christus, einzeln aber Glieder voneinander." (Röm 12,4-5)

„Und er hat die einen als Apostel gegeben und andere als Propheten, andere als Evangelisten, andere als Hirten und Lehrer, zur Ausrüstung der Heiligen für das Werk des Dienstes, für die Erbauung des Leibes Christi." (Eph 4,11-12)

„Damit aber auch ihr meine Umstände wisst, wie es mir geht, wird Tychikus, der geliebte Bruder und treue Diener im Herrn, euch alles berichten." (Eph 6,21)

„Und sagt Archippus: Sieh auf den Dienst, den du im Herrn empfangen hast, dass du ihn erfüllst!" (Kol 4,17)

„Ich möchte dienen. Ich weiß nur noch nicht, wo."

Ich sprach mit einem jungen Mann, der vor Kurzem in unsere Stadt gezogen war, um an unserer Universität zu studieren. Er hatte die Bedeutung des Leibes Christi verstanden und sich der Gemeinde angeschlossen, die ich besuche und in der ich diene. Da ich zu der

Zeit einer der Ältesten der Gemeinde war, sprach er mich an, um herauszufinden, wie er sich einbringen könnte.

Ich hätte ihm natürlich sagen können, er solle einfach online einen „Gaben-Test“ machen und dann wiederkommen, wenn er seine Gaben herausgefunden hätte. Aber das hätte wohl nicht funktioniert, da es in der Bibel keinen „Präzedenzfall“ für ein solches Verfahren gibt. Paulus ermutigte seine Mitmenschen nie dazu, ihre individuellen Fähigkeiten zu entdecken, damit sie diese im Dienst nutzen konnten. Nebenbei bemerkt bezieht sich Paulus mit „Gaben“ ohnehin nicht auf Fähigkeiten. Paulus will, dass Christen sich bewusst sind, dass Gott jedem Gläubigen eine bestimmte Funktion zugewiesen hat, die der Erbauung von Christi Leib dient.

In den letzten Kapiteln haben wir uns damit beschäftigt, was es heißt, ein Leib in Christus zu sein. Wir haben uns auf unsere Gemeinschaft in Christus konzentriert. In diesem Kapitel möchte ich auf unsere individuellen Aufgaben des Dienstes eingehen, die jedem von uns durch unser *In-Christus-Sein* gegeben wurden. Wir alle wurden von Gott in verschiedene Dienste berufen, die seine Gemeinde erbauen. Der Apostel Paulus konzentriert sich nicht auf die *Fähigkeiten,* solche Dienste zu übernehmen, sondern auf die *Dienste selbst.*[19] Ich brauche dich, und du brauchst mich, damit wir den Leib Christi durch unseren Dienst in unseren gottgegebenen Aufgaben stärken.

Archippus war Mitglied der Gemeinde in Kolossä. Vermutlich war er von seinem Dienst in seiner Hausgemeinde zurückgetreten. Paulus schrieb ihm dieselben Worte, die er auch dir oder mir schreiben würde, wenn wir in dieser Situation wären: „Sieh auf den Dienst, den du im Herrn empfangen hast, dass du ihn erfüllst“ (Kol 4,17). Gott hat eine oder sogar mehrere Aufgaben für dich. Das bedeutet nicht, dass diese Aufgaben sich mit der Zeit nicht verändern. Aber es bedeutet, dass Gott Dinge für dich im Sinn hat, die du tun sollst.

Bringe dich im Dienst ein. Halte Ausschau nach Möglichkeiten, bei denen Bedarf, die nötigen Fähigkeiten und deine Bereitschaft zusammenkommen – und dann fang an zu dienen. Wenn du nicht weißt, für welchen Dienst du geeignet bist, dann sprich mit einem der Leiter; ein Gemeindeleiter kann häufig dabei helfen, eine Aufgabe zu finden, bei der du effektiv dienen kannst.

Der junge Mann, der auf mich zugekommen war und mich gefragt hatte, wo er dienen könnte, diente schließlich als Mentor von jüngeren Gläubigen in der Gemeinde. Er diente. Er war ein Diener. Die Bibel sieht jeden Gläubigen als Diener an; geistliche Dienste sind nicht nur etwas für Hauptamtliche. Deswegen kann ich mit voller Überzeugung behaupten, dass du deiner Berufung ausweichst, wenn du nicht in irgendeiner Art und Weise (über einen längeren Zeitraum) eine Aufgabe in der Gemeinde übernimmst. Du verletzt deine biblische Berufung, dem Leib Christi zu dienen. Gott hat etwas Gutes mit dir vor. Er hat Pläne, wie er dich beim Bau seiner Gemeinde gebrauchen kann. Du kannst dem Leib Christi dienen – und du wurdest dazu berufen –, denn du bist *in Christus*.

KAPITEL 72

GASTFREUNDSCHAFT IN CHRISTUS

„… damit ihr sie [Phöbe] im Herrn aufnehmt, der Heiligen würdig, und ihr beisteht, worin immer sie euch braucht; denn auch sie ist vielen ein Beistand gewesen, auch mir selbst." (Röm 16,2)

„Nehmt ihn [Epaphroditus] nun auf im Herrn mit aller Freude." (Phil 2,29)

Meine Frau ist extrem gastfreundlich. Viel gastfreundlicher als ich. Zehn Jahre lang haben wir auf ihre Initiative hin während der Semester *jede* Woche *alle* meiner derzeitigen Studenten zu uns nach Hause eingeladen, um mit ihnen zu Abend zu essen und uns über geistliche Themen zu unterhalten. (Glücklicherweise standen nie alle gleichzeitig bei uns auf der Matte.) Wir haben das Ganze nun etwas zurückgeschraubt, aber wir laden zum Abendessen oder zu anderen Treffen immer noch eine Menge Gäste ein, u. a. Studenten. Ein Teil von Trudis Gastfreundschaft kommt von ihrer Nächstenliebe und ihrer Art, gerne unter Leuten zu sein. Außerdem denke ich, dass sie den Stellenwert der Gastfreundschaft besonders während unserer Zeit im Nahen Osten verinnerlicht hat, wo Gastfreundschaft einer der wichtigsten Werte ist.

Gastfreundschaft wird im Nahen Osten so sehr geschätzt, dass es Trudi und mir sogar eine Zeit lang schwerfiel herauszufinden, wie man dabei das Evangelium weitergeben kann. Wenn man in den

Vereinigten Staaten Kontakt zu einem Nachbarn aufnehmen will, besteht eine der besten Möglichkeiten darin, ihn auf ein paar Tacos oder ein gegrilltes Steak zu sich nach Hause einzuladen. Solche Einladungen sind in der amerikanischen Kultur, insbesondere in unseren Städten, so ungewöhnlich, dass die Nachbarn wahrscheinlich denken, dass man eine ungewöhnlich gastfreundliche Person ist, die ab und zu gerne Menschen zu sich nach Hause einlädt, um ihnen von Jesus zu erzählen. Aber die Gastfreundschaft eines typischen Vertreters der Länder des Nahen Ostens übersteigt die Gastfreundschaft, die die meisten amerikanischen Christen an den Tag legen, uns eingeschlossen.

Für die Menschen, denen der Apostel Paulus gedient hat – sowohl für die Juden als auch für die Griechen –, war Gastfreundschaft in etwa so wichtig wie für die Menschen im Nahen Osten heute. Aber die Christen im ersten Jahrhundert bereicherten ihre Gastfreundschaft noch durch ihre christliche Liebe, was in einer besonders freigiebigen und aufopfernden Gastfreundschaft resultierte. Kein Wunder, dass eine der Voraussetzungen für den Dienst als Aufseher (Ältester, Hirte) Gastfreundschaft ist (1Tim 3,2; Titus 1,8).

Manchmal bezieht sich Gastfreundschaft in der Bibel insbesondere auf die Sorge um Außenstehende, vor allem Bedürftige (Hebr 13,2; Jak 1,27; Mt 25,35-45). Aber die Art Gastfreundschaft, die am engsten mit dem *In-Christus-Sein* zusammenhängt, ist die Gastfreundschaft unter Christen. Sie beruht auf unserer gemeinsamen Verbindung mit Christus. Demnach geschieht es „im Herrn", wenn wir einen Bruder wie Epaphroditus bei uns aufnehmen (Phil 2,29). Oder wenn eine Phöbe in die Stadt kommt, heißen wir sie „im Herrn" willkommen. Das Tolle an Phöbe und anderen Christen wie ihr ist, dass sie selbst auch um Gastfreundschaft bemüht ist, sodass du, wenn du sie bei dir aufnimmst, irgendwann nicht mehr nur Gastfreundschaft gibst, sondern auch selbst empfängst (Röm 16,1-2).

Gastfreundschaft wurde von den ersten Christen als so wichtig angesehen, dass sie vermutlich fragen würden: „Seid ihr wirklich Christen?“, wenn sie sähen, wie viele Menschen sich in unserer Generation Christen nennen, die nicht gastfreundlich sind. Die Vorstellung, dass ein Christ *niemals* seine Türen für andere öffnet, *niemals* Essen mit jemandem teilt und *niemals* Menschen in sein warmes und gesegnetes *In-Christus*-Zuhause bringt, wäre für sie undenkbar gewesen. Ich weiß, Gastfreundschaft erfordert viel Zeit, Energie und Geld. Bei uns ist nicht nur meine Frau gastfreundlich, sondern inzwischen sind es auch meine Töchter, die den Wert der Gastfreundschaft erkannt und von ihr übernommen haben. Es sind buchstäblich schon Tausende von Menschen zum Abendessen, zur Bibelarbeit, zu feierlichen Anlässen oder einfach so zum „Abhängen“ zu uns nach Hause gekommen. Ich bin unendlich dankbar, dass Gott mir eine so gastfreundliche Frau geschenkt hat, damit auch ich lerne, gastfreundlich zu sein. Ohne sie hätte ich mein Leben wahrscheinlich damit zugebracht, im Keller einer Universitätsbibliothek in alten Büchern die Fußnoten zu lesen.

In Römer 12,13 erinnert Paulus die Gemeinde in Rom, dass sie an den Bedürfnissen der Gläubigen teilnehmen und nach Gastfreundschaft trachten soll. Paulus’ Aufforderung – an die Römer und an uns – gründet auf der Wahrheit, dass wir *in Christus* sind.

KAPITEL 73

GEISTLICHE ELTERNSCHAFT IN CHRISTUS

„Nicht um euch zu beschämen, schreibe ich dies, sondern ich ermahne euch als meine geliebten Kinder. Denn wenn ihr zehntausend Erzieher in Christus hättet, so doch nicht viele Väter; denn in Christus Jesus habe ich euch gezeugt durch das Evangelium." (1Kor 4,14-15)

„Denn die Kinder sollen nicht für die Eltern Schätze sammeln, sondern die Eltern für die Kinder. Ich will aber sehr gern alles aufwenden und mich aufopfern für eure Seelen." (2Kor 12,14-15)

„Meine Kinder, um die ich abermals Geburtswehen erleide, bis Christus in euch Gestalt gewonnen hat." (Gal 4,19)

„Ich bitte dich für mein Kind, das ich gezeugt habe in den Fesseln, Onesimus." (Phim 10)

Ich habe vier Töchter. Ja, vier! Ich liebe meine vier Töchter. Ich verbringe mehr Zeit mit ihnen als mit sonst jemandem, abgesehen von meiner Frau. Für sie stehe ich manchmal früh am Morgen auf oder bleibe bis spät in die Nacht wach. Ich wende Geld und Energie für sie auf und bete unzählige Gebete für sie. Es gibt nur wenig, was ich nicht bereit wäre, für meine wundervollen Töchter zu tun, auch wenn es große Opfer erfordern würde.

Nicht jeder, der dieses Buch liest, hat eigene Kinder großgezogen oder wird es noch tun. Aber wir alle, die wir den Namen des Herrn anrufen, sollten unsere Rollen als geistliche Eltern der Jüngeren im Glauben ernst nehmen. Manche Menschen tun dies bereits außerordentlich gut. Eine ältere Frau in meiner Gemeinde hat kürzlich eine Nachbarin zu Jesus geführt und seitdem sehr viel Zeit mit ihrer neuen geistlichen „Tochter" verbracht. Sie lesen zusammen die Bibel, lernen Bibelstellen auswendig und beten sich gemeinsam durch die Herausforderungen des neuen Lebens in Christus hindurch. Wir brauchen mehr geistliche Eltern wie diese Frau.

Als der Apostel Paulus über geistliche Elternschaft schrieb, bezog er sich manchmal auf die Geburtshilfe in die geistliche Familie Gottes hinein, also darauf, dass man andere Menschen zum Glauben an die Errettung durch Jesus Christus bringt. Zum Beispiel schrieb er darüber, wie er während seiner Gefangenschaft dem entflohenen Sklaven Onesimus zum Vater wurde, indem er ihn zum Glauben an Jesus Christus führte (Phim 10). Er erinnerte außerdem die Korinther daran, dass er ihr Vater war, weil er ihnen das Evangelium verkündet hatte (1Kor 4,15). Aber Paulus war fest entschlossen, kein „Rabenvater" zu sein, der Kinder nur in die Welt setzt und sich dann nicht mehr um sie kümmert. Stattdessen war er freigebig, begleitete sie, erzog sie, hörte ihnen zu und spielte den Vermittler. Paulus glaubte, dass geistliche Eltern dazu verpflichtet sind, sich mit aller Konsequenz für ihre Kinder einzusetzen, und schloss sich selbst damit ein: „Ich will aber sehr gern alles aufwenden und mich aufopfern für eure Seelen" (2Kor 12,14-15).

Vielleicht wäre jetzt der richtige Zeitpunkt, einmal in dich zu gehen und darüber nachzudenken, ob du momentan ein geistlicher

Vater oder eine geistliche Mutter für jemandem außerhalb deiner leiblichen Familie bist. Hast du schon geistliche Kinder zur Welt gebracht, indem du sie zu Christus führtest? Verbringst du Zeit mit Menschen, die im Glauben noch nicht so weit sind und ernährst, stützt und leitest sie? Fällt dir jemand ein, für den du zurzeit ein geistlicher Vater oder eine geistliche Mutter bist?

Du wärst erstaunt, wie viele meiner Studenten – vor allem solche, deren Eltern ihnen keinen praktischen Glauben vorgelebt haben – offen äußern, dass sie sich geistliche Eltern wünschen. Denkst du, du könntest ein Ersatzvater bzw. eine Ersatzmutter für einen Studenten sein? Oder für das Nachbarskind, das fast nie seinen Vater zu Gesicht bekommt? Oder für den Schüler in der Jugendgruppe deiner Gemeinde, der sich aktuell von seinen Eltern isoliert und jemanden braucht, der in sein Leben hineinspricht? Nimm dir einen Moment Zeit, um den Herrn zu bitten, dir zu zeigen, ob es jemanden in deiner Nähe gibt, dem du helfen kannst, im Glauben zu wachsen. Lasst uns einer nach dem anderen den Dienst der geistlichen Elternschaft *in Christus* wiederaufnehmen.

KAPITEL 74

SÜNDIGEN GEGEN CHRISTUS

„Wenn ihr aber so gegen die Brüder sündigt und ihr schwaches Gewissen verletzt, so sündigt ihr gegen Christus." (1Kor 8,12)

Wusstest du, dass du, wenn du gegen eine Glaubensschwester sündigst, nicht nur gegen sie sündigst? Bist du dir dessen bewusst, dass der Apostel Paulus lehrte: Wenn wir gegen Glaubensgeschwister sündigen, sündigen wir auch gegen Christus? Wie kam Paulus auf diese Idee?

Sie stammt nicht von ihm selbst; er hat sie von Jesus. Jesus sagte, dass es so ist, als ob wir Jesus besuchen, wenn wir jemanden im Gefängnis besuchen. Wenn wir jemandem Essen geben, der Hunger leidet, ist es, als ob wir Jesus Essen geben. Wenn wir jemandem helfen, der krank ist, ist es, als ob wir für Jesus sorgen (Mt 25,34-40). Paulus folgt schlicht und einfach der Logik von Jesu Worten: Wenn du gegen einen Bruder oder eine Schwester sündigst, dann ist es, als ob du gegen Christus sündigst.

Um genau zu sein, ist es nicht nur so, als ob. Achte einmal genauer auf die Formulierung in Matthäus 25,40: „Was ihr einem dieser meiner geringsten Brüder getan habt, habt ihr mir getan." Aufopfernder Dienst für andere ist nicht nur, als ob wir Jesus dienen. Gegen andere Christen zu sündigen ist deshalb ebenso nicht nur, als ob wir gegen Jesus sündigen. Nein, wir sündigen dann tatsächlich gegen ihn.

Wie kann das sein? Weil wir *in Christus* sind. Die Gemeinschaft mit Christus ist so grundlegend für die Identität eines Christen (denke nur einmal an die erstaunliche Wahrheit, dass Jesus Christus durch seinen Geist wirklich in jedem Christen lebt), dass eine Sünde gegen jemanden, der mit Christus verbunden ist, auch eine Sünde gegen Christus selbst ist. Was wir einem Bruder oder einer Schwester antun, tun wir Jesus an.

Paulus schrieb diese Warnung vor dem Hintergrund, dass die damaligen Christen wissen wollten, ob es in Ordnung sei, Fleisch zu essen, das zuvor den Götzen geweiht worden war, oder nicht. Stell dir vor, ein Christ, der kurz vorher noch Götzen angebetet hat, sieht, wie ein anderer, der schon länger Christ ist, Fleisch isst, das, bevor es auf dem Fleischmarkt landete, als Götzenopfer verwendet wurde. Dadurch wird der „Schwächere" im Glauben dazu ermutigt, auch solches Fleisch zu essen, obwohl sein Gewissen ihm sagt, es sei falsch. Wenn du einen Bruder durch dein Vorbild dazu bringst, Fleisch zu essen, und dadurch sein „schwaches Gewissen verletzt" (1Kor 8,12), dann sündigst du gegen Christus. Es tut nichts zur Sache, dass es letztlich nur *Fleisch* ist, auch wenn das zutrifft. Es tut auch nichts zur Sache, dass Nahrung, einschließlich Fleisch, ein Teil von Gottes Schöpfung ist, obwohl auch das zutrifft. Wenn dein Bruder ein schwaches Gewissen hat und du es verletzt, dann ist es nicht nur dein Bruder, gegen den du sündigst, sondern auch Christus, gegen den du sündigst.

Aber was ist mit unserer Freiheit in Christus? Ist das nicht Gesetzlichkeit?

Nein, Gesetzlichkeit ist etwas anderes. Hier geht es um Nächstenliebe. Du bist zwar frei, was die sogenannte „Grauzone" betrifft, d. h. in allem, was die Bibel nicht ausdrücklich verbietet. Aber Gott fordert dich dazu auf, deine Freiheit bereitwillig aus Liebe zu deinem

Bruder oder deiner Schwester einzuschränken. Paulus war sogar sehr radikal in seiner Bereitschaft, seine eigene Freiheit einzuschränken. Er sagte: „Darum, wenn eine Speise meinem Bruder Anstoß gibt, so will ich nie und nimmermehr Fleisch essen, damit ich meinem Bruder keinen Anstoß gebe" (1Kor 8,13).

Stell dir vor, Jesus wäre höchstpersönlich in deiner Gemeinde anwesend. Dann würdest du doch auch nicht bewusst direkt gegen ihn sündigen, oder? Warum solltest du dann gegen einen Bruder oder eine Schwester sündigen, in denen Christus wohnt und deren Beziehung zu ihm ihr wichtigstes Identitätsmerkmal ist? Wir werden weit weniger anfällig für Sünde sein, wenn wir uns immer wieder bewusst machen, dass unsere Glaubensgeschwister, genau wie wir, *in Christus* sind.

KAPITEL 75

GEMEINSCHAFT IN CHRISTUS

„Der Kelch des Segens, den wir segnen, ist er nicht die Gemeinschaft des Blutes des Christus? Das Brot, das wir brechen, ist es nicht die Gemeinschaft des Leibes des Christus?" (1Kor 10,16)

„Denn ich habe von dem Herrn empfangen, was ich auch euch überliefert habe, dass der Herr Jesus in der Nacht, in der er überliefert wurde, Brot nahm und, als er gedankt hatte, es brach und sprach: Dies ist mein Leib, der für euch ist; dies tut zu meinem Gedächtnis! Ebenso auch den Kelch nach dem Mahl und sprach: Dieser Kelch ist der neue Bund in meinem Blut, dies tut, sooft ihr trinkt, zu meinem Gedächtnis!" (1Kor 11,23-25)

Ich erinnere mich noch daran, wie ich in den 1970er-Jahren eines Abends auf einer Bank in Kalifornien saß und eine Gruppe Langhaariger, die sich die „Jesus People" nannten, dabei beobachtete, wie sie um ein kleines Feuer herum Loblieder sangen, die einer von ihnen auf einer Gitarre begleitete. Als ihre Lobpreiszeit sich dem Ende näherte, schlug einer von ihnen vor, das Abendmahl zu feiern. Das taten sie dann auch an Ort und Stelle. Wenn ich mich richtig erinnere, waren das „Brot" und der „Wein" Salzcracker und Coca-Cola, da sie gerade nichts anderes zur Hand hatten. Diese Begebenheit brachte mich zum Nachdenken darüber, was in Bezug auf die von Jesus eingeführte Mahlzeit, die er mit seinen Jüngern geteilt hatte, wichtig ist und was nicht.

Wusstest du, dass der Grund, warum das Mahl des Herrn von manchen als „Kommunion" bezeichnet wird, das griechische Wort *koinonia* ist? Dieses Wort, das normalerweise mit „Teilnahme", „Teilen" oder „Gemeinschaft" übersetzt wird, wird in 1. Korinther 10,16 verwendet, wo auch vom Abendmahl die Rede ist: „Der Kelch des Segens, den wir segnen, ist er nicht die Gemeinschaft *[koinonia]* des Blutes des Christus? Das Brot, das wir brechen, ist es nicht die Gemeinschaft *[koinonia]* des Leibes des Christus?"

Die Teilnahme am Mahl des Herrn ist etwas Heiliges. Nicht weil Brot und Wein sich auf mysteriöse Art und Weise in den Körper und das Blut Jesu verwandeln, wie von einigen Christen angenommen wird. Trotzdem gibt es keine Erfahrung als Christ, die die Gemeinschaft mit Christus so sehr betont wie der symbolische Akt des Abendmahls. Manche Christen meinen, dass Christus während des Brotbrechens gegenwärtiger sei als sonst. Aber auch unter Christen, die diese Handlung nur als symbolisches Gedenken an Jesu Tod und Auferstehung ansehen, scheint es, als würden sie instinktiv spüren, dass dieses Ereignis für eine tiefere geistliche Wirklichkeit steht als nur die Erinnerung. Für eine kurze Zeit wird ihnen ganz deutlich bewusst, wie ausschlaggebend ihre Gemeinschaft mit Christus für sie selbst und ihr gesamtes Leben ist.

Das nächste Mal, wenn du am Mahl des Herrn teilnimmst, denke daran, dass dieses Ereignis den Kern des *In-Christus-Seins* zum Ausdruck bringt. Es erinnert vergessliche Menschen daran, dass der Tod Jesu uns in eine geistliche Verbundenheit mit Christus und dadurch auch mit anderen Gläubigen gebracht hat. Nimm das, was Christus durch seinen Tod für uns erreicht hat, als Anlass zum Staunen, zur Demut und zur Dankbarkeit.

Auch wenn ich heute deutlich älter bin, weiß ich immer noch nicht, ob Salzcracker und Coca-Cola genügend symbolisches Gewicht tragen, um die erstaunliche Realität unserer Gemeinschaft mit Jesus zu vermitteln, die auf seinem stellvertretenden Tod beruht. Aber was ich weiß, ist, dass der Kern des Abendmahls nicht der Bissen ist, den wir kauen, oder die Flüssigkeit, die wir trinken. Das Abendmahl ist eine heilige, von Jesus selbst eingeführte Gedenkfeier daran, dass uns die Gemeinschaft, die wir mit Christus und durch ihn mit anderen Christen teilen, *in Christus* geschenkt ist.

KAPITEL 76

GEMEINDEZUCHT IN CHRISTUS

„... wenn ihr und mein Geist mit der Kraft unseres Herrn Jesus versammelt seid –, einen solchen im Namen unseres Herrn Jesus dem Satan zu überliefern zum Verderben des Fleisches, damit der Geist gerettet wird am Tage des Herrn." (1Kor 5,4-5)

Der Mann musste gezüchtigt werden. Immerhin schlief er mit der Frau seines Vaters! Und nicht nur das – er prahlte auch noch in aller Öffentlichkeit damit und wollte sich trotzdem weiterhin Christ nennen. Sie war wahrscheinlich nicht seine Mutter, sondern seine Stiefmutter, und da Männer zu dieser Zeit häufig jüngere Frauen heirateten, waren die beiden altersmäßig vielleicht nicht weit voneinander entfernt. Dennoch war diese Art von Liebesbeziehung sogar der Gesellschaft des ersten Jahrhunderts zuwider. Juden war diese Art der Unzucht verhasst, denn sie wussten, dass sie in ihrem Gesetz (3. Mose 18,8) verboten war. Sogar für die damalige römische Oberschicht, in der sexuelle Unmoral nicht unüblich war, waren solche Beziehungen tabu. Cicero kommentierte einen ähnlichen Fall, in dem eine Frau ihren Schwiegersohn heiratete, folgendermaßen: „Oh die unglaubliche Schlechtigkeit dieser Frau, von der man mit dieser einzigen Ausnahme seit Anbeginn der Welt noch nicht gehört hat!"[20] Wenn Paulus über eine Affäre zwischen Sohn und Stiefmutter also schrieb, das sei „eine solche Unzucht, die selbst unter den Nationen nicht stattfindet" (1Kor 5,1), war dies keinesfalls eine Übertreibung.

Man musste etwas dagegen unternehmen. So forderte Paulus die Korinther zur Gemeindezucht auf. Nun sollten Gemeindeleiter nicht einfach entschließen, Gemeindezucht zu betreiben; sie sollen es „mit der Kraft unseres Herrn Jesus … im Namen unseres Herrn Jesus" tun (1Kor 5,4). Da sie *in Christus* sind, soll ihr Handeln aus ihrer Verbindung zu Jesus kommen. In den bekannten Anweisungen Jesu zum Thema Gemeindezucht aus Matthäus 18,15-20 deutet die Zeitform des Verbs in Vers 18 an, dass Gemeindeleiter sich dem unterordnen sollen, was Gott bereits entschieden hat, anstatt im Alleingang zu entscheiden, was zu tun ist: „Wenn ihr etwas auf der Erde bindet, wird es im Himmel [bereits] gebunden sein, und wenn ihr etwas auf der Erde löst, wird es im Himmel [bereits] gelöst sein" (das Wort „bereits" wurde der wörtlichen Übersetzung zur Verdeutlichung hinzugefügt). Die Autorität, mit der Gemeindeleiter Gemeindezucht umsetzen, kommt aus ihrem *In-Christus-Sein.*

Was Paulus danach schreibt, klingt zunächst einmal unheilvoll. Er fordert die Gemeinde in Korinth auf, „einen solchen im Namen unseres Herrn Jesus dem Satan zu überliefern zum Verderben des Fleisches, damit der Geist gerettet wird am Tage des Herrn" (1Kor 5,5). Es gibt verschiedene Auslegungen dieses Verses, da es verschiedene Möglichkeiten gibt, festzulegen, was mit „Fleisch" gemeint ist. Manche Ausleger verstehen unter „Fleisch" den *Körper* einer Person. In diesem Fall würde Paulus sagen, dass der Sünder eine Krankheit bekommen oder sterben würde. Aber viele frühe Ausleger verstehen „Fleisch" nicht im wörtlichen Sinne, insbesondere weil Paulus das Wort häufiger im übertragenen Sinne verwendet hat, um die sündigen Neigungen und Begierden eines Menschen zu beschreiben. Außerdem enthält dieser Abschnitt Hinweise darauf, dass Paulus mit dem Ausdruck „einen solchen … dem Satan zu überliefern" meint, dass sie ihn von gemeindlichen Aktivitäten wie dem Brotbrechen, dem gemeinsamen Lesen des Wortes oder gemeinsamen Gebetszeiten ausschließen sollten (s. 1Kor 5,2: „entfernt“, und 1Kor 5,13: „Tut den Bösen von euch selbst hinaus“). Alles in allem will Paulus vermutlich sagen, dass der Mann, wenn ihm die Vorzüge der christlichen Gemeinschaft verwehrt bleiben, vielleicht anfängt, die Last zu spüren, unter dem Einfluss des Teufels zu stehen, und dadurch seinen Tiefpunkt erreicht. Die Hoffnung dahinter ist, dass er dann sein Verlangen zu sündigen („Fleisch“) aufgibt („verdirbt“), Buße tut und wieder Teil der christlichen Gemeinde sein kann.

Gemeindezucht sollte von Gemeindeleitern durchgeführt und von der Gemeinde unterstützt werden, die zusammen die Heiligkeit der Gemeinde bewahren wollen, weil sie *in Christus* sind.

KAPITEL 77

EINANDER LIEBEN IN CHRISTUS

„Und wandelt in Liebe, wie auch der Christus uns geliebt und sich selbst für uns hingegeben hat als Opfergabe und Schlachtopfer, Gott zu einem duftenden Wohlgeruch!." (Eph 5,2)

„Meine Liebe sei mit euch allen in Christus Jesus!" (1Kor 16,24)

Als ich ein junger Mann war, beinhaltete meine Vorstellung von *wirklich gottesfürchtigen Menschen* so etwas wie radikale Nachfolge, ein einfacher, sparsamer Lebensstil, leidenschaftliches Gebet und furchtloses Bekenntnis zu Christus. Ich bin noch immer der Meinung, dass diese Dinge wichtig sind. Aber einige absolut notwendige „Zutaten" zu einem wirklich gottesfürchtigen Leben fehlen bei dieser Definition – unter anderem … na ja, zum Beispiel … *Liebe.*

Um ehrlich zu sein, war der einzige Grund, warum ich anfing, die Liebe als entscheidenden Aspekt des christlichen Lebens zu betrachten, dass ich auch das Bibellesen als wichtig erkannte. Und somit kam ich nicht um das Thema Liebe herum, denn die Bibel redet *ziemlich viel* über Nächstenliebe. Nach und nach überführte mich Gottes Geist durch das Wirken des Wortes Gottes an meinem Herzen, und ich fing an, die Liebe wichtiger zu nehmen als zuvor. Das war gut, denn andere zu lieben ist ein grundlegender Aspekt des Lebens *in Christus.*

Aber was ist Liebe – also … *christliche* Liebe? Der erste Teil der biblischen Antwort lautet unmissverständlich: Liebe *ist,* was Liebe *tut*. Liebe ist nicht primär ein Gefühl. Liebe ist untrennbar mit liebevollen Taten verbunden. Liebe erträgt geduldig diejenigen, die dich frustrieren. Liebe ist freundlich. Liebe freut sich über den Erfolg des anderen, anstatt neidisch und missgünstig zu reagieren. Liebe besteht nicht darauf, ihren eigenen Willen durchzusetzen. Liebe lässt nicht zu, dass Rechthaberei und Groll eine Beziehung zerstören. Liebe gibt niemanden auf. (Lies diese und weitere Beispiele für praktische Liebe in 1. Korinther 13,4-8.) Liebe ist, was Liebe tut.

Im Brief an die Epheser führt uns Paulus einen Schritt weiter ins Verständnis des Wesens der Liebe. Paulus sagt, dass wir lernen, was Liebe ist, indem wir auf das Vorbild Jesu schauen.

Wir wandeln „in Liebe, wie auch der Christus uns geliebt und sich selbst für uns hingegeben hat“ (Eph 5,2). Die Liebe Jesu wurde auf die erstaunlichste Art und Weise durch sein Opfer, d. h. seinen Tod, für Sünder wie dich und mich sichtbar. Kein Wunder, dass Charles Wesley vor fast 300 Jahren seine Gedanken so ausdrückte: „Amazing love, how can it be? That thou, my God, shouldst die for me!“ (Erstaunliche Liebe, wie kann es sein, dass du, mein Gott, für mich stirbst?)

Halte einen Moment inne und denke über das Ausmaß dieser Liebe nach! Es ist eine Liebe wie keine andere. Aber lass uns in unserem Nachdenken über die Liebe noch einen Schritt weitergehen: Wir lernen nicht nur, dass sich die Liebe in Taten zeigt, und wir erkennen nicht nur, dass das Ausmaß der Liebe durch Christus sichtbar wird, sondern wir erfahren auch, dass das Opfer von Gottes Sohn uns auf unglaubliche Art und Weise mit Christus *verbindet* und wir dadurch in der Lage sind, unsere Mitmenschen wirklich zu lieben. Das ist der Grund, warum der Apostel Paulus seinen ersten Brief an die Korinther nicht nur mit den Worten „Meine Liebe sei mit euch allen!“ beendete, sondern mit „Meine Liebe sei mit euch allen *in Christus*

Jesus!" (1Kor 16,24). Er kann Liebe weitergeben, weil er – wie die Korinther und auch wir – mit Christus verbunden ist.

Nimm dir einen Augenblick Zeit, um dich ehrlich zu hinterfragen, ob die Liebe ein wesentliches Merkmal deines Lebens ist. Angenommen, jemand würde deine Schwester bitten, dich zu beschreiben, würde sie dich als jemanden darstellen, der andere wirklich liebt? Wenn dein Bruder eine Liste mit den zehn liebevollsten Menschen erstellen würde, die er kennt – würdest du auf der Liste stehen?

Ehrlich gesagt, weiß ich nicht, ob ich es auf so eine Liste schaffen würde. Ja, ich bin in der Nächstenliebe gewachsen. Aber mir ist auch schmerzlich bewusst, wie sehr ich in diesem Bereich noch wachsen muss. Ich kenne viele Christen, die viel mehr lieben als ich. Ich möchte sein wie sie. Ich möchte lieben wie Christus. Ich wünsche mir, dass du darin wächst, andere aus dem Überfluss deines *In-Christus-Seins* zu lieben. Mögest du deine Mitmenschen lieben, weil du *in Christus* bist.

KAPITEL 78

EINANDER VERGEBEN IN CHRISTUS

„Wem ihr aber etwas vergebt, dem vergebe auch ich; denn auch ich habe, was ich vergeben habe – wenn ich etwas zu vergeben hatte –, um euretwillen vergeben vor dem Angesicht Christi." (2Kor 2,10)

„Seid aber zueinander gütig, mitleidig, und vergebt einander, so wie auch Gott in Christus euch vergeben hat!" (Eph 4,32)

„... wenn einer Klage gegen den anderen hat; wie auch der Herr euch vergeben hat, so auch ihr!" (Kol 3,13)

Es war kein Verbrechen, das mir widerfahren ist. Es war auch nicht gehässig oder ausfallend oder irgendetwas, was dich schockieren würde. Doch die Tage wurden zu Wochen und die Wochen zu Monaten, und die abfälligen Worte eines Bruders fraßen sich bis zu meinem Herzen durch. Ich spürte, wie die Klauen der Unversöhnlichkeit nach meiner Seele griffen. Das Schlimmste war, dass ich mir dessen völlig bewusst war. Ich wusste, dass es keine Option war, meinem Bruder nicht zu vergeben. Ich wusste sogar, dass es zu Verbitterung und Verfall in meinem Herzen führen würde, wenn ich den Weg der Unversöhnlichkeit weitergehen würde. Vor allem aber wusste ich, dass ein unversöhnliches Herz Gott entehrte und der Innigkeit meiner Beziehung zum Herrn schaden würde. Dennoch fiel es mir schwer zu vergeben.

Nach harten Monaten des Kritisierens und der herablassenden Worte ergriff ich die Gelegenheit, einige Monate auf Abstand von dieser Person zu gehen. Ich war entschlossen, die folgenden Monate zu nutzen, um meine fehlende Vergebungsbereitschaft offen und ehrlich vor Gott darzulegen. Leider kam mir mein von Natur aus analytisches Gemüt in die Quere. Du musst wissen, ich denke ständig nach, und das beinhaltet, dass sich in meinem Kopf Gespräche aus der Vergangenheit wiederholen – manchmal sogar hypothetische Gespräche, die nie wirklich stattgefunden haben oder jemals so stattfinden würden. In diesem Gemütszustand war die Wahrscheinlichkeit, dass ich meinem Gegenüber von Herzen ein für alle Mal vergeben würde, in etwa so hoch (oder niedrig) wie die, es zu schaffen, den Ärmelkanal zu durchschwimmen. Ich kam zu der Erkenntnis, dass ich nur „vor dem Angesicht Christi" (2Kor 2,10) vergeben konnte.

Also verbrachte ich den ersten Teil meiner morgendlichen Gebets-Spaziergänge damit, diesem Bruder *immer wieder neu* zu vergeben. Ich wurde gestärkt durch Jesu Worte, dass wir einander 7 x 70-mal vergeben sollten (Mt 18,21-22), also (für alle Nicht-Mathematiker) 490-mal! Natürlich war mir bewusst, dass Jesus hier eine Übertreibung (Hyperbel) verwendete. Ich wusste auch, dass die Situation, in der Jesus dies gesagt hatte, nicht ganz mit meiner Situation übereinstimmte, da mein Bruder sich nicht bei mir entschuldigt hatte. (Ich wusste sogar, dass Jesus vielleicht die Zahl 77 meinte und nicht 70 x 7.) Trotzdem beschloss ich, jeden Tag einen Gebets-Spaziergang zu unternehmen, um meinem Bruder einmal mehr zu vergeben, auch wenn das bedeutete, dass ich 490 Tage dazu brauchte, bis die Vergebungsbereitschaft mein Herz erobert hatte. Letztendlich dauerte es zweieinhalb Monate (etwa 75 Tage), bevor die Vergebung in meinem Herzen endgültig Wurzeln schlug. (Wie schon gesagt, es fällt mir schwer loszulassen …)

Was mir am meisten geholfen hat, meinem Bruder zu vergeben, war, dass ich mir immer wieder die Vergebung, die ich von Jesus erhalten hatte, ins Gedächtnis rief. Ich erinnerte mich daran, dass ich vergeben musste, *wie Christus mir vergeben hat* (Eph 4,32; Kol 3,13). Die Grundlage für meine Vergebungsbereitschaft war meine Stellung als jemand, dem bereits alle Sünden durch Jesu Opfertod am Kreuz vergeben wurden. Gott gebrauchte diesen Zwischenfall, um mich darauf vorzubereiten, dass mich Jahre später jemand um Vergebung für ein gewaltiges Unrecht bitten würde, sodass ich sagen konnte: „Auf jeden Fall vergebe ich dir. Jesus Christus hat mir so viel vergeben; wie könnte ich dir da meine Vergebung vorenthalten?"

Ich möchte ehrlich sein. Ich tue mich trotzdem noch schwer damit, anderen zu vergeben. Aber ich habe die Freiheit kennengelernt, die man erfährt, wenn man die Vergebung, die man selbst von Christus empfangen hat, an andere weitergibt. Das wirst auch du merken, wenn du dich daran erinnerst, dass du jedes gegen dich begangene Unrecht vergeben kannst, weil auch dir *in Christus* vergeben wurde.

KAPITEL 79

FREIGEBIGKEIT DURCH CHRISTUS

„Denn ihr kennt die Gnade unseres Herrn Jesus Christus, dass er, da er reich war, um euretwillen arm wurde, damit ihr durch seine Armut reich wurdet." (2Kor 8,9)

Ein Dienst des Apostels Paulus, der ihm sehr am Herzen lag, bestand darin, Geld zu sammeln, um die armen, Not leidenden Christen in Jerusalem zu unterstützen. Viele Christen heute wissen nur sehr wenig über diesen Dienst von Paulus.

Du erinnerst dich sicher daran, dass Paulus auf drei Missionsreisen ging, um das Evangelium zu den unerreichten Völkern im östlichen Mittelmeerraum zu bringen. Von diesen Reisen wird in der Apostelgeschichte erzählt. Ein wichtiger Teil von Paulus' dritter Missionsreise war es, auch wenn es in der Apostelgeschichte nicht direkt erwähnt wird, Hilfsgelder von den heidnischen Gemeinden, die er gegründet hatte, zu sammeln, um sie den von Armut betroffenen jüdischen Christen in Jerusalem zu bringen. Woher wir von diesen Sammlungen wissen? Wir können es in den drei Briefen nachlesen, die Paulus während seiner dritten Missionsreise verfasst hat (siehe dazu 1Kor 16,1-4; Röm 15,25-28; und am vollständigsten 2Kor 8–9).

2. Korinther 8–9 können wir entnehmen, dass Paulus plante, die Korinther bald zu besuchen. Es hat sogar den Anschein, als hätte er den zweiten Korintherbrief geschrieben, als er sich gerade auf den Weg nach Korinth machte, wobei er jedoch auf dem Weg immer wieder Stopps bei verschiedenen Gemeinden einlegte, um dort zu

dienen. Paulus und die Christen in Korinth pflegten zu dem Zeitpunkt schon eine lange Beziehung mit reichlich Konfliktpotenzial. Paulus hatte die Gemeinde in Korinth gegründet (Apg 18). Aber in den vier oder fünf Jahren, die zwischen der Gemeindegründung und dem in 2. Korinther angedachten Besuch lagen, sah er sich immer wieder dazu gezwungen, aus der Ferne eine Reihe von Problemen in Korinth anzusprechen, zum Beispiel interne Spaltungen, Gerichtsprozesse zwischen Christen, Irrlehren und verschiedene Arten unmoralischen Verhaltens. Nun ist Paulus besorgt, dass sie ihr Versprechen, das sie ihm ein Jahr vor seiner Sammlung gegeben hatten, den verfolgten und bedürftigen jüdischen Christen in Jerusalem Geld zu senden, nicht einhalten würden.

Um die Christen in Korinth zu ermutigen, ihr Versprechen einzuhalten, stellte Paulus ihnen zwei eindrückliche Vorbilder für aufopferndes Geben vor. Das erste Vorbild waren die mazedonischen Gemeinden (wie zum Beispiel Philippi, Thessalonich und Beröa). Paulus berichtete den Korinthern, dass die mazedonischen Christen sich finanziell aufgeopfert hatten, damit sie großzügig spenden konnten, obwohl viele von ihnen selbst arm waren. Als Paulus versuchte, sie aufgrund ihrer Armut in ihrer Freigebigkeit zu bremsen, flehten ihn die Mazedonier sogar an, weiter am Dienst des Gebens teilhaben zu dürfen (2Kor 8,1-5).

Paulus' zweites Beispiel, um die Korinther zu motivieren, war Jesus. „Denn ihr kennt die Gnade unseres Herrn Jesus Christus, dass er, da er reich war, um euretwillen arm wurde, damit ihr durch seine Armut reich wurdet" (2Kor 8,9). Inmitten seiner ermutigenden Worte an die Korinther, großzügig zu spenden, wies Paulus sie auf die außergewöhnliche Freigebigkeit Jesu hin. Jesus war nicht freigebig, indem er anderen finanziell half, sondern indem er ein aufopferndes Leben führte. Er wurde arm, damit durch sein aufopferndes

Leben und seinen Opfertod die Korinther (und wir) in den Besitz geistlicher Reichtümer kommen.

Mit anderen Worten, die wichtigste Motivation, die uns Christen hilft, mit den Armen zu teilen, ist unsere Verbindung zu Christus, der uns gezeigt hat, wie aufopferndes Geben aussieht. Er machte uns in geistlicher Hinsicht „durch seine Armut reich", was uns auf anschauliche und eindringliche Art und Weise unser *In-Christus-Sein* vor Augen führt, über das wir schon die ganze Zeit in diesem Buch nachdenken.

Warum haben so viele Christen im Laufe der Geschichte bereitwillig ihr Hab und Gut mit den Armen geteilt? Christen teilen ihren materiellen Besitz, weil Jesus den Himmel für sie aufgab. Christen teilen, weil Jesus ihnen einen Weg gezeigt hat, wie sie geistlich reich werden können. Christen teilen, weil sie *in Christus* sind.

KAPITEL 80

FAMILIE IN CHRISTUS

„... als einen geliebten Bruder, besonders für mich, wie viel mehr aber für dich, sowohl im Fleisch als auch im Herrn." (Phim 16)

„... die Frauen den eigenen Männern als dem Herrn!" (Eph 5,22)

„Ihr Männer, liebt eure Frauen, wie auch der Christus die Gemeinde geliebt ... hat." (Eph 5,25)

„Ihr Kinder, gehorcht euren Eltern im Herrn! Denn das ist recht." (Eph 6,1)

„Und ihr Väter, reizt eure Kinder nicht zum Zorn, sondern zieht sie auf in der Zucht und Ermahnung des Herrn!" (Eph 6,4)

Wir Christen sind so daran gewöhnt, einander „Geschwister" zu nennen, dass wir völlig vergessen haben, wie radikal es für die ersten Christen war, sich so zu nennen.

Im ersten Jahrhundert war es völlig unüblich, jemanden außerhalb der leiblichen Familie als einen Bruder oder eine Schwester zu bezeichnen. In der damaligen Kultur, die von dem Konzept von Ehre und Schande geprägt war, war die leibliche Familie der zentrale Personenkreis im Umfeld einer Person. So konnten sich die eigenen Familienmitglieder schnell beleidigt fühlen, wenn man seine familiäre

Loyalität auf jemanden außerhalb dieses Kreises ausweitete. Ein sehr enger Freund oder eine enge Freundin konnte vielleicht noch als Bruder oder Schwester angesehen werden; aber den nächstbesten Christen, dem man zufällig über den Weg lief – der womöglich einen anderen sozialen Status hatte als man selbst, der vielleicht sogar ein Sklave war –, als „Bruder" oder „Schwester" anzusprechen, war mehr als ungewöhnlich. Von einigen wäre das sicherlich als Untergrabung der sozialen Ordnung angesehen worden. Aber genau das tat Paulus; er behandelte alle Gläubigen in Christus als Familienmitglieder und trug dazu bei, diese radikale Einstellung unter Christen jeden Alters zur Norm zu machen.

Natürlich lag Paulus mit dieser Sichtweise auf einer Linie mit Jesus, der einmal auf den Hinweis, dass seine Mutter und seine Brüder draußen warteten, um mit ihm zu sprechen, entgegnete: „Wer sind meine Mutter und meine Brüder?" Dann sah er sich unter den Anwesenden um und sagte: „Siehe, meine Mutter und meine Brüder! Wer den Willen Gottes tut, der ist mein Bruder und meine Schwester und meine Mutter" (Mk 3,31-35). Wir sollten niemals unterschätzen, wie wichtig es ist, die Gemeinde als Familie Gottes anzusehen.

Ich habe diese ersten Absätze zu Hause geschrieben, und gerade sitze ich in einem Krankenhauszimmer und arbeite weiter an diesem Kapitel. Es ist sechs Uhr morgens, und Gott sei Dank schläft meine Frau endlich. Trudi und ich haben eine schlaflose Nacht in der Notaufnahme des Krankenhauses hinter uns, weil Trudi eine beängstigende allergische Reaktion auf irgendetwas zeigte, was die Ärzte noch nicht identifizieren konnten. Die Medikamente schlagen nicht an. Ihre Augen sind fast vollständig zugeschwollen. Auch Gesicht, Hals und Rumpf sind geschwollen und mit einem schmerzhaften, leuchtend roten Ausschlag übersäht. Wir warten jetzt auf einen Hautarzt, der hoffentlich eine Diagnose stellen und eine Empfehlung für die weitere Vorgehensweise geben kann. Wir sind nervös, aber anhaltend im Gebet.

Schon jetzt haben wir die überströmende Liebe und Anteilnahme der Familie Gottes erfahren. Sie sind *wirklich* unsere Brüder und Schwestern! Es ist ihnen nicht egal, dass Trudi leidet. Sie beten für sie. Viele von ihnen haben uns ihre Hilfe angeboten. Einige sind sogar gerade in diesem Moment auf dem Weg ins Krankenhaus. Wir sind dankbar, Teil einer Familie zu sein, die durch Christus miteinander verbunden ist! Ich frage mich oft, wie Menschen, die nicht Teil dieser geistlichen Familie sind, die manchmal dramatischen und überfordernden Herausforderungen des Lebens, wie zum Beispiel Aufenthalte in der Notaufnahme, bewältigen.

Trudis Einlieferung in die Notaufnahme ist jetzt eine Woche her. Der Hautarzt kam, kurz nachdem ich die mittleren Absätze dieses Kapitels geschrieben hatte, im Krankenhaus an. Er diagnostizierte Trudis Zustand zögernd als eine extreme allergische Reaktion auf etwas noch nicht näher Bestimmtes, die zusammen mit einem Hitzeausschlag aufgetreten war. Glücklicherweise geht es ihr nach viel zu vielen Medikamenten, einer Woche Ruhe und vielen Gebeten von ihrer Familie in Christus schon deutlich besser. Wir wurden beide durch dieses beängstigende Ereignis daran erinnert, welch ein Segen es ist, zu einer Glaubensfamilie zu gehören. Wir haben uns neu dazu verpflichtet, uns als vollwertige Mitglieder in unsere geistliche Familie einzubringen. Wir wollen für unsere Brüder und Schwestern da sein, wenn sie ihre eigenen Krisen durchleben. Und wir wollen als Familie auch dann da sein, wenn noch gar keine Krise in Sichtweite ist.

Es ist gut, zu einer geistlichen Familie zu gehören, die *in Christus* gegründet wurde.

KAPITEL 81

DIESELBE GESINNUNG IN CHRISTUS

„Die Evodia ermahne ich, und die Syntyche ermahne ich, dieselbe Gesinnung zu haben im Herrn!" (Phil 4,2)

Sie kamen einfach nicht miteinander aus. Sie konnten nicht aufhören zu streiten. So hört es sich jedenfalls in Paulus' Schilderung in Philipper 4,2 an: „Die Evodia ermahne ich, und die Syntyche ermahne ich, dieselbe Gesinnung zu haben im Herrn!"

Das Schlimmste daran war, dass sie in der Vergangenheit gemeinsam mit Paulus daran gearbeitet hatten, das Evangelium zu verkünden (Phil 4,3). Doch das war einmal. Nun herrschte dicke Luft statt „lieblicher Duft" (das bedeutet der griechische Name *Evodia).*Es wurde sogar so schlimm, dass Paulus ein Mitglied der Gemeinde darum bitten musste, ihren Streit zu schlichten (Phil 4,3).

Wozu ermahnt Paulus die beiden? Er hält sie dazu an, „dieselbe Gesinnung zu haben im Herrn". Doch was bedeutet das?

Bedeutet es, dass sie über alles und jeden dieselbe Meinung haben müssen? Oder dass sie ihre abweichenden Meinungen nicht äußern dürfen, wenn sie etwas für nicht richtig halten? Auf keinen Fall. Zwar muss jeder Christ dieselbe Kernüberzeugung haben in Bezug auf Gottes Wesen, Jesus und sein Tun, die Errettung usw., aber wie es scheint, hatten die beiden Frauen in diesen Dingen bereits dieselbe

Überzeugung, denn sonst hätte Paulus nicht versucht, sie zurück in die Missionsarbeit zu holen.

Streit unter Christen ist so normal, dass ich sicher bin, dass du den einen oder anderen Streithahn kennst, der alles andere als einen lieblichen Duft versprüht. Ich hoffe sehr, dass die erste Person, die dir jetzt in den Sinn kommt, nicht *du selbst* bist. Oder etwa doch? Bist du jemand, der regelmäßig in Streit gerät?

Ich hörte vor einiger Zeit, wie jemand über einen älteren Mann sagte: „Oh, der? Zerbrich dir nicht den Kopf wegen ihm. Der ist einfach streitsüchtig."

Wie fändest du es, wenn jemand so etwas über dich sagen würde? Oder wurde das vielleicht schon einmal über dich gesagt? Oder noch schlimmer: Macht es dir möglicherweise sogar ein wenig *Spaß*, dich zu streiten? Sorgst du manchmal für dicke Luft?

Nun gibt es jedoch einen Unterschied darin, ob man notwendigerweise seiner Meinung Ausdruck verleiht oder unnötig Streit anzettelt. Der Hauptunterschied ist meist die Einstellung, mit der man an das Gespräch herangeht. Jemand, der demütig und freundlich ist, kann – und sollte – eine andere Meinung vertreten, wenn ihm etwas auffällt, das nicht der biblischen Lehre entspricht oder moralisch falsch ist, und gegebenenfalls eine Alternative vorschlagen, wenn eine bestimmte Vorgehensweise unklug zu sein scheint. Die Eigenschaften von Menschen, die viel streiten, sind meist *Stolz* (da sie einen Streit gewinnen wollen) und *Wut* (da sie die Frustration aus anderen Lebensbereichen in ein Gespräch hineintragen). Was kannst du tun, wenn du dich häufig streitest?

Zuallererst kannst du deinen Stolz und/oder deine Wut bekennen. Aber was dann? Paulus würde sagen, dass man lernen muss, „dieselbe Gesinnung zu haben im Herrn". Mit anderen Worten, du solltest daran denken, dass du *in Christus* bist. Streitsucht passt nicht zu der Einstellung Jesu, der sich selbst als „sanftmütig und von Herzen demütig“ (Mt 11,29) beschreibt. Wenn du mit Christus verbunden bist, wirst du immer mehr die Charakterzüge dessen annehmen wollen, mit dem du verbunden bist.

Dich an dein *In-Christus-Sein* zu erinnern wird dir im Umgang mit anderen Christen außerdem helfen, weniger zu streiten, weil dir dadurch bewusst wird, dass du und dein Gegenüber mit Christus verbunden seid und durch ihn auch untereinander. Ihr seid Geschwister, Mitglieder derselben Familie; ihr untersteht demselben Familienoberhaupt: Jesus. In der Praxis bedeutet das, dass du bei Diskussionen versuchen wirst, mit deinem Gegenüber eine gemeinsame Basis zu finden, weil du weißt, dass ihr vor Gott bereits auf eine gemeinsame Basis gestellt wurdet, nämlich Jesus. Dadurch wirst du besser zuhören und so antworten, wie es jemandem entspricht, der in Christus ist.

Willst du lernen, weniger zu streiten? Das wird dir gelingen, wenn du dir ins Gedächtnis rufst, dass ihr *in Christus* miteinander verbunden seid.

KAPITEL 82

DIE HERZLICHE LIEBE CHRISTI

„Denn Gott ist mein Zeuge, wie ich mich nach euch allen sehne mit der herzlichen Liebe Christi Jesu." (Phil 1,8)

Hast du schon einmal eine Gruppe von Menschen so sehr ins Herz geschlossen, dass es schon fast wehtat, von ihnen getrennt zu sein? So geht es mir manchmal, wenn ich an meine Brüder und Schwestern im Nahen Osten denke. Die Hälfte meines Herzens habe ich meinem Dienst als Hochschulprofessor in Südkalifornien gewidmet und die andere Hälfte ist noch am anderen Ende der Welt. Als ich im Nahen Osten war, ging es mir genauso: Die Hälfte meines Herzens war dort und die andere Hälfte war bei meiner leiblichen und geistlichen Familie zu Hause.

Obwohl Paulus nur recht kurz in Philippi war, entwickelte er anscheinend dieselbe herzliche Liebe zu den Philippern wie ich zu meinen christlichen Freunden im Nahen Osten. Sein Brief an die Philipper ist im Vergleich zu anderen neutestamentlichen Briefen außergewöhnlich herzlich. Er ist eine Art Freundschaftsbrief. Paulus drückt in diesem Brief immer wieder seine Zuneigung zu seinen Freunden in Philippi aus.

Aber was unsere Sehnsucht nach unseren christlichen Brüdern und Schwestern ausmacht, ist – sowohl für Paulus als auch für uns – nicht nur unsere Zuneigung zu jemandem, den wir kennengelernt haben. Sie gründet auch darauf, dass wir mit diesem Menschen in eine tiefere Beziehung gelangt sind. Es ist nicht nur eine allgemeine

Zuneigung, es ist die „herzliche Liebe Christi Jesu". Wir sind miteinander verbunden, weil wir als Einzelne mit *Jesus* verbunden sind. *Er* ist der Grund, warum wir so eine starke Zuneigung zueinander haben.

Warst du schon einmal auf der Beerdigung von jemandem, der dir nahestand, und bist mit einem Fremden, der dieser Person auch nahestand, ins Gespräch über euren gemeinsamen Verlust gekommen? Und dann sitzt du bei der Trauerfeier neben jemandem, den du noch nie zuvor gesehen hast, und ihr tauscht euch darüber aus, woher ihr die verstorbene Person kanntet. Du tauschst persönliche Erinnerungen mit jemandem aus oder wirst von jemandem getröstet, den du eine halbe Stunde zuvor noch gar nicht kanntest – schlicht und ergreifend weil ihr beide auf die eine oder andere Art mit der verstorbenen Person verbunden wart.

Unsere Verbundenheit mit anderen Christen ist ähnlich, jedoch auf eine viel bedeutendere Art und Weise. Was uns miteinander verbindet, ist unsere gemeinsame Verbindung zu Jesus, unser *In-Christus-Sein.* Aber anders als bei dem Beispiel mit der Beerdigung sind wir durch jemanden verbunden, der quicklebendig ist und durch seinen Geist in uns lebt. Das bedeutet, dass jede Form von Zuneigung, die vielleicht schon vorhanden war, durch unsere gemeinsame Beziehung zu Jesus noch vertieft wird, weil er durch den Heiligen Geist seine herzliche Liebe in uns hineinlegt. Johann Albrecht Bengel formulierte es treffend: „Es ist nicht Paulus, der in Paulus lebt, sondern Jesus Christus; daher wird Paulus auch nicht durch Paulus', sondern durch Jesu Liebe angetrieben."[21]

Und was für eine Liebe das ist! Meine älteste Tochter verbrachte ein Jahr im Süden der Philippinen (Mindanao) und war auch offen dafür, dort langfristig zu arbeiten. Bei ihrem Aussendungsgottesdienst las jemand folgende Worte Jesu vor: „Wahrlich, ich sage euch:

Da ist niemand, der Haus oder Brüder oder Schwestern oder Mutter oder Vater oder Kinder … verlassen hat um meinetwillen und um des Evangeliums willen, der nicht hundertfach empfängt … Brüder und Schwestern und Mütter und Kinder" (Mk 10,29-30). Unsere Beziehung zu Christus bedeutet, dass andere, die ihn kennen, zu unserer Familie gehören – egal, wo auf der Welt wir unterwegs sind. Meine Tochter empfing herzliche Liebe von Brüdern und Schwestern, die sie nie zuvor gesehen hatte, und die dennoch – in einer sonst fremden Kultur – zu ihrer Familie wurden. Wie kommt es, dass so schnell so eine herzliche Liebe entstehen kann? Das geht nur durch unsere Gemeinschaft *in Christus.*

KAPITEL 83

DAS WORT DES CHRISTUS

„Das Wort des Christus wohne reichlich in euch; in aller Weisheit lehrt und ermahnt euch gegenseitig! Mit Psalmen, Lobliedern und geistlichen Liedern singt Gott in euren Herzen in Gnade!" (Kol 3,16).

Manchmal frage ich mich, wie anders es in unseren Gemeinden aussähe, wenn wir wirklich das täten, was wir in der Bibel lesen. Wenn wir uns zum Beispiel als Gläubige in Christus treffen, sind wir dazu angehalten, dem Wort des Christus in unseren Herzen Raum zu geben (Kol 3,16). Hätte es einen Einfluss auf unsere Gemeinden, wenn wir uns an diesen Vers hielten?

Bevor wir darauf antworten, möchte ich zuerst auf drei Fragen eingehen: (1) Was ist das „Wort des Christus"? (2) Richtet sich diese Anweisung an Einzelpersonen oder an die Gemeinde insgesamt? (3) Wie haben die Aussagen über das Lehren und Singen in Kolosser 3,16 damit zu tun, dass das Wort des Christus in uns wohnt? Ich möchte zuerst jede dieser drei Fragen beantworten und dann darauf eingehen, wie dieser Vers unsere Gemeinden verändern könnte.

Zunächst einmal ist die Kombination von „Wort" und „Christus" ungewöhnlich für das Neue Testament, weshalb mit dem Ausdruck „das Wort des Christus" wahrscheinlich nicht die Bibel im Allgemeinen gemeint ist. Es bezieht sich vermutlich auch nicht auf die Worte, die Jesus während seiner Zeit auf der Erde lehrte, obwohl der Satz dies grammatisch hergibt. Wahrscheinlicher ist es, dass das „Wort", von dem die Rede ist, Christus selbst ist; d. h. Christus ist der Inhalt des Wortes. Das wird z. B. in der folgenden Übersetzung etwas deutlicher: „die Botschaft von Christus" (HFA und NGÜ).

Zweitens scheint die Anweisung vorrangig an die Gemeinde im Ganzen gerichtet zu sein, was durch das Wort „gegenseitig" deutlich wird. Aber auch Einzelpersonen werden angesprochen, denn die Anweisung soll „in euren Herzen" befolgt werden.

Drittens besteht die vorrangige Art und Weise, wie die Botschaft über Christus eine örtliche Gemeinde beeinflussen (bzw. reichlich in einer Gemeinde wohnen) kann, darin, dass die Gemeindemitglieder einerseits einander lehren und von Christus reden und andererseits Dankeslieder über ihn singen.

Nun zurück zur ursprünglichen Frage: Würde es in unseren Gemeinden anders aussehen, wenn wir wirklich zuließen, dass die Botschaft von Christus in unserer Gemeinde wohnt? Oh ja, es würde einen gewaltigen Unterschied machen! Stell dir vor, die meisten Gemeindemitglieder – nicht nur der Prediger oder die Gemeindeleiter – würden es sich zur Gewohnheit machen, miteinander so viel über Jesus zu reden wie nur irgend möglich. Was wäre, wenn wir uns sonntagsmorgens sehen und Gespräche über Christus führen würden, anstatt über Sport und Politik zu reden (oder noch schlimmer: zu tratschen oder zu lästern)? Was wäre, wenn wir so gerne darüber reden wollten, was wir über Christus gelernt haben, dass wir uns trotz unserer vollen Terminplaner Zeit nähmen, um uns miteinander über Christus auszutauschen?

Wie wäre es, wenn wir so ergriffen von der Botschaft über Christus wären, dass unser Gesang in der Gemeinde vor aufrichtiger Dankbarkeit für all das, was Christus für uns getan hat, überströmen würde? Wir könnten Gott aus tiefstem Herzen danksagen für das

Werk Christi und gleichzeitig die großartigen Lehren über Christus kennenlernen. Was für eine Gemeinde das doch wäre!

Liebe Schwestern und Brüder, seid ihr so ergriffen von der Botschaft über Christus, dass ihr euch die Zeit nehmt, einander über Christus zu belehren oder von Christus zu lernen, von dem ihr behauptet, dass ihr ihn so sehr liebt? Sucht ihr euch diejenigen heraus, die weniger geneigt sind, über Christus zu sprechen, damit auch sie vom Segen und Einfluss des Wortes Christi in eurer Gemeinde profitieren? Wohnt das Wort des Christus so reichlich in euch, dass euer Gesang vor Dankbarkeit gegenüber Gott regelrecht übersprudelt?

Lasst uns dem Wort des Christus reichlich Raum in der Lehre und im Gesang unserer Gemeinde geben! Lasst uns diesen Aspekt des Lebens *in Christus* immer mehr erfahren!

KAPITEL 84

LEITUNG IN CHRISTUS

„Wir bitten euch aber, Brüder, dass ihr die anerkennt, die unter euch arbeiten und euch vorstehen im Herrn und euch zurechtweisen, und dass ihr sie ganz besonders in Liebe achtet um ihres Werkes willen. Haltet Frieden untereinander!" (1Thes 5,12-13)

Paulus legt sein Anliegen schonend dar. Er spricht die Thessalonicher als Geschwister an. Er fordert sie sogar dazu auf, die Dinge, um die er sie bittet, in Liebe zu tun.

Doch der Inhalt seiner Aufforderung ist schwer zu schlucken. Zumindest für diejenigen von uns, die eine hohe Meinung von ihrer eigenen Meinung haben. Paulus fordert die Thessalonicher auf, diejenigen zu respektieren, die ihnen im Herrn vorstehen.

Respekt. Anerkennung. Wertschätzung. Keine kritische Haltung. Nicht die Autorität, die Gott den Gemeindeleitern gegeben hat, untergraben, sondern ihre Arbeit würdigen.

Man beachte, dass diese Aufforderung nicht erfolgt, *nachdem* die Leiter sich über einen längeren Zeitraum als ehrbar erwiesen haben. Wertschätzung ist eine Grundhaltung, mit der wir denen, die Gott über uns stellt, begegnen sollen, denn gemäß 1. Thessalonicher 5,12 stehen sie uns *im Herrn* vor. Es geht nicht darum, dass wir ihnen gegenüber Respekt verspüren, sondern dass wir ihnen auf der Grundlage unserer gemeinsamen Verbindung zu Jesus Respekt entgegenbringen.

Meine Frau und ich sind in früheren Jahren wegen unserer verschiedenen göttlichen Berufungen häufig umgezogen. Dadurch waren wir mit zehn verschiedenen Gemeinden eng verbunden. Etwas, was sich wie ein roter Faden durch alle diese Gemeinden hindurchzog, war die Tatsache, dass einige Gemeindemitglieder es als ihr gutes Recht betrachteten, die Leiter ihrer jeweiligen Gemeinden so oft und laut zu kritisieren, wie es ihnen beliebte. Da ich in ein paar dieser Gemeinden auch in der Gemeindeleitung diente, habe ich unmittelbar erfahren, wie viel Schmerz solche kritischen Geister verursachen. Ich habe schon mit Pastoren und deren Frauen zusammengegessen, die aufgrund von unfairer Kritik, die ihnen an den Kopf geworfen wurde, in Tränen ausbrachen. Ich selbst habe auch schon verletzende Kritik erfahren. Aber ich kenne Personen, bei denen es viel schlimmer war als bei mir. Sie wurden permanent und gnadenlos schlechtgemacht, obwohl sie ihre Gemeinde nach bestem Wissen und Gewissen zu leiten versuchten.

Wenn du selbst auch ein kritischer Mensch bist, darf ich dir von Herzen empfehlen, dass du damit zuerst zum Herrn gehst und ihn darum bittest, dir dabei zu helfen, einen neuen Weg des Respekts gegenüber deinen Gemeindeleitern einzuschlagen? Das bedeutet nicht, dass du nicht mit berechtigten Bedenken zu ihnen kommen kannst. Das kannst und das solltest du auch. Aber bitte nimm dies als liebevolle Aufforderung an, dich daran zu erinnern, dass ihre Arbeit unter uns *im Herrn* ist und du sie allein aus diesem Grund *in Christus* wertschätzen solltest.

An dieser Stelle möchte ich mich kurz an die Gemeindeleiter wenden, die das hier lesen: Dein *In-Christus-Sein* ist wichtig, um die Bemerkungen von überkritischen Menschen zu verarbeiten. Wenn du dich daran erinnerst, dass du *in Christus* bist, dass deine Arbeit *in Christus* ist und dass dein Dienst *in Christus* ist, dann findet dein

Herz *in Christus* Frieden, anstatt durch die Meinungen anderer aufgewühlt zu werden. Ja, du solltest berechtigte Einwände und Verbesserungsvorschläge dankbar annehmen, aber du musst dich nicht allein mit unfairen Beschuldigungen herumschlagen. Wenn du wirklich von Gott in deine Leitungsposition gestellt wurdest, dann bist du *in Christus* berufen. Dich daran zu erinnern wird dir vor allem beim Umgang mit besonders harter Kritik helfen.

Leider wird es immer kritische Menschen geben. Ich hoffe, du gehörst nicht dazu. Ich bete, dass du dich daran erinnerst, dass die Gemeindeleiter, die Gott über dich gestellt hat, dir *in Christus* dienen. Und ich bete, dass du ihnen dementsprechend begegnest.

1. Thessalonicher 5,12 ist Gottes Appell an uns, solche, die unter uns dienen und uns vorstehen im Herrn, *in Christus* anzuerkennen.

KAPITEL 85

CHRISTUS AUFNEHMEN

„… und die Versuchung, die euch mein Fleisch verursachte, habt ihr nicht verachtet noch verabscheut, sondern wie einen Engel Gottes nahmt ihr mich auf, wie Christus Jesus." (Gal 4,14).

Zwei Wochen nach unserer Hochzeit zogen meine Frau und ich in eine kleine Wohnung in einem riesigen, vier mal zwei Blocks großen Wohnkomplex in Portland, Oregon. In dieser Anlage wohnten mehr als Tausend Flüchtlinge, die vor dem Krieg in Südostasien geflohen waren. Wir lebten dort, um unserem Gemeindedienst nachzugehen und wertvolles Training in Sachen interkultureller Verständigung zu erhalten, bevor wir nach Übersee zogen.

Nur wenige Wochen nach unserem Einzug war Trudi allein zu Hause, als es an der Tür klopfte. Sie öffnete die Tür, und es stand ein Polizist vor ihr, der sie zu einer Schießerei befragen wollte, die einen Monat zuvor stattgefunden hatte. „Sie müssten es von Ihrem Fenster nach vorne heraus gut gesehen haben", sagte der Polizeibeamte. „Es tut mir leid", erwiderte Trudi, „aber wir sind erst vor zwei Wochen eingezogen." „Dann seien Sie vorsichtig. In der Nachbarschaft gibt es Gangs", warnte sie der Polizist.

Als ich an diesem Abend nach Hause kam, erzählte mir Trudi, was ihr der Polizist über die Gangs gesagt hatte. „Aber mir sind gar keine Gangs aufgefallen", fügte sie hinzu, „Was für Gangs meinte er?" Ich ging mit ihr zum Fenster, von dem aus man den mittleren Teil der Wohnanlage sehen konnte (das Fenster, von dem aus man die Schießerei laut dem Polizisten hätte sehen können), und ich zeigte auf eine Gruppe Teenager, die am Straßenrand Karten spielten. „Ich glaube, die Jungs da unten könnten eine Gang sein."

„Aber die kennen wir doch!", rief Trudi und zählte ihre Namen auf. „Wir haben sie doch erst letzten Freitag auf eine Pizza und einen Film eingeladen!"

Wie sich herausstellte, hatte ein naives, junges Paar (wir) den Großteil einer Gang zum Pizzaessen eingeladen, in der Hoffnung, ihnen das Evangelium erzählen zu können. Von diesem Tag an waren wir gut mit der gesamten Gang befreundet. Sie wurden unsere persönlichen Bodyguards. Und was noch viel wichtiger ist: Dadurch, dass wir sie bei uns zu Hause willkommen geheißen haben, haben wir vielleicht Christus aufgenommen.

Paulus ließ in seinem Brief an die Christen in Galatien seinen ersten Besuch in ihrer Gegend Revue passieren. Er schrieb ihnen, dass er zu diesem Zeitpunkt an einer Krankheit gelitten hatte (Gal 4,13). Aber er hatte nicht nur an dieser Krankheit gelitten, sie war sogar so beschaffen, dass die Galater ihn deswegen hätten verabscheuen können. Trotzdem erinnerte sich Paulus voller Freude daran, wie sie ihn aufgenommen hatten: „Die Versuchung, die euch mein Fleisch verursachte, habt ihr nicht verachtet noch verabscheut, sondern wie einen Engel Gottes nahmt ihr mich auf, wie Christus Jesus" (Gal 4,14). Paulus wollte die Galater ermutigen, indem er sie daran erinnerte, dass sie ihn als einen Fremden, der in Not war, aufgenommen hatten. Es war, als hätten sie einen Engel aufgenommen oder noch besser: Jesus Christus!

Würde sich deine Haltung gegenüber einem Fremden verändern, wenn du dächtest, dass die Person, die gerade vor dir steht, eigentlich ein Engel ist, einer von Gottes mächtigen Boten (Hebr 13,2)? Ich denke, schon. Was, wenn du dächtest, dass dein Gegenüber jemand aus deinem Freundeskreis ist, der sich als Obdachloser verkleidet hat, um zu sehen, wie du reagierst? Was, wenn du dächtest, dass du vielleicht – nur vielleicht – gerade mit Jesus sprichst?

Die Wahrheit ist: Wenn du jemanden in Not aufnimmst – sei es der kranke Paulus oder ein einsamer Teenager, der einen Freund braucht, oder ein Obdachloser oder sogar ein Gangmitglied –, du weißt nie, wen du vielleicht gerade aufnimmst. Womöglich ist es Christus selbst. Es ist gut, sich das bewusst zu machen. Wenn derjenige, der vor dir steht, Christ ist, wie Paulus, der als Fremder in Not zu den Galatern kam, dann nimmst du vielleicht auf geheimnisvolle Art und Weise Christus auf, denn diese Person ist vielleicht jemand, der – wie Paulus – *in Christus* ist.

KAPITEL 86

IN CHRISTUS REDEN

„Denn wir treiben keinen Handel mit dem Wort Gottes wie die meisten, sondern wie aus Lauterkeit und wie aus Gott reden wir vor Gott in Christus." (2Kor 2,17)

„Seit Langem seid ihr der Meinung, dass wir uns vor euch verteidigen. Wir reden vor Gott in Christus, alles aber, Geliebte, zu eurer Erbauung." (2Kor 12,19)

„Denn ihr fordert ja einen Beweis dafür, dass Christus in mir redet, der gegen euch nicht schwach ist, sondern mächtig unter euch." (2Kor 13,3)

„Predige das Evangelium jederzeit; wenn nötig, benutze Worte dazu." Wie viele (hunderte) Male hast du diesen Satz schon gehört? Das Gute an diesem angeblich von Franz von Assisi stammenden Zitat ist, dass wir unseren Glauben an das Evangelium klar und deutlich durch unsere Taten kommunizieren müssen. Die Menschen sollten die Wahrheit des Evangeliums in unserem Leben sehen und nicht nur hören, wie wir davon erzählen. Aber es gibt zwei Probleme in Bezug darauf, wie das Zitat üblicherweise verwendet wird. Erstens wird es von Leuten zitiert, die so sehr auf soziales Handeln bedacht sind, dass es ihnen unangenehm ist, den Tod und die Auferstehung Jesu Christi und die Errettung allein durch Glauben an Jesus mit Worten zu verkünden. Wenn du dich als biblischen Christen ausgibst, dann ist ein solches Zögern, die Nachricht von Jesus verbal weiterzugeben, nicht vertretbar. Und zweitens stammt das Zitat wahrscheinlich gar nicht von Franz von Assisi.

Mark Galli, der eine Biografie über das Leben von Franz von Assisi verfasst hat, schreibt:

> Dieses Zitat wird hervorgeholt, wann immer jemand sagen will, dass Christen zu viel über das Evangelium *reden* und es zu wenig *leben*. Zugegeben – das kann ein Problem sein. Die rhetorische Kraft dieses Zitats entspringt größtenteils der Annahme, dass Franz von Assisi es nicht nur gesagt, sondern auch danach gelebt hat. Das Problem ist, dass er es gar nicht gesagt hat. Und er hat es auch nicht ausgelebt. Von diesen beiden Tatsachen können wir Rückschlüsse auf den Geist unserer Zeit ziehen.[22]

Was nun den Apostel Paulus betrifft, so besteht kein Zweifel, dass er daran glaubte, wie wichtig es ist, das Wort zu verkünden und gleichzeitig dessen Gültigkeit durch den eigenen Lebensstil zu demonstrieren. Aber mehr noch: Es war ihm wichtig, dass sämtliche verbale Kommunikation *in Christus* geschehen sollte.

Als Paulus vom Reden *in Christus* schrieb, bezog er sich einmal darauf, dass das Evangelium denen verkündet wurde, die es noch nicht gehört hatten (2Kor 2,17), und zweimal darauf, dass Christen belehrt wurden (2Kor 12,19; 13,3). Somit umfasst das Reden *in Christus* sämtliche Dienste, die mit dem Reden zusammenhängen, solange diese im Zusammenhang mit und in Abhängigkeit von Christus ausgeführt werden. Aber unabhängig vom Adressaten sollte das Reden über Christus immer in dem Bewusstsein geschehen, dass der Sprecher mit Christus verbunden ist, auf ihn und sein Wort vertraut und von ihm abhängig ist in Bezug auf das Ergebnis seines Dienstes.

Bemühst du dich darum, die Errettung durch Christus mit denen zu teilen, die noch nie davon gehört haben? Sei dir immer darüber im Klaren, dass du mit Christus verbunden bist, wenn du sprichst. Leitest du einen Hauskreis in deiner Gemeinde? Du solltest deine Worte immer in Abhängigkeit von Christus sagen. Predigst oder lehrst du? Bedenke, dass Christus seine Botschaft durch dich vermitteln will. Aber auch wenn Gott dich nur dazu berufen hat, Einzelgespräche zu führen – ob mit Christen oder mit Nichtchristen – solltest du dir der Tatsache bewusst sein, dass die Worte, die du von dir gibst, mit deinem *In-Christus-Sein* übereinstimmen sollten.

Vielleicht können wir die Gedanken in diesem Kapitel damit abschließen, dass wir das eingangs erwähnte, ach so beliebte Zitat (das Franz von Assisi sehr wahrscheinlich nie gesagt hat) abändern. Mein Änderungsvorschlag ist vielleicht nicht so eingängig, aber dafür stimmt er umso mehr mit der Bibel überein: „Predige das Evangelium jederzeit Christen und Nichtchristen; und wenn du dazu reden musst, vergiss nicht, dass du *in Christus* redest."

KAPITEL 87

BRIEFE VON CHRISTUS

„Fangen wir wieder an, uns selbst zu empfehlen? Oder brauchen wir etwa, wie gewisse Leute, Empfehlungsbriefe an euch oder Empfehlungsbriefe von euch? Unser Brief seid ihr, eingeschrieben in unsere Herzen, erkannt und gelesen von allen Menschen; von euch ist offenbar geworden, dass ihr ein Brief Christi seid, ausgefertigt von uns im Dienst, geschrieben nicht mit Tinte, sondern mit dem Geist des lebendigen Gottes, nicht auf steinerne Tafeln, sondern auf Tafeln, die fleischerne Herzen sind." (2Kor 3,1-3)

Eine Sache, die bei meiner Arbeit als Hochschulprofessor sehr viel Zeit in Anspruch nimmt, ist das Aufsetzen von Empfehlungsschreiben. Ich verfasse Empfehlungsschreiben für Studenten, die sich für ein weiterführendes Studium, ein Stipendium oder einen Job bewerben, die ein Auslandssemester absolvieren oder in die Mission gehen wollen. Empfehlungsbriefe sind ein wichtiger Bestandteil von Bewerbungsprozessen. Sie helfen den Verantwortlichen dabei zu entscheiden, ob sie einen Bewerber annehmen oder doch besser ablehnen sollen. Allen Empfehlungsschreiben gemein ist, dass der Verantwortliche sicher sein will, dass das Empfehlungsschreiben echt ist, d. h. dass der Bewerber das Schreiben nicht gefälscht hat.

Lass uns ein Szenario durchspielen, bei dem ein Empfehlungsschreiben eine Rolle spielt. Stell dir vor, du hast dein Leben völlig umgekrempelt und bist in eine weit entfernte Stadt gezogen, um dort eine Gemeinde zu gründen. Trotz einiger Rückschläge hast du einige Menschen zu Christus geführt, sie als Gemeinde zusammengestellt, Gemeindeleiter (Älteste) eingesetzt und bist nach ein paar Jahren weitergezogen, um dasselbe an anderen Orten zu wiederholen. Doch nach deiner Abreise kommt dir zu Ohren, dass sich Außenstehende durch gefälschte Empfehlungsschreiben in die Gemeinde eingeschleust haben. Wie glücklich wärst du darüber?

Gehen wir noch einen Schritt weiter: Angenommen, diese Unruhestifter würden *dich* beschuldigen, weil du bei deinem ersten Besuch keine formellen Empfehlungsschreiben vorgelegt hast. Du würdest wahrscheinlich antworten: „Ernsthaft? Ihr braucht ein Empfehlungsschreiben von mir? Ihr kennt mich doch. Ich habe euch höchstpersönlich zu Christus geführt. *Ihr* selbst seid meine Empfehlungsschreiben. Ich brauche kein anderes Empfehlungsschreiben als das, was Christus bereits geschrieben hat – und zwar auf eure Herzen. Jeder, der euer Leben betrachtet, kann sehen, dass die Nachricht von Jesus, die ich euch gepredigt habe, euch auf den Leib geschrieben ist. Jeder kann sie lesen!"

Was ich gerade beschrieben habe, passierte dem Apostel Paulus und war der Grund für seine eindringlichen Worte in 2. Korinther 3,1-3. Er hatte Menschen in Korinth mit Jesus vertraut gemacht, eine Gemeinde mit Leitern vor Ort organisiert und hörte dann nach seiner Abreise, dass Unruhestifter mit gefälschten Briefen wedelten, um die frisch bekehrten Christus-Nachfolger dazu zu bringen, auf *sie* zu hören statt auf Paulus.

Auf diesen Bericht reagierte Paulus, indem er darauf bestand, dass die Korinther selbst der einzige Empfehlungsbrief waren, den er jemals brauchte. Er sagte nicht, diesen Brief (d. h. die Veränderung in ihrem Leben) selbst geschrieben zu haben. So etwas behauptete Paulus nie. Er argumentierte, dass *Christus* ihre Lebensbriefe geschrieben hatte. Paulus sah sich selbst nur als Briefträger an. Außerdem beteuerte er, dass jeder sehen konnte, dass Christus sein Empfehlungsschreiben auf ihre Herzen niedergeschrieben hatte. Warum fiel es ihnen selbst so schwer, das zu erkennen?

Wir können eine tiefe Wahrheit aus dieser Begebenheit mitnehmen. Wie bei den Korinthern sind unsere Leben Briefe von Christus, die jeder lesen kann. Wir sollten nicht vergessen, dass andere Menschen unser Leben lesen. Aber das wirft eine Frage auf: Was lesen Menschen, wenn sie dein Leben betrachten? Lesen sie einen Brief, der von der Liebe Christi überströmt? Lernen sie durch dein Leben das, was Gott ihnen über sein Wesen und seine Absichten mitteilen will? Sehen sie, dass die Gottes Botschaft auf dein Herz geschrieben ist? Wenn Menschen dich beobachten – die Art, wie du redest, lebst und Liebe praktizierst –, ist es für sie offen sichtbar, dass du ein Brief Gottes *in Christus* bist?

KAPITEL 88

IN CHRISTUS GESCHAFFEN ZU GUTEN WERKEN

„Denn wir sind sein Gebilde, in Christus Jesus geschaffen zu guten Werken, die Gott vorher bereitet hat, damit wir in ihnen wandeln sollen." (Eph 2,10)

Wie werden dich die Menschen im Gedächtnis behalten, wenn du stirbst? Werden sie sagen, dass du viel Gutes getan hast? Wusstest du, dass du *in Christus* zu guten Werken geschaffen bist?

Denke an Tabitha (auch Dorkas genannt) aus der Apostelgeschichte. In der Bibel lesen wir über sie, dass sie „reich an guten Werken und Almosen" war (Apg 9,36). Als sie starb, trauerten und weinten die Witwen aus ihrer Nachbarschaft um sie und zeigten Petrus all die Kleider, die sie bei ihnen hergestellt hatte, während sie bei ihnen lebte (Apg 9,39).

Oder denke an Barnabas, der bereit war, seinen Ruf unter den Aposteln in Jerusalem aufs Spiel zu setzen, um ihnen Saulus (bzw. Paulus) vorzustellen, den, der zuvor die Gemeinde verfolgt hatte und der nun selbst zum Glauben an Jesus gekommen war. In Apostelgeschichte 9,26-27 wird von Saulus' Ankunft in Jerusalem berichtet: „Alle fürchteten sich vor ihm, da sie nicht glaubten, dass er ein Jünger sei. Barnabas aber nahm ihn und brachte ihn zu den Aposteln und erzählte ihnen, wie er auf dem Weg den Herrn gesehen habe und dass der zu ihm geredet und wie er in Damaskus freimütig im

Namen Jesu gesprochen habe." Dadurch wirkte Barnabas mit daran, dass Paulus als berufener Apostel das Evangelium unter den Heiden verbreiten konnte.

Denke auch an Maria Magdalena, Johanna und Susanna. Als Jesus von Stadt zu Stadt zog und dort die gute Nachricht von Gottes Reich verkündete, nahm er nicht nur seine zwölf Jünger mit, sondern auch „Maria, genannt Magdalena, von der sieben Dämonen ausgefahren waren, und Johanna, die Frau des Chuza, des Verwalters Herodes', und Susanna und viele andere, die ihnen mit ihrer Habe dienten" (Lk 8,2-3). Diese drei Frauen waren so dankbar für das, was Jesus in ihrem Leben getan hatte, dass sie mit guten Werken darauf reagierten. So kümmerten sie sich um die finanziellen und praktischen Bedürfnisse Jesu auf seiner Predigtreise.

Und zu guter Letzt denke an die Mutter von Rufus in Rom. Als Paulus am Ende seines Briefes an die Römer Grüße sendet, schreibt er: „Grüßt Rufus, den Auserwählten im Herrn, und seine und meine Mutter!" (Röm 16,13). Zu einem bestimmten Zeitpunkt in Paulus' aufreibendem Leben brauchte er anscheinend eine „Ersatzmutter". Wenn Paulus in einem öffentlichen Brief an die Römer Rufus' Mutter auch seine eigene Mutter nennt, dann muss sie ihn wohl mit einer Menge Liebe, gutem Rat, einem Platz zum Schlafen und vor allem mit Pizza versorgt haben! (Es war immerhin Italien ...)

„Denn wir sind sein Gebilde, in Christus Jesus geschaffen zu guten Werken, die Gott vorher bereitet hat, damit wir in ihnen wandeln sollen" (Eph 2,10). Paulus schreibt diese Worte unmittelbar nach seine oft zitierten Worten, dass wir aus Gnade durch Glauben gerettet wurden, und zwar nicht, weil wir es uns verdient haben, sondern weil Gott es uns geschenkt hat (Eph 2,8-9). Gottes großzügiges Geschenk der Errettung sollte zu guten Werken führen. Wir werden nicht durch gute Werke errettet – das schreibt Paulus ausdrücklich.

Aber Gott hat die Absicht, uns geistlich neu zu erschaffen in Christus, damit wir unser neues Leben in Christus durch gute Werke demonstrieren.

Wie werden dich die Menschen im Gedächtnis behalten, wenn du stirbst? Werden sie sich an dich erinnern, weil du lernschwachen Schülern geholfen hast? Weil du dich um Menschen gekümmert hast, die schwierige Zeiten durchlebten? Weil du dafür gesorgt hast, dass die Räume der Gemeinde sauber, sicher und frei zugänglich waren? Weil du auf eigene Kosten Rampen für Rollstühle oder Ähnliches gebaut hast? (Ich kenne jemanden, der gerade erst so eine Rampe gebaut hat.) Weil du Jugendliche bei dir aufgenommen hast, die andernfalls unter die Räder gekommen wären? Wird man sich an dich erinnern als an jemanden, bei dem die Gnade Gottes übergesprudelt ist und gute Werke an anderen hervorgebracht hat? Wir sind Gottes Arbeiter, geschaffen zu guten Werken *in Christus.*

KAPITEL 89

GOTTES KRAFT UND WEISHEIT IN CHRISTUS

„Und weil denn Juden Zeichen fordern und Griechen Weisheit suchen, predigen wir Christus als gekreuzigt, für Juden ein Anstoß und für Nationen eine Torheit; den Berufenen selbst aber, Juden wie Griechen, Christus, Gottes Kraft und Gottes Weisheit." (1Kor 1,22-24)

„Aus ihm aber kommt es, dass ihr in Christus Jesus seid, der uns geworden ist Weisheit von Gott." (1Kor 1,30)

„Und ich war bei euch in Schwachheit und mit Furcht und in vielem Zittern; und meine Rede und meine Predigt bestand nicht in überredenden Worten der Weisheit, sondern in Erweisung des Geistes und der Kraft, damit euer Glaube nicht auf Menschenweisheit, sondern auf Gottes Kraft beruht." (1Kor 2,3-5)

Während Jesu Dienst auf der Erde forderten die Anführer der Juden wiederholt Wunder von ihm, durch die er seinen Anspruch, im Auftrag Gottes zu reden, belegen sollte (Mt 16,1; Mk 8,11; Lk 11,16; Joh 2,18; 6,30). Paulus beschreibt dies prägnant mit den Worten, dass „Juden Zeichen fordern" (1Kor 1,22).

Und er fügt hinzu, dass „Griechen Weisheit suchen“ (1Kor 1,22). Im ersten Jahrhundert rissen sich die Leute in der griechischsprachige Welt darum, öffentliche Redner zu hören. Überzeugende Rhetoriker waren die Popstars in Städten wie Korinth und Athen. Die Menschen strömten in Scharen herbei, um ihnen zuzuhören. Die Sophisten brachten ihre Zuhörer dazu zu lachen, zu weinen, zu stöhnen, vor Wut in die Luft zu gehen und Siegesschreie von sich zu geben. Im Gegensatz zu den griechischen Philosophen, die man in der Schule kennenlernt - und von denen manche *wirklich* auf der Suche nach Weisheit waren –, erschienen diese öffentlichen Redner ihren Zuhörer nur als weise, weil sie durch ihre Wortgewandtheit ihre Anliegen publikumswirksam vermittelten.

Das waren schlechte Nachrichten für Paulus, der den Erwartungen mancher Christen in Korinth nicht entsprach. Obwohl Gott durch ihn so manches Wunder vollbracht hatte (1Kor 2,4), erschien er in ihren Augen häufig schwach. Das ist einer der Gründe, warum die Korinther empfänglich für Irrlehrer waren; sie fühlten sich zu wortgewandten Rednern hingezogen und schrien förmlich nach Wundern.

Wie anfällig bist du für die Verlockungen von überzeugenden Rednern und solchen, die behaupten, Wunder vollbringen zu können? Ich kenne jemanden, der mit Vorliebe Radiopredigten hört, aber kaum Urteilsvermögen besitzt, um die Botschaften, die er hört, zu beurteilen. „Aber er ist so ein guter Redner“, rechtfertigt er sich immer, wenn ihn jemand dazu herausfordert, die gehörten Botschaften zu hinterfragen. Vor Jahren hatte ich einen Freund, der seinen Kalender völlig nach sogenannten Revival-Meetings ausrichtete. Wann immer er von einem solchen Treffen hörte, insbesondere wenn dort angeblich viele Wunder passieren würden, hielt er sich seinen Terminkalender frei, um dabei sein zu können. „Ich spüre die Kraft Gottes, wenn ich dort bin!", erwiderte er immer, wenn ihm jemand sagte, er solle sein Urteilsvermögen einsetzen.

Überzeugende Redner und Wundertäter fühlten sich in christlichen Kreisen schon immer wohl. Was ist daran falsch? Gehört Weisheit nicht zum christlichen Leben? Oder die Kraft Gottes?

Zugegeben, in Christus haben wir sowohl Weisheit als auch Kraft. Aber vergiss nicht, dass jede Weisheit, die wirklich die Bezeichnung „Weisheit" verdient hat, und jede echte Kraft in dir eng an deine Gemeinschaft mit Jesus gekoppelt sind. Wenn du wirklich Christ bist, dann bist du „in Christus Jesus …, der uns geworden ist Weisheit von Gott" (1Kor 1,30). Verliere nie „Christus, Gottes Kraft und Gottes Weisheit" (1Kor 1,24) aus den Augen. Renne nicht gedankenlos dem überzeugendsten Redner oder dem Wundertäter in deiner Nähe hinterher. Erinnere dich an deine Verbindung zu Christus, dem Einen, der an deiner Stelle gekreuzigt wurde (1Kor 2,2), „damit [dein] Glaube nicht auf Menschenweisheit, sondern auf Gottes Kraft beruht" (1Kor 2,3-5).

Ja, wir sollten nach echter Weisheit streben, und ja, wir sollten die Kraft, die wir in Christus haben, in Anspruch nehmen. Aber wir können die wahre Weisheit und Kraft Gottes nur dadurch ergreifen, dass wir uns an unsere Verbindung zu dem gekreuzigten und auferstandenen Christus erinnern. Die wahre Weisheit und Kraft Gottes – nicht die gefakte – gehört uns einzig und allein, weil wir *in Christus* sind.

KAPITEL 90

OFFENE TÜREN IN CHRISTUS

„Als ich aber zur Verkündigung des Evangeliums Christi nach Troas kam und mir eine Tür geöffnet wurde im Herrn, hatte ich keine Ruhe in meinem Geist." (2Kor 2,12-13a)

„Ich werde aber bis Pfingsten in Ephesus bleiben, denn eine große und wirksame Tür ist mir geöffnet worden, und der Widersacher sind viele." (1Kor 16,8-9)

„... und betet zugleich auch für uns, dass Gott uns eine Tür des Wortes öffnet, das Geheimnis des Christus zu reden, dessentwegen ich auch gebunden bin, damit ich es kundmache, wie ich reden soll!" (Kol 4,3)

Nicht jede Tür, die geöffnet scheint, ist wirklich offen. Und nicht jede Tür, die verschlossen scheint, ist tatsächlich verschlossen. Nur weil der Weg in einem bestimmten Dienst zunächst holprig ist, handelt es sich nicht um eine verschlossene Tür.

Für den Apostel Paulus war eine offene Tür eine von Gott gegebene Möglichkeit, die gute Nachricht von Jesus zu verbreiten. Den Korinthern schreibt er, dass Gott für ihn Türen zum Dienst in Ephesus und Troas geöffnet hat, und die Kolosser bittet er, für eine offene Tür zu beten, damit er das Evangelium in Rom verkünden kann.

Die wohl größte Fehlinterpretation in Bezug auf „offene Türen" ist, dass man bei einem Vorhaben keinen Gegenwind bekommt;

dass alles ohne Komplikationen vonstattengeht. Zwar bedeutet eine offene Tür eine Möglichkeit zur Verkündigung des Evangeliums, aber das heißt noch lange nicht, dass es leicht werden wird. Bei jeder der drei Begebenheiten, bei denen Paulus von offenen Türen spricht, tauchten auch Schwierigkeiten auf. In 1. Korinther 16,9 schreibt Paulus, dass er noch länger in Ephesus bleiben will, weil ihm „eine große und wirksame Tür … geöffnet worden" sei. Doch er fügt gleich hinzu: „… und der Widersacher sind viele." Als Paulus schrieb, dass in Troas eine Tür geöffnet wurde, sodass das Evangelium dort verkündet werden konnte, erinnerte er sich schmerzlich daran, dass er keine innere Ruhe finden konnte, weil Titus nicht bei ihm war (2Kor 2,12). Und als er die Kolosser aufforderte zu beten, „dass Gott uns eine Tür des Wortes öffnet", saß er im Gefängnis und wartete wahrscheinlich gerade auf sein Gerichtsverfahren in Rom (Kol 4,3). Nur weil eine Tür geöffnet ist, wird es nicht zwangsläufig einfach.

Vor einigen Jahren, nachdem meine Frau und ich in den Nahen Osten gezogen waren, beteten wir dafür, eine neue Missionsarbeit in einer unerreichten Stadt zu beginnen, in der das Evangelium noch nicht bezeugt wurde.

Zuerst behielten wir die Information, dass wir für eine solche Möglichkeit beteten, für uns. Doch schon bald darauf erzählten wir es einer gottesfürchtigen Frau, die daraufhin anfing, mit uns dafür zu beten. Dann teilten wir es auch Menschen mit, die denselben weitreichenden Blick für Mission hatten und in ähnlichen Gebieten im Land arbeiteten. All diese Unterstützer im Gebet bestätigten uns, dass es in der Stadt, in die wir gehen wollten, eine offene Tür für den Dienst gäbe. Doch als sich die Nachricht unseres bevorstehenden Umzugs verbreitete, fingen einige Gläubige in unserem Umfeld an, sich negativ darüber zu äußern: „Das ist eine ziemlich religiöse

Stadt", „Der geistliche Kampf dort ist heftig", „Ihr könnt froh sein, wenn ihr ein Jahr dort aushaltet".

Gab es nun eine offene Tür oder nicht? Ja, es gab sie. Und trotzdem gab es auch viele Widersacher. Die Einwände waren berechtigt – zumindest in gewisser Hinsicht. Es gab während unserer Zeit dort in der Tat Phasen, in denen das Leben wirklich hart war. Aber trotz aller Herausforderungen gab es auch eine weit geöffnete Tür, und Gott schenkte tatsächlich eine geistliche Erweckung.

Gibt es einen Dienst, von dem du denkst, dass Gott will, dass du ihn beginnst? Erscheint dir dieser Dienst so, als würde er Schwierigkeiten mit sich bringen? Wenn du eine Möglichkeit siehst, dass Gottes Wort Wurzeln schlagen und aufblühen könnte, dann denke daran: Auch wenn es dabei Hindernisse geben sollte, könnte es trotzdem eine offene Tür *in Christus* sein.

KAPITEL 91

EIN WOHLGERUCH CHRISTI

„Denn wir sind ein Wohlgeruch Christi für Gott unter denen, die gerettet werden, und unter denen, die verloren gehen; den einen ein Geruch vom Tod zum Tode, den anderen aber ein Geruch vom Leben zum Leben." (2Kor 2,15-16)

Ein Geruch, auf den man auf den Straßen meiner Heimat Los Angeles wahrscheinlich niemals stoßen wird, den man aber im Iran, in der Türkei, in Aserbaidschan, Griechenland oder auf dem Balkan häufig antrifft, ist der von der herzhaften Mahlzeit Kokoretsch. Kokoretsch sieht ein wenig aus wie ein aufgewickeltes Seil, das jemand gekocht hat. Im Grunde *ist* es ein langes Seil – aus Tierinnereien.

Ich für meinen Teil kann den Geruch von Kokoretsch nicht ertragen, aber ich kenne eine Menge Menschen, denen das Wasser im Mund zusammenläuft, wenn der Wind eine Brise davon zu ihren Geruchsnerven trägt. Man könnte sagen, Kokoretsch ist „den einen ein Geruch vom Tod zum Tode, den anderen aber ein Geruch vom Leben zum Leben" (2Kor 2,15-16). Derselbe Geruch, unterschiedliche Reaktionen.

Wie reagieren die Menschen, wenn sie dich „riechen"? Wenn du *in Christus* bist – und das bist du, wenn du Christus wirklich kennst –, werden manche Menschen deinen Geruch *mögen* und von deiner Botschaft angezogen werden, und andere werden davon *abgestoßen*.

Ich muss gerade an einen bekannten Sportler denken, der offen bekennt, dass er Christus nachfolgt. Er ist keinesfalls aufdringlich;

aber er scheut sich auch nicht zu bekennen, dass er zu Christus gehört. Viele Christen sind dankbar für sein Zeugnis. Er hat sogar Fans, die sich eigentlich gar nicht für Sport interessieren, sich aber darüber freuen, dass er ihren Glauben in der Öffentlichkeit so positiv repräsentiert. Allerdings hat die Öffentlichkeit diesem jungen Mann auch enorm viel Hass entgegengebracht, einfach nur, weil er keine Angst davor hat zu bekennen, dass er an Christus glaubt. Dieselbe Botschaft, derselbe Geruch, unterschiedliche Reaktionen.

Vielleicht ist jetzt ein guter Zeitpunkt, um mit einer falschen Annahme aufzuräumen. Ich kenne Christen, die denken, dass Menschen unweigerlich zum Glauben kommen werden, wenn wir die Botschaft nur möglichst wenig provokativ verpacken. Sie denken, dass die Menschen vom Evangelium angezogen werden, wenn wir nur die richtige Formel für einen angenehmen Geruch finden. Mit anderen Worten: Sie denken, dass das einzige Problem, das Menschen davon abhält, zum Glauben zu kommen, der schlechte Geruch ist, den Christen abgeben.

Leider muss ich sagen, dass Menschen, die so denken, etwas naiv sind. Ich stimme zwar rückhaltlos der Aussage zu, dass wir dafür sorgen müssen, alles aus dem Weg zu räumen, was Menschen daran hindert, das Evangelium anzunehmen (solange nicht das Evangelium selbst abgeändert wird), und dass wir freudig allen alles werden sollten, damit wir so einige Menschen gewinnen können (1Kor 9,22). Aber wir sollten nicht vergessen, dass das Evangelium für manche immer ein Stein des Anstoßes bzw. eine Torheit sein wird (1Kor 1,23). Manche Menschen lehnen die frohe Botschaft ab, egal, wie ansprechend sie verpackt ist.

Aber unabhängig davon, dass manche von dem Geruch Christi in dir angezogen und andere davon abgestoßen werden, darfst du nicht rücksichtslos, aufdringlich oder arrogant sein, wenn du mit

Nichtgläubigen sprichst. Du solltest daran arbeiten, dass dein Geruch zu deiner Botschaft passt, zu der Botschaft von Versöhnung. Mit anderen Worten: Vermische den Wohlgeruch der Botschaft Christi nicht mit einem fauligen Geruch, der andere davon abhält, die Botschaft anzunehmen.

Möge unser Leben den Wohlgeruch Christi verbreiten! Mögen die Menschen durch unser Leben zu Jesus hingezogen werden, wie ich vom Geruch frischen Brotes angezogen werde. Aber selbst wenn wir sorgfältig darauf achten, die Botschaft nicht zu verwässern, werden manche Menschen nie das wundervolle Aroma Christi riechen können, weil sie den Tod gewählt haben und nicht das Leben. Auch das gehört zu den Erfahrungen unseres Lebens *in Christus*.

KAPITEL 92

ANGETRIEBEN VON DER LIEBE CHRISTI

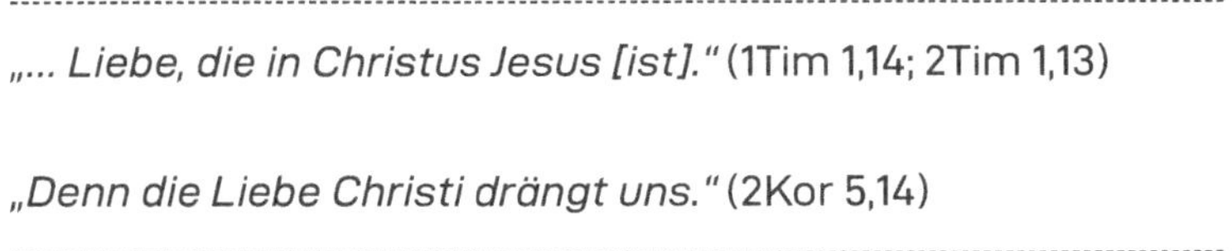

„... Liebe, die in Christus Jesus [ist].“ (1Tim 1,14; 2Tim 1,13)

„Denn die Liebe Christi drängt uns.“ (2Kor 5,14)

Jeremia, der leidende Prophet, schrieb einmal: „Doch sooft ich mir sage: Ich will nicht mehr an ihn denken und nicht mehr in seinem Namen reden, wird es in meinem Herzen wie brennendes Feuer, eingeschlossen in meinen Gebeinen. Und ich habe mich vergeblich abgemüht, es weiter auszuhalten, ich kann nicht mehr!“ (Jer 20,9).

Jeremia konnte die Botschaft, die ihm anvertraut worden war, nicht für sich behalten. Er musste sie weitergeben.

Auch in Paulus’ Herz brannte ein Feuer. Dieses Feuer war „die Liebe Christi“ (2Kor 5,14). Paulus sagte, dass sie ihn *drängte.* Sie *bestimmte* ihn. Sie *bewegte* ihn. Sie *trieb ihn an,* das zu tun, was er tat. Das sind die Verben, die in modernen Bibelübersetzungen verwendet werden, um auszudrücken, was Paulus auf dem Herzen lag. Das griechische Verb kann in diesem Kontext zweierlei Bedeutung haben: einerseits, dass Paulus gesteuert (d. h., vor Eigenliebe bewahrt) wird, und andererseits, dass er zum Dienst angespornt (zum Handeln gedrängt, vorangetrieben) wird. Paulus wurde durch die Liebe Christi dazu bewegt, andere davon zu überzeugen, dass sie sich mit Christus versöhnen mussten (2Kor 5,11; 18-20). Die Liebe des

Christus gab Paulus Richtung und Antrieb. Es gab für Paulus nur eine einzige Möglichkeit, darauf zu reagieren: Er musste diese Liebe mit anderen teilen.

Aber was meint Paulus mit der „Liebe Christi“? Grammatikalisch könnte er sowohl die Liebe, die Christus zu uns hat, gemeint haben, als auch unsere Liebe zu Christus. Aber welche meinte er nun? Will Paulus uns sagen, dass er von Christus’ aufopfernder Liebe überwältigt ist und deshalb zu dem angetrieben wird, was er tut? Das deutet jedenfalls auch die Formulierung „dass einer für alle gestorben ist“ (2Kor 5,14) an. Oder soll unser Augenmerk auf Paulus’ Eifer für Christus gerichtet werden? Dieser wird im weiteren Kontext des Verses deutlich und deutet eher auf die zweite Bedeutung hin: dass Paulus tut, was er tut, weil er Christus leidenschaftlich liebt. Ich habe jahrelang über diese Frage nachgedacht und bin heute überzeugt davon, dass sowohl Jesu Liebe zu uns als auch unsere Liebe zu Jesus in dieser kurzen Formulierung mitschwingen.[23] Paulus war motiviert durch Jesu Liebe zu ihm und angetrieben durch seine Liebe zu Jesus. Paulus war so von Jesu Opfertod bewegt (und reagierte darauf mit hingebungsvoller Liebe zu Christus), dass er durch das Lieben und Geliebtwerden, die die Beziehung zwischen ihm und seinem Herrn prägten, dazu angetrieben wurde, diese Liebe in die Welt zu tragen.

Was motiviert dich? Wirst du nur durch dein Pflichtbewusstsein angetrieben, das dir sagt, ein guter Christ müsse mit dem Evangelium auf seine Nachbarn und Arbeitskollegen zugehen? Oder bist du wirklich von der Liebe Christi bewegt? Es sieht ganz anders aus, wenn du deinen Mitmenschen als Antwort auf die verschwenderische Liebe Christi dienst. Deine Perspektive ist dann eine völlig andere, und du wirst so sehr von der Liebe zu Christus ergriffen, dass dein Handeln immer mehr von dieser Liebe bestimmt wird. Wenn du aus einer liebenden Beziehung zu Christus heraus lebst – zu dem, der dich mehr geliebt hat als das Leben –, dann wirkt sich das auf dein ganzes Sein aus.

Empfangen und zurückgeben. Ihn annehmen und ganz von ihm eingenommen sein. Lieben und geliebt werden. Und wieder lieben und geliebt werden. Und wieder, und wieder … Und diese Liebe dann nach außen kehren und die Liebe Christi mit einer Welt teilen, die nach Liebe lechzt.

Ja, die Welt sehnt sich nach Liebe, und wir haben die Antwort auf ihre Sehnsucht. Bist du so von der Liebe Christi eingenommen, dass sie dich dazu drängt, sie mit anderen zu teilen? Wirst du ihnen – von der Liebe Christi gedrängt – erzählen, dass sie durch Glauben mit Christus vereint werden können; dass auch sie, wie du, *in Christus* sein können?

KAPITEL 93

VERSÖHNUNG DURCH CHRISTUS

„Alles aber von Gott, der uns mit sich selbst versöhnt hat durch Christus und uns den Dienst der Versöhnung gegeben hat, wie denn Gott in Christus war, und die Welt mit sich selbst versöhnte, ihnen ihre Übertretungen nicht zurechnete und in uns das Wort von der Versöhnung gelegt hat." (2Kor 5,18-19)

Eine der Nebenlinien in der Lebensgeschichte von Paulus, die ich am meisten mag, ist seine Beziehung zu Johannes Markus (Schreiber des Markusevangeliums).

Als Barnabas und Paulus ihre erste Missionsreise starteten, luden sie Barnabas' Cousin Markus (Kol 4,10) ein, sie auf ihrer Reise zu begleiten (Apg 12,25; 13,5). Markus diente mit Barnabas und Paulus auf der Insel Zypern und segelte dann mit ihnen Richtung Festland, in den heutigen Süden der Türkei. Dort verließ Markus sie (Apg 13,13). Hatten sie sich gestritten? Hatte Johannes Markus Angst vor Verfolgung, die möglicherweise auf dem Festland drohte? Man weiß es nicht genau. Aber als Paulus und Barnabas das Evangelium verkündeten und gemeinsam dafür Leid ertrugen (Apg 13–14), war Markus nicht bei ihnen.

Als Paulus und Barnabas sich einige Jahre später entschlossen, eine zweite Missionsreise zu unternehmen, und Barnabas seinem Cousin eine zweite Chance geben wollte, schlug er vor, ihn erneut mitzunehmen. Doch Paulus lehnte entschieden ab: „Es entstand nun eine Erbitterung, sodass sie sich voneinander trennten und Barnabas den Markus mitnahm und nach Zypern segelte" (Apg 15,39). Barnabas nahm Markus mit und machte sich auf den Weg nach Zypern. Paulus blieb noch eine Weile in Antiochia, wählte schließlich Silas als Begleiter für seinen Dienst aus und machte sich auf den Weg, als die Gemeinde in Antiochia ihn aussandte (Apg 15,36-41).

Das war's. Markus hatte das dynamische Duo Paulus und Barnabas auseinandergebracht. Man sollte nicht vergessen, dass das in einer von Ehre und Schande geprägten Kultur geschah. Markus war der Grund für den Streit zwischen den beiden. Vor ihrem kulturellen Hintergrund gab es kein Zurück mehr. Die Beziehung zwischen Paulus und Markus war erledigt. Oder doch nicht?

Nein, das war sie nicht. Paulus und Markus versöhnten sich wieder – und zwar vollständig. Wir lesen, dass Paulus ein Jahrzehnt später unter römischem Hausarrest stand und einen Brief an die Gemeinde in Kolossä schrieb und einen an Philemon, ein Mitglied der dortigen Gemeinde. Rate mal, wer zu diesem Zeitpunkt bei Paulus war. Ganz genau: Markus (Kol 4,10). Und er war nicht nur bei ihm, er war auch Paulus' Mitarbeiter (Phim 24). Aber einen noch viel ergreifenderen Kommentar verfasste Paulus ein paar Jahre später, kurz vor seinem Märtyrertod. Paulus schreibt Timotheus: „Lukas ist allein bei mir. Nimm Markus und bringe ihn mit dir! Denn er ist mir nützlich zum Dienst" (2Tim 4,11).

Wie kam es dazu? Wie um alles in der Welt konnten sich Paulus und Markus, Menschen in einer Gesellschaft, die von Ehre und Schande geprägt war, versöhnen? Die sich nicht nur gegenseitig vergaben, sondern so sehr zurück zueinander fanden, dass sie wieder gemeinsam im Dienst der Versöhnung arbeiteten? Die Antwort steht in 2. Korinther 5,18-19. Paulus (und sicher auch Markus) hatten für sich persönlich anerkannt, dass Gott sie „durch Christus mit sich selbst versöhnt und [ihnen] den Dienst der Versöhnung übertragen" hatte. Mit anderen Worten: In Christus hat Gott die Menschen mit sich selbst versöhnt, anstatt ihnen ihre Vergehen gegeneinander vorzuhalten. Und er hat ihnen die Botschaft der Versöhnung anvertraut.

Sie wussten, dass Gott sie durch Christi Werk in eine enge Beziehung zu sich selbst gestellt und ihnen dadurch die Botschaft gezeigt hatte, dass auch andere sich mit Gott versöhnen konnten. Jeder, der in Christus mit Gott versöhnt ist, tut den Dienst der Versöhnung an anderen („Er hat *uns* versöhnt" und „*uns* den Dienst der Versöhnung übertragen"). Paulus und Markus kamen entgegen allen kulturellen Gepflogenheiten wieder zusammen und arbeiteten gemeinsam in dem Dienst, andere einzuladen, mit Christus verbunden zu werden. Sie versöhnten sich und riefen andere dazu auf, es ihnen gleichzutun, da sie wussten, dass sie *in Christus* zuerst mit Gott versöhnt worden waren.

KAPITEL 94

BOTSCHAFTER FÜR CHRISTUS

„So sind wir Botschafter Christi, und Gott gebraucht uns, um durch uns zu sprechen. Wir bitten inständig, so, als würde Christus es persönlich tun: Lasst euch mit Gott versöhnen!" (2Kor 5,20; NLB)

Wie sich herausstellte, habe ich einen bekannten Vorfahren (neben Adam und Noah). Ich bin ein direkter Nachfahre von John Hart, einem der Unterzeichner der Unabhängigkeitserklärung der Vereinigten Staaten von Amerika. Harts Unterschrift ist die vorletzte in der vierten Spalte am Ende des Dokuments (für den Fall, dass du nachschauen willst).

John Hart war ein Delegierter, eine Art „Botschafter", um es mit den Worten in 2. Korinther 5,20 auszudrücken. Er vertrat New Jersey, eine der 13 Kolonien, im Zweiten Kontinentalkongress und ratifizierte die Unabhängigkeitserklärung im Namen dieses Staates. Im Zuge seiner repräsentativen Aufgaben geriet er in große Schwierigkeiten. Innerhalb weniger Monate nach Unterzeichnung der Erklärung plünderten britische Truppen und Söldnereinheiten sein Haus in New Jersey. Seine Frau erkrankte und starb, womöglich an einer Verletzung, die sie bei einem der Angriffe auf sein Haus erlitt. Hart selbst versteckte sich über einen Monat lang in Wäldern und Höhlen, um den Truppen zu entkommen, die ihm aufgrund ihrer Treue zum britischen Königshaus nachstellten. Sein Dienst als Delegierter bzw. „Botschafter" von New Jersey forderte einen hohen Tribut.

„So sind wir Botschafter Christi." Genau genommen ist das griechische Wort, das mit „Botschafter" übersetzt wurde, gar kein Nomen, sondern ein Verb. Die Betonung liegt also vielmehr auf dem, was wir tun, als auf dem Titel, den wir tragen. Sozusagen „botschaften" wir im Namen Christi. Die logische Schlussfolgerung ist, dass wir uns nur Botschafter nennen sollten, wenn wir auch wirklich den Aufgaben eines Botschafters nachkommen.

Was zeichnet einen Botschafter aus?

1. Botschafter repräsentieren jemand anderen als sich selbst. Das bedeutet, dass wir als Botschafter Christi versuchen müssen, ihn angemessen zu repräsentieren.

2. Botschaftern wird eine Aufgabe übertragen. Unsere Aufgabe liegt gemäß 2. Korinther 5,20 darin, andere dazu aufzufordern, sich durch Christus mit Gott zu versöhnen. Wir tun dies nicht in *unserem* Namen, sondern im Namen Jesu, als würde Christus es persönlich tun.

3. Botschafter leiden manchmal infolge ihrer Verbindung zu dem, der sie ausgesandt hat. Jesus sagte: „Wenn sie mich verfolgt haben, werden sie auch euch verfolgen" (Joh 15,20). Paulus erlitt zahlreiche Demütigungen als Botschafter Christi; seine Leiden ziehen sich quer durch den 2. Korintherbrief (siehe Kapitel 1, 4, 6 und 11). Wir sollten nicht überrascht sein, wenn wir Gegenwind bekommen oder sogar verfolgt werden, weil wir versuchen, einen gekreuzigten Retter zu repräsentieren.

Hast du Nachbarn? Die meisten Menschen, die ich kenne (außer die, die weit entfernt von allen anderen wohnen), haben Nachbarn. Merken deine Nachbarn an deinem Verhalten, dass du ein Botschafter Christi bist? (Du solltest wissen, dass sie dich durch die Fenster beobachten!) Können sie anhand der Art, wie du mit ihnen redest, feststellen, dass du ein Botschafter Christi bist?

Moment – du redest nie mit deinen Nachbarn? Tja, das ist eine andere Baustelle …

Hast du Arbeitskollegen oder Schulfreunde, mit denen du täglich oder zumindest wöchentlich zu tun hast? Wenn jemand sie bitten würde, etwas über dich zu erzählen, würde ihre Antwort beinhalten, dass du eine Verbindung zu Jesus hast? Können sie beobachten, dass du aufrichtig danach strebst, Jesus Christus durch dein Reden und Handeln zu repräsentieren, auch wenn sie nichts über das *Botschaftersein* von Christen wissen? Wenn sie wissen, dass du Christ bist, stimmen deine Worte mit deinem Verhalten überein?

Die Welt hat die Versöhnung mit Gott dringend nötig. Gott hat einen Weg geschaffen, dass jeder durch Jesu Tod und Auferstehung mit ihm versöhnt werden kann. Als Gläubige haben wir diese Versöhnung schon empfangen. Als Nachfolger wurden wir ausgesandt, um die Botschaft der Versöhnung weiterzugeben. Wir sind Botschafter Christi, wir tragen die Botschaft der Versöhnung mit Gott durch Christus in die Welt, weil wir *in Christus* sind.

KAPITEL 95

NARREN FÜR CHRISTUS

„Niemand betrüge sich selbst! Wenn jemand unter euch meint, weise zu sein in dieser Welt, so werde er töricht, damit er weise wird." (1Kor 3,18)

„Schon seid ihr satt, schon seid ihr reich geworden; ihr seid ohne uns zur Herrschaft gekommen. Oh, dass ihr doch wirklich zur Herrschaft gekommen wäret, damit auch wir mit euch herrschen könnten! Denn mir scheint, dass Gott uns, die Apostel, als die Letzten hingestellt hat, wie zum Tod bestimmt; denn wir sind der Welt ein Schauspiel geworden, sowohl Engeln als auch Menschen. Wir sind Narren um Christi willen." (1Kor 4,8-10)

Narren für Christus? Wie damals, als am Flughafen von Los Angeles ein Alarm in meinem Koffer losging, der gerade auf dem Gepäckband lag und sich meiner Kontrolle entzog, und ich plötzlich von einer Horde Flughafenpolizisten umgeben war? Oder ein anderes Mal, als ich mich mitten in eine Kapelle mit über 1000 Studentinnen setzte und mir erst, als ich mich genauer umsah, klar wurde, dass es eine Veranstaltung nur für Frauen war? Oder als ich während einer Vorlesung vergaß, mein Headset auszuschalten, als ich auf die Toilette ging?

Niemand fühlt sich gerne wie ein Dummkopf oder, um es mit den Worten der Bibel zu sagen, „töricht" oder wie ein „Narr". Niemand will derjenige sein, auf dessen Kosten sich andere lustig machen. Aber wenn wir uns mit Christus identifizieren, dann werden wir in den Augen anderer manchmal als Dummköpfe dastehen. Es gibt keinen Weg daran vorbei.

Paulus und seine Mitarbeiter wurden von manchen Menschen in Korinth als Narren angesehen. Das Problem war nicht Paulus; es war die verzerrte Vorstellung vom christlichen Leben, die die Korinther von Irrlehrern übernommen hatten und nun auf Paulus übertrugen. Diese frisch Bekehrten dachten, dass sie als Kinder Gottes von Gott im jetzigen Zeitalter reichlich gesegnet werden würden. Wenn sie dazu bestimmt waren, in Zukunft mit ihm zu regieren, dann, so dachten sie, sollten sie auch im Hier und Jetzt bereits als Könige leben. Wenn sie im zukünftigen Zeitalter Kronen erwarteten, dann durften sie doch wohl auch in diesem Zeitalter mit Reichtümern rechnen. Wenn sie eines Tages frei sein würden von Leid und Krankheit, dann würden sie sicher schon jetzt geheilt werden.

Im Gegensatz zu dieser verzerrten Vorstellung vom Leben als Christ schienen Paulus und seine Weggefährten Narren zu sein. Die Korinther, die diese Irrlehre übernommen hatten, konnten einfach nicht verstehen, wie Paulus ein wahrer Apostel sein konnte und doch ständig Rückschläge, Sorgen und Leid erfahren musste. Was für ein Narr, dass er solche Schwierigkeiten in Kauf nahm, obwohl es doch völlig überflüssig war!

Hat dich schon einmal jemand für einen Narren gehalten, weil du glaubst, dass Christus es wert ist, ihm dein ganzes Leben zu weihen? Findet einer deiner Arbeitskollegen, es sei deine Sache zu glauben, was du für richtig hältst, aber „warum muss sich immer alles um Jesus drehen"? Gibt es in deinem Leben ein nichtgläubiges Familienmitglied, das nicht nachvollziehen kann, warum du so viel Geld für die Mission spendest, und das alles als Verschwendung ansieht?

Doch es sind nicht nur Nichtgläubige, die dich für einen Dummkopf halten. Manchmal tun das auch solche, die sich selbst als Nachfolger Christi bezeichnen. Genau das passierte Paulus mit einigen der Christen in Korinth. Die Christin, mit der du dich regelmäßig auf einen Kaffee triffst, sagt dir, dass sie genug hat von Gesprächen über Gott; Freunde aus deiner Jugendgruppe wollen nicht mit dir abhängen, weil du „einfach zu … christlich" bist; sogar dein christlicher Ehepartner findet, dass du einmal „runterkommen" solltest.

Damit will ich aber *nicht* sagen, dass wir in Bezug auf die Art und Weise, wie wir über unseren christlichen Glauben reden, Narren sein sollten. Wir können vielleicht nicht immer vermeiden, dass uns Menschen, die unsere Beziehung zu Christus nicht verstehen, für Narren halten, aber wir sollen anderen – ob sie gläubig sind oder nicht – auch nicht mit unfreundlichen, lieblosen oder unbedachten Worten begegnen. Dennoch werden wir, die wir unserem alten Leben gestorben und in ein neues Leben eingetreten sind und danach streben, unseren Glauben an Christus in Wort und Tat auszuleben, unweigerlich von einigen als Dummköpfe angesehen werden. Wir können unseren Status als Narren für Christus voll und ganz annehmen, weil wir mit Christus verbunden sind und unseren Status als „Narren" davon ableiten, dass wir *in Christus* sind.

KAPITEL 96

GEISTLICHER KAMPF IN CHRISTUS

„Schließlich: Werdet stark im Herrn und in der Macht seiner Stärke! Zieht die ganze Waffenrüstung Gottes an, damit ihr gegen die Listen des Teufels bestehen könnt! Denn unser Kampf ist nicht gegen Fleisch und Blut, sondern gegen die Gewalten, gegen die Mächte, gegen die Weltbeherrscher dieser Finsternis, gegen die geistigen Mächte der Bosheit in der Himmelswelt." (Eph 6,10-12)

Geistlicher Kampf ist etwas sehr Reales. Egal, ob du dir Zeit nimmst, darüber nachzudenken, oder nicht. Es löst sich nicht in Luft auf, nur weil du nicht daran denkst. Genauso wenig, wie du jemanden daran hindern kannst, ein Verbrechen zu begehen, indem du die Augen schließt, kannst du geistliche Kämpfe aufhalten, indem du so tust, als gebe es sie nicht.

Was ist geistlicher Kampf? Paulus beschreibt sie als „Kampf ... gegen die geistigen Mächte der Bosheit in der Himmelswelt" (Eph 6,12). Genauer gesagt lehrt die Bibel, dass es einen realen Teufel gibt, also einen mächtigen Engel (Satan), der vor langer Zeit mit anderen mächtigen Engeln (Dämonen) gesündigt hat. Diese Mächte der Bosheit haben es darauf abgesehen, die Arbeit an Gottes Reich auf dieser Welt zu verhindern. Das hat zur Folge, dass du manchmal geistlich angegriffen wirst, wenn du dich auf die Wahrheit stützt, dass du „stark im Herrn und in der Macht seiner Stärke" sein kannst. Satan und sein Heer von Dämonen werden versuchen, dich aufzuhalten. Dich zu versuchen. Zwietracht unter deinen Glaubensgeschwistern zu säen. Deine Gesundheit anzugreifen. Durcheinander in dein Zuhause zu bringen.

Meine Frau und ich standen in den letzten drei Wochen unter geistlichem Beschuss. Mehr als 20 Jahre haben wir dafür gebetet, dass Gott uns die Möglichkeit schenkt, ein kleines Projekt ins Leben zu rufen, bei dem wir mit College-Studenten zusammenwohnen, um gemeinsam Jüngerschaft zu leben. Vor sieben Wochen sind wir in unser neues Zuhause eingezogen: ein Grundstück mit drei Wohngebäuden, in denen Platz für insgesamt zehn Studenten (in separaten Wohnungen) und unsere Familie ist. Das macht uns zur Zielscheibe. Geistige Mächte der Bosheit sind über das, was wir vorhaben, nicht glücklich. Sie wissen auch, dass einer unserer Schwachpunkte die Versorgungstechnik und der Zustand unserer Gebäude sind. Im vergangenen Monat hat unser Wasserboiler den Geist aufgegeben, unser Abfallzerkleinerer ist kaputt gegangen, im Kriechkeller unter unserem Haus kommt Abwasser hoch (ich erspare dir die Details), durch zwei undichte Fenster ist bei einem Unwetter Wasser ins Haus gelaufen, und dann gabe es auch noch ein komplexes Abwasserproblem in unserer Garage. Ob ich mir sicher bin, dass es sich um geistliche Angriffe handelt und nicht um gewöhnliche Alltagsprobleme? Nein. Aber ich habe in der Vergangenheit schon oft genug ähnliche Begebenheiten erlebt, die mich an die Möglichkeit, ja, sogar Wahrscheinlichkeit erinnern, dass wir geistlichen Widerstand erfahren, weil wir den Schritt in einen neuen Dienst gewagt haben.

Aber was hat *In-Christus-Sein* mit geistlichen Angriffen zu tun? Epheser 6,10 ermahnt uns: „Werdet stark *im Herrn* und in der Macht seiner Stärke!“ Ich kann dem Teufel nur deshalb widerstehen, weil ich *in Christus* bin. Ohne ihn reicht meine Kraft nicht aus. Ich weiß, dass der Herr Jesus am Kreuz über Satan und seine Dämonen triumphiert hat (Kol 2,15). Weil ich mit Christus vereint bin, darf ich den Sieg über den Bösen für mich persönlich in Anspruch nehmen. Gott kann (und wird) ihm ab und zu erlauben, mich – oder meine Wasserrohre zu Hause – anzugreifen! Aber Satan kann und wird die Kinder Gottes nicht endgültig besiegen, denn Söhne und Töchter Gottes sind *in Christus.*

Alles andere, was du über den Umgang mit geistlichen Angriffen wissen musst (Gebet, Bibel, etc.), steht und fällt damit, dass du an der Wahrheit festhältst, dass du mit Christus vereint bist. Und dann? Paulus sagt: „... damit ihr ..., wenn ihr alles ausgerichtet habt, stehen bleiben könnt" (Eph 6,13). „So steht nun ..." (Eph 6,14), nicht aus eigener Kraft, sondern weil du *in Christus* bist.

KAPITEL 97

VERFOLGUNG IN CHRISTUS

„... meine Fesseln in Christus." (Phil 1,13)

„Paulus, der Gefangene Christi Jesu." (Eph 3,1; vgl. Phim 9)

„Epaphras, mein Mitgefangener in Christus Jesus." (Phim 23)

„Alle aber auch, die gottesfürchtig leben wollen in Christus Jesus, werden verfolgt werden." (2Tim 3,12)

Es war meine letzte Mahlzeit mit meinen Schülern. Aber meine Schüler waren keine amerikanischen, christlichen College-Studenten. Ich hatte gerade einen zwölftägigen Crashkurs in Bibelgriechisch für vierzig Pastoren und Gemeindeleiter aus Russland, der Ukraine und Weißrussland in Kiew gegeben. Sie lernten acht Stunden am Tag Griechisch, und ich unterrichtete sie mithilfe eines Dolmetschers! Meine neuen Freunde erlernten die griechische Sprache viel schneller als die meisten meiner amerikanischen Studenten, was wahrscheinlich daran liegt, dass ostslawische Sprachen wie Russisch, Ukrainisch und Weißrussisch genauso wie das Griechische fallbasierte Sprachen sind. Als ich also von Nominativen, Genitiven, Dativen und Akkusativen erzählte, verstanden sie bereits, wovon ich redete.

Ich hatte diese Schüler bei gemeinsamen Mahlzeiten, zusätzlichem Einzelunterricht und beim Volleyballspielen lieben gelernt. Allzu schnell geriet beim Spielen und Lachen in Vergessenheit, dass manche von ihnen wegen ihres Glaubens unter dem repressivem Regime der Sowjetunion gelitten hatten. Doch ich werde niemals das Abschiedsgeschenk vergessen, das ich von ihnen bekam – eine Erinnerung, die ich für den Rest meines Lebens in meinem Herzen bewahren werde und die mir auch heute, während ich darüber schreibe, noch Tränen in die Augen treibt. Als wir mit dem Essen fertig waren, kündigte einer der älteren Schüler an, dass die Gruppe mir als Abschiedsgeschenk ein Lied vortragen wollte. Doch zuerst erklärte er mir, was es mit diesem Lied auf sich hatte.

Mehr als 80 Jahre zuvor, als sich Stalins eiserner Griff um Russland immer weiter schloss, kam es zu einer der grausamsten Christenverfolgungen der Weltgeschichte. Als zwölf Pastoren im Juni 1928 am Vierten Baptistischen Weltkongress in Toronto, Kanada, teilnehmen wollten, gewährte man ihnen zwar die Teilnahme, doch man warnte sie auch davor, von der Unterdrückung der Christen in ihrer Heimat zu erzählen, andernfalls würden ihre Familien zu Hause darunter leiden müssen.

Als diese Pastoren auf der Konferenz ankamen, durften sie kein Wort über die schreckliche Christenverfolgung verlieren, die sich unter Stalin täglich verschlimmerte. Stattdessen standen diese Männer vor den anderen Vertretern in Kanada und sangen auf Russisch dasselbe schwermütige Lied, das mir auch meine Schüler an unserem letzten gemeinsamen Tag vorsangen (hier übersetzt):

Rund um meine Seele wüten die Wogen.
Wild sind die Stürme, bedrohlich das Meer.
Getrieben vom Schrecken blick' ich nach oben:
„Vater im Himmel, mein Rufen erhör!"

In deiner Güte, Gott, hilf mir, ich flehe zu dir.
Hab lange gekämpft, doch erfolglos blieb ich.
Meine Kraft ist am Ende, doch jetzt knie ich vor dir.
Hilf mir, mein Vater, sonst scheitere ich.

Führe mich in deinen sicheren Hafen,
Gib meiner Seele Frieden und Ruh'.
Trotz Stürmen des Lebens – bei dir werd' ich schlafen,
Nimm mich auf in den Himmel, denn mein Ziel bist du.

Eine andächtige Stille erfüllte den Konferenzsaal, als sie die letzte Strophe gesungen hatten. Außer einem unterdrückten Schluchzen war nichts mehr zu hören. Später erfuhr ich, dass einer der zwölf Pastoren im Westen geblieben und die anderen elf nach ihrer Rückkehr nach Russland unter schwerer Verfolgung gelitten hatten. Die meisten von ihnen starben als Märtyrer.

Bitte denke an diese mutigen Christen, falls du jemals wegen deines Glaubens an Christus verfolgt werden solltest. Für Christus zu leiden ist ein Geschenk (Phil 1,29). Wie diese geliebten russischen Gläubigen, die im Jahr 1928 schwermütig und doch voller Glauben ihr Klagelied sangen, und wie meine Schüler, die dies 80 Jahre später wiederholten, kannst du standhalten, solange du dich daran erinnerst, dass nichts – noch nicht einmal Verfolgung oder Tod – dich jemals von deinem Herrn trennen kann, weil du *in Christus* bist.[24]

KAPITEL 98

MUT FASSEN IN CHRISTUS

„Liebe Freunde, ihr sollt wissen, dass alles, was hier mit mir geschehen ist, letztlich zur Verbreitung der Botschaft Gottes beigetragen hat. Denn hier weiß jeder – und das gilt sogar für die Soldaten der Palastwache –, dass ich für Christus in Ketten liege. Doch durch meine Gefangenschaft haben viele Mut gefasst und sind sehr viel furchtloser darin geworden, anderen von Christus zu erzählen." (Phil 1,12-14; NLB)

Hattest du schon einmal Angst, etwas zu tun, und hast es dann doch gewagt, nachdem du jemanden dabei beobachten konntest, wie er oder sie es vor dir tat? Als ich acht Jahre alt war, hatte ich Angst davor, im Schwimmbad vom Turm zu springen. Doch nachdem ich gesehen hatte, wie gleichaltrige (und sogar jüngere) Kinder heruntergesprungen waren, wagte auch ich den Sprung. Ich habe es überlebt, sodass ich heute darüber schreiben kann.

Nicht den Mut zu haben, deinen Glauben an Jesus mit anderen zu teilen, ist in gewisser Hinsicht ähnlich wie meine Angst vor dem Sprung ins Wasser. Viele Christen trauen sich nicht, ihren Glauben mit denen zu teilen, die Christus nicht kennen, weil sie nie miterlebt haben, wie es jemand anderes tut. Aus diesem Grund habe ich inzwischen schon Hunderte von Studenten meines Colleges in kleinen Gruppen an verschiedene nichtchristliche Universitäten mitgenommen, um dort anderen Studenten das Evangelium weiterzugeben. Man konnte diese Studenten bei ihrem ersten Einsatz manchmal zittern sehen, obwohl sie ja freiwillig mitmachten. (Offen gesagt, bin ich selbst auch manchmal ängstlich.) Aber wenn sie mich oder einen ihrer erfahreneren Kommilitonen dabei beobachten, wie wir Menschen, die die Gute Nachricht dringend benötigen, respektvoll ansprechen und mit ihnen reden, werden sie immer mutiger.

Aber was, wenn du dich in einem wirklich feindlichen Umfeld befindest oder sogar Verfolgung erfährst? Wie kannst du Mut fassen, deinen Glauben in so einer Umgebung weiterzugeben?

Paulus schrieb den Philippern in Bezug auf seine Gefangenschaft in Rom, bei der er an einen römischen Wachtmann gekettet war: „Doch durch meine Gefangenschaft haben viele Mut gefasst und sind sehr viel furchtloser darin geworden, anderen von Christus zu erzählen" (Phil 1,14; NLB).

Beachte, dass Paulus nicht erklärt, *wie* sie Mut gefasst haben. Wir können aber schlussfolgern, wie es dazu kam. Aus dem Ende der Apostelgeschichte geht hervor, dass Paulus Besucher empfangen durfte, obwohl er zwei Jahre lang gefangen war. Denen gab er regelmäßig und mutig das Evangelium weiter (Apg 28,30-31). Allein das war schon ein Vorbild, aus dem die römischen Christen Mut schöpften. Aber Paulus beließ es nicht dabei, Besuchern von Christus zu erzählen. Er muss das Evangelium auch regelmäßig den Soldaten weitergegeben haben, an die er 24 Stunden am Tag gekettet war. So konnte er in Philipper 1,13 schreiben: „Denn hier weiß jeder – und das gilt sogar für die Soldaten der Palastwache –, dass ich für Christus in Ketten liege." Wenn Paulus den Mut hatte, das Evangelium mit den Soldaten zu teilen, die es in der Hand hatten, seinen Zustand noch elender zu machen, dann können wir doch wenigstens unseren Nachbarn von Christus erzählen, so mögen die römischen Christen gefolgert haben. Dadurch, dass Paulus mit gutem Beispiel voranging, fassten auch die dortigen Christen Mut.

Nach stundenlangen Gesprächen über das Evangelium sagen Studenten, die mich auf meinen Einsätzen begleiten, häufig: „Das war lange nicht so schwer, wie ich es mir vorgestellt habe!" In den meisten Fällen beten sich die Studenten durch, vertrauen darauf, dass der Heilige Geist sie befähigt, und stärken ihre Herzen durch ihr *In-Christus-Sein*, indem sie sich an ihren festen Stand erinnern, von dem aus sie die Botschaft vom Leben in Christus weitersagen.

Zugegeben, ihr Mut wird gestärkt und wächst, wenn sie anderen dabei zusehen, wie sie mutig und demütig ihren Glauben weitersagen. Aber die Grundlage für ihren Mut ist, dass sie sich auf Christus verlassen. Auch dein Mut, deinen Glauben zu teilen, wird wachsen, wenn du dich daran erinnerst, dass du *in Christus* bist.

KAPITEL 99

STREITER CHRISTI

„Nimm teil an den Leiden als ein guter Streiter Christi Jesu! Niemand, der Kriegsdienste leistet, verwickelt sich in die Beschäftigungen des Lebens, damit er dem gefällt, der ihn angeworben hat." (2Tim 2,3-4)

„Vorwärts, Christi Streiter! Auf zum heil'gen Krieg! Mit dem Kreuzeszeichen ziehen wir zum Sieg." So lauten die erste Zeile und der Refrain eines Kirchenliedes, das Ende des 19. Jahrhunderts geschrieben und im 20. Jahrhundert sehr häufig gesungen wurde.[25] In meiner Kindheit sang ich es oft. Ich muss gestehen, dass ich mich manchmal damit schwertue, wenn Kriegsrhetorik verwendet wird, um das christliche Leben zu beschreiben. Mein Unbehagen rührt nicht daher, dass diese Bildsprache in der Bibel nicht verwendet wird (denn das wird sie), sondern vielmehr daher, dass ich während meiner Zeit im Nahen Osten sehr dafür sensibilisiert wurde – auch wenn diese Sprache nur metaphorisch zu verstehen ist. Aufgrund verschiedener Religionskriege in der Vergangenheit, insbesondere der Kreuzzüge, sind Menschen im Nahen Osten sehr empfindlich, wenn Christen Bilder vom Krieg benutzen. Sie verstehen sie meist als Andeutungen auf echte militärische Auseinandersetzungen, in denen irregeleitete Fanatiker ihren religiösen Eifer in tatsächliche Kriegszüge umsetzten. Ich verstehe ihre Besorgnis. Doch Kriege waren ganz und gar nicht das, worüber Paulus schrieb, als er Christen dazu ermutigte, sich als Streiter für Christus anzusehen.

Als Christen kämpfen wir gegen Satan und seine Armee von Dämonen. Wir bekämpfen die Begierden unserer alten Natur, unser „Fleisch". Wir bekämpfen Ungerechtigkeit, wo immer wir sie sehen, und wir setzen uns dafür ein, böse Menschen daran zu hindern, die Schwachen zu verletzen. Unsere Feinde sind gemäß Epheser 6,12 nicht andere Menschen, „unser Kampf ist nicht gegen Fleisch und Blut". Wenn Paulus Bilder vom Krieg benutzt, bezieht er sich auf unseren Kampf gegen den Teufel, gegen weltliche Systeme, die vom Bösen und von Ungerechtigkeit verdorben wurden, und gegen unsere sündigen Neigungen (Eph 2,2-3).

Warum ist es gut, wenn wir uns als Streiter für Christus verstehen? In 2. Timotheus 2,3-4 beschreibt Paulus drei Aspekte, die das Soldatenleben und das Leben als Christ gemeinsam haben:

Erstens nehmen Soldaten freiwillig Leid in Kauf. Paulus schreibt: „Nimm teil an den Leiden als ein guter Streiter Christi Jesu!" Paulus sagt geradeheraus, dass ein Rekrut, wenn er in den Krieg zieht, das in dem Bewusstsein tut, in irgendeiner Weise leiden zu müssen. Der Dienst des Soldaten ist geprägt von Entbehrungen, Verletzungen, Erschöpfung und der Möglichkeit zu sterben. Wenn wir uns als Streiter Christi verstehen, erinnert uns das daran, dass wir uns bei unserer Meldung zum Dienst darüber im Klaren waren: Streiter Christi müssen manchmal leiden.

Zweitens lassen sich Soldaten nicht in die Angelegenheiten des täglichen Lebens verstricken. Paulus warnte davor, sich durch weltliche Pflichten und Freuden von dem Dienst, in den Gott uns gestellt hat, ablenken zu lassen. Wie leicht lässt du dich ablenken? Konzentrierst du dich um jeden Preis darauf, den Sieg für Christus zu erringen, oder verlierst du schnell das Ziel aus den Augen?

Drittens streben Soldaten danach, ihren Vorgesetzten zu gefallen. Paulus argumentiert, dass ein Soldat Ablenkungen durch das tägliche Leben meidet, denn er will ja dem gefallen, der ihn in seine Armee aufgenommen hat. Wenn der, der dich rekrutiert hat (der gleichzeitig auch der ist, der dich ausbildet und kommandiert), Jesus Christus ist, kannst du dich ihm vollständig und von ganzem Herzen anbefehlen. Du musst niemals befürchten, dass er dich in die Irre führt, dich während einer Schlacht im Stich lässt oder den Überblick verliert. Seine Verlässlichkeit, Standhaftigkeit, Macht und Allwissenheit werden dich durch jede Bedrohung hindurchführen. Die angemessene Antwort eines Soldaten ist der Wunsch, seinem Offizier in jeglicher Hinsicht zu gefallen.

Kurz gesagt, ein Streiter Christi meidet die Verstrickungen des Lebens, indem er nach einem gottgefälligen Leben *in Christus* trachtet.

KAPITEL 100

ERTRAGREICHER DIENST DURCH CHRISTUS

„Denn ich werde nicht wagen, etwas von dem zu reden, was Christus nicht durch mich gewirkt hat zum Gehorsam der Nationen durch Wort und Werk." (Röm 15,18)

„... worum ich mich auch bemühe und kämpfend ringe gemäß seiner Wirksamkeit, die in mir wirkt in Kraft." (Kol 1,29)

Ich war entmutigt. In den vorangegangenen anderthalb Jahren hatte ich versucht, in einer der am wenigsten erreichtesten Städte auf der Welt eine Gemeinde zu gründen, aber es war kaum ein geistlicher Fortschritt zu erkennen. Ganz im Gegenteil – ich hatte gerade herausgefunden, dass einer der „Neubekehrten" in Wirklichkeit ein Spitzel war, der sich bei uns eingeschlichen hatte, um heimlich Informationen über unsere Aktivitäten zu sammeln und an die Behörden vor Ort weiterzugeben. In dieser Zeit gab es so wenig geistlichen Fortschritt, dass ich Gott manchmal sogar für die *Bäume* dankte – denn zumindest *sie* würden ihn eines Tages preisen. Dessen war ich mir sicherer, als dass die *Menschen* Gott am Ende der Zeiten preisen würden.

Meine Frau und ich nahmen gerade an einem Treffen für Gläubige teil, die im ganzen Land zerstreut lebten und nun zusammengekommen waren, um sich gegenseitig zu ermutigen. Es war früh am

Morgen, und ich ging mit meiner damals zweijährigen Tochter Lydia am Strand spazieren. Sie hob einen kleinen Stein auf und warf ihn ins Wasser. Das brachte mich auf eine Idee. Genau in dem Moment, als sie den nächsten Kieselstein ins Wasser warf, schmiss ich hinter ihrem Rücken einen deutlich größeren Stein ins Wasser. *Platsch.* Lydia quiekte vor Freude, dass *sie* ein so großes Platschen erzeugt hatte. Unbemerkt warf ich gleichzeitig mit ihr einen Stein nach dem anderen ins Wasser und sorgte dafür, dass es bei jedem Wurf zigmal mehr platschte, als meine Tochter es mit ihren kleinen Kieselsteinen hätte schaffen können.

Plötzlich spürte ich, wie nah mir Gott war. Während ich weiter mit meiner Tochter dieses Spiel spielte, wurde ich mir ganz besonders der Tatsache bewusst, dass Gott bei mir war. Ich wusste, dass das eine Botschaft für mich war: „Ken, wirf du nur weiter deine kleinen Kieselsteine ins Wasser. Aber vergiss nicht, dass ich derjenige bin, der für den Platscher verantwortlich ist. Hör auf, so zu tun, als sei es dein Werk. Es ist *meins.*"

Irgendwann hatten sich meine Augen so sehr mit Tränen gefüllt, dass ich nicht mehr klar sehen konnte und das Spiel abbrechen musste. Gott hatte in diesem Moment ganz deutlich zu mir gesprochen. Ich glaube, dass sogar meine zweijährige Tochter spürte, dass etwas Bedeutendes mit ihrem Daddy passierte.

Als ich in die Stadt zurückkehrte, in die Gott mich gestellt hatte, war ich nicht nur bereit, mit neuer Hingabe Christus in Wort und Tat zu bezeugen, sondern ich verließ mich auch viel mehr auf Gott, was die geistlichen Früchte meiner Arbeit anging. An diesem Morgen am Strand hatte ich die Wahrheit erkannt und angenommen, dass *sämtlicher geistlicher Dienst durch Christus* geschieht.

Im Dienst für Gott gibt es viele oberflächliche Ziele, die wir uns setzen und auch umsetzen können: Wir können Jugendevents planen, Konferenzen organisieren, jedes Haus in der Nachbarschaft abklappern und uns um die Bedürftigen kümmern. Aber keine geistliche Veränderung ist von Dauer, wenn sie nicht durch Christus bewirkt wurde.

Fällt dir auf, wie befreiend das ist? Wenn ich glauben würde, dass ich selbst geistlichen Erfolg im Dienst bewirken könnte, dann wäre ich geneigt, selbst die Lorbeeren ernten zu wollen, wann immer etwas Gutes passieren würde. Auf der anderen Seite müsste ich aber auch die Last der Entmutigung selbst tragen, wenn ich keinen Fortschritt feststellen würde. Aber wenn ich mir bewusst mache, dass nur Christus geistlichen Ertrag hervorbringen kann, dann zwingt mich das dazu, ihm radikal zu vertrauen, dass er alles erreichen kann – auch wenn ich Glaubensschritte tue. Es gibt in diesem Bereich keinen Platz für Passivität. In Kolosser 1,29 steht, dass Gott mich dazu berufen hat, dass ich mich im Dienst „bemühe und kämpfend ringe", aber ich soll es auch „gemäß seiner Wirksamkeit, die in mir wirkt in Kraft" tun, wie Paulus weiter ausführt. Deshalb kann ich Paulus nur zustimmen, wenn er sagt: „Ich werde nicht wagen, etwas von dem zu reden, was Christus nicht durch mich gewirkt hat zum Gehorsam der Nationen" (Röm 15,18).

Aller Dienst – zumindest aller geistlicher Dienst – geschieht *durch* und *in Christus.*

BONUSKAPITEL

IN CHRISTUS BLEIBEN

Überraschenderweise stammt einer der wichtigsten Abschnitte in der Bibel, durch die wir Paulus' Lehre über das In-Christus-Sein verstehen können, nicht aus Paulus' Briefen. Es sind Jesu Worte, die in Johannes 15 von einem seiner Jünger festgehalten wurden. Achte einmal auf die Verwendung der Wörtchen „an" und „in":

> „Ich bin der wahre Weinstock, und mein Vater ist der Weingärtner. Jede Rebe *an* mir, die nicht Frucht bringt, die nimmt er weg; und jede, die Frucht bringt, die reinigt er, dass sie mehr Frucht bringt. Ihr seid schon rein um des Wortes willen, das ich zu euch geredet habe. Bleibt *in* mir und ich *in* euch! Wie die Rebe nicht von sich selbst Frucht bringen kann, sie bleibe denn *am* Weinstock, so auch ihr nicht, ihr bleibt denn *in* mir. Ich bin der Weinstock, ihr seid die Reben. Wer *in* mir bleibt und ich *in* ihm, der bringt viel Frucht, denn getrennt von mir könnt ihr nichts tun." (Joh 15,1-5)

Es ist undenkbar, dass Paulus so viel über das *In-Christus-Sein* geschrieben hat, ohne jemals über Jesu Lehre, dass wir *am* Weinstock bleiben sollen, nachzudenken. Paulus hat sich den Gedanken des *In-Christus-Seins* nicht selbst ausgedacht; er lernte ihn von Jesus.

Aber anders als Paulus hat Jesus ein Verb verwendet, das uns hilft, diese *In-Christus*-Beziehung zu verstehen: das griechische Verb *menō* (im Deutschen mit *bleiben* übersetzt). In einer Übersetzung von Vers 4 heißt es sehr treffend: „Bleibt ganz eng mit mir verbunden" (DBU).

Diese Ergänzung vermittelt die von Jesus beschriebene Nähe, die unsere Beziehung zu Christus prägen soll, treffender als nur das Verb *bleiben.* Es geht nicht nur darum, dass du nicht aufhörst, Christus nachzufolgen, sondern vor allem auch darum, in einer so engen Verbindung zu ihm zu leben, dass nur die Präposition *„in"* dem nahekommt.

Der Apostel Paulus hatte das so sehr verinnerlicht, dass er das *In-Christus-Sein* in seine Schriften integriert hat, um mehrere zentrale Lehren miteinander zu verbinden. Er erinnerte sich daran, dass Jesus seinen Nachfolgern damals, aber auch uns heute sagte, dass wir eng mit ihm verbunden bleiben sollen. Paulus entschied sich, diese Wahrheit auf so ziemlich das gesamte christliche Leben anzuwenden.

Ich hatte das Vorrecht, in meiner Jugendzeit zwei Jahre lang am Bibelunterricht von Lucille Carr teilzunehmen. Mrs. Carr war alt. (So alt, dass sie schon als Missionarin in China war, *bevor* die Kommunisten dort an die Macht kamen.) Meine damalige Freundin Trudi (die heute meine Frau ist) bewunderte immer all die Falten in dem Gesicht der alten Dame. Ich wusste, dass Mrs. Carr mich mochte, und nahm auch an, dass sie für mich betete. Doch jetzt, wo ich etwas reifer bin, glaube ich, dass sie sich auch wegen meiner impulsiven und selbstbewussten Mentalität Sorgen machte.

Es war kurz vor den Sommerferien. Ich erinnere mich noch gut daran. Mrs. Carr hatte mir einen Brief geschrieben, in dem sie mich dazu ermutigte, im vor mir liegenden Sommer über Johannes 15 nachzudenken.

Das tat ich. Mrs. Carr war eine gottesfürchtige Frau, und trotz meiner jungen Jahre bemerkte ich die Weisheit ihrer Ratschläge. Sie war eine Matriarchin des Glaubens. Aber so sehr ich es auch versuchte, so richtig *verstanden* habe ich Johannes 15 den ganzen

Sommer über nicht. Die ganze Sache mit dem Weinstock und den Reben war vielleicht eine tolle Metapher, aber ich wusste, dass wir die Welt nicht verändern würden, indem wir tatenlos wie Reben an einem Weinstock baumelten!

Nun bin ich älter. Ich bin nicht so alt wie Mrs. Carr – so alt werde ich wohl nie –, aber doch alt genug, um verstanden zu haben, dass es im Leben nicht primär darum geht, etwas zu *tun*. Das war es, von dem Mrs. Carr wollte, dass ich es lerne. Im Leben geht es nicht primär um das Evangelisieren und das Auswendiglernen von Bibelversen, ja, noch nicht einmal darum, Jesu Geboten zu gehorchen – so wichtig all diese Dinge auch sind. Im Leben geht es zuallererst um eine anhaltende, enge Verbindung zu unserem gnädigen und liebenden Herrn. Es geht darum, *in Christus* zu leben.

DANKSAGUNGEN

Ich bin dankbar für alle, die mich dabei begleitet haben, diese 100 Kurzandachten über das Leben *in Christus* zu schreiben.

Ich möchte meinen engsten Familienangehörigen danken, denen ich laut vorlesen durfte und mit denen ich mich bei gemeinsamen Mahlzeiten über neue Kapitel austauschen durfte: meine Ehefrau Trudi, meine Töchter Ana, Ela, Grace und Lydia, und mein Schwiegersohn Joshua. Danke auch an Robert und Davette Bishop, Linda Garcia und Denise Felli, die Ausschnitte des Buches gelesen und mich immer wieder ermutigt haben. Diese Ermutigungen hatte ich dringend nötig! Viele meiner Studenten, die in den letzten Jahren an meinem Kurs über das Leben und die Briefe des Paulus an der *Biola University* teilgenommen haben, lasen Auszüge aus dem Buch und schrieben Aufsätze, die mir geholfen haben, noch eingehender über das, worüber ich schrieb, nachzudenken. Insbesondere gab es drei Personen, die sehr viel Zeit geopfert haben, um Änderungen vorzuschlagen und mir mit durchdachten Fragen auf den Zahn zu fühlen: mein Vater Drew Berding, mein langjähriger Freund Steve Payne und mein ehemaliger Student Nick Galvan. Nick hat auch die Diskussionsfragen mit mir zusammen erarbeitet. Barnabas Kwok hat ein Bibelstellenverzeichnis zusammengestellt. Ich bin euch allen so dankbar! Zu guter Letzt möchte ich den Herausgebern und Angestellten von *Christian Focus Publications* für alle ihre Bemühungen danken. Durch ihre unermüdliche Arbeit im Herrn haben sie das Buch herausgebracht, das du gerade in den Händen hältst. Ich danke Gott für ihre Zusammenarbeit im Dienst für ihn.

ANMERKUNGEN

1. Siehe z. B. Kenneth Berding, *Walking in the Spirit*. Crossway, 2011; und *What Are Spiritual Gifts? Rethinking the Conventional View*. Kregel, 2006.
2. Epheser 1,3-14 ist ein gutes Beispiel für eine Anhäufung solcher Formulierungen. Manche Übersetzer lassen die Worte *„zu ihm hin"* (εἰς αὐτόν) in der Mitte von Vers 5 und *„in ihm"* (ἐν αὐτῷ) am Ende von Vers 10 einfach aus, weil diese oder ähnliche Formulierungen in dem Abschnitt so häufig vorkommen, dass sie nur als Wiederholung angesehen werden. Doch vielleicht war die häufige Verwendung dieser Formulierungen für Paulus nicht nur eine Wiederholung; vielleicht wollte er ihnen bewusst Nachdruck verleihen.
3. Diese Veranschaulichung stammt von D. James Kennedy, *Evangelism Explosion*, 4. Aufl. Wheaton, IL: Tyndale House, 1996, 42.
4. J. E. Hutton, *A History of the Moravian Church*, 2. Aufl. London: Moravian Publication Office, 1909, 234–39.
5. George Orwell, *Farm der Tiere*. Diogenes, Zürich; 43. Auflage, 2011.
6. *Märtyrerakten. Martyrium des Hl. Polykarp*. Übersetzt von Gerhard Rauschen. Online verfügbar auf der Seite der Universität Freiburg unter: https://bkv.unifr.ch/works/55/versions/68/divisions/152983
7. Mehr zu Polykarp kannst du in meinem kurzen Lexikoneintrag lesen: Kenneth Berding, „Polycarp of Smyrna" in Roger Bagnall, Kai Brodersen, Craige Champion, Andrew Erskine und Sabine Huebner (Hrsg.): *The Encyclopedia of Ancient History*. Wiley-Blackwell, 2013, 5396–97; oder in meiner wissenschaftlichen Monografie: *Polycarp and Paul: An Analysis of Their Literary & Theological Relationship in Light of Polycarp's Use of Biblical and Extra-Biblical Literature. Supplements to Vigiliae Christianae 62*. Leiden: Brill, 2002.

Eine allgemeine Einführung zu den apostolischen Vätern, von denen Polykarp einer der wichtigsten war, ist in meiner Einführung nachzulesen: *The Apostolic Fathers: A Narrative Introduction*. Eugene, OR: Wipf & Stock, 2017.

8. Marco Rubio, 14. Januar 2016.
9. Robert Boyd Munger, *Mein Herz – Christi Wohnung*.
10. Es handelt sich hierbei um eine Kurzfassung von Ömer Seyfettins *Ant*. *Ant* ist ein türkisches Wort, das so viel heißt wie „Schwur", „Versprechen" oder „Gelübde". Eine etwas längere Version derselben Geschichte in englischer Sprache schrieb Simon Greaves. *The Blood Brothers*, Aufl. Cathy Hall (Orient Structural Readers Stage 3).
11. Leon Morris, *The Epistle to the Romans*. Grand Rapids: Eerdmans und Leicester: Intervarsity, 1988, 246–47.
12. Donald Guthrie. *The Pastoral Epistles*, Rev. Aufl., *Tyndale New Testament Commentaries*. Leicester: Intervarsity und Grand Rapids: Eerdmans, 1990, 149.
13. Eine hilfreiche Erläuterung hierzu findest du in: Thomas R. Schreiner, *Paul: Apostle of God's Glory in Christ: A Pauline Theology*. Downers Grove: InterVarsity und Leicester: Apollos, 2001, 57-60.
14. John Reumann, *Philippians, The Anchor Yale Bible*. New Haven und London: Yale University Press, 2008, 557-558 (bzw. 550-551).
15. Frances Jane (Fanny) Crosby, „He Hideth My Soul", in *The Finest of Wheat*, Nr. 1. Chicago, IL: R. R. McCabe, 1890. Musik von William James Kirkpatrick.
16. Ich arbeite zurzeit an einer wissenschaftlichen Ausarbeitung über Paulus' Dorn im Fleisch (2Kor 12,7). Dieses Buch wird wahrscheinlich in den nächsten Jahren veröffentlicht.
17. Gepostet von dHagar am 22. Mai 2013, online verfügbar unter: https://www.urbandictionary.com/define.php?term=people%20pleaser.
18. Anders als in den meisten anderen Bibelübersetzungen wird es in der

Lutherbibel so formuliert, als beziehen sich die Worte „in ihm“ auf das Auferstehen und nicht auf das Sterben. Auch dies ist denkbar. Es ist schwer zu entscheiden, welche der beiden Möglichkeiten die plausiblere ist. So oder so betonen die Worte „in ihm“ bzw. „durch ihn“ (V. 14; LUT) die Gemeinschaft mit Christus in dem jeweiligen Prozess.

19. Kenneth Berding, *What Are Spiritual Gifts? Rethinking the Conventional View*. Kregel, 2006.
20. Cicero, *Pro Cluentio 15*. Zitiert von Craig Blomberg, *The NIV Application Commentary: 1 Corinthians*. Grand Rapids: Zondervan, 1994, 104 n. 2.
21. „In Paulo non Paulus vivit, sed Jesus Christus; quare Paulus non in Pauli sed Jesus Christi movetur viseribus.“ Bengel, zitiert durch Barth, und verwendet von Gerald F. Hawthorne, *Philippians, Word Biblical Commentary* 43. Waco, TX: Word, 1983, 25.
22. Mark Galli. „Speak the Gospel; Use Deeds When Necessary“ in *Christianity Today* 53, Mai 2009: 2.
23. Siehe auch Maximilian Zerwick, *Biblical Greek*, übersetzt von Joseph Smith aus der 4. lateinischen Auflage (Rom: *Scripta Pontificii Instituti Biblici*, 1963), 13. „… der objektive Genitiv (Paulus’ Liebe zu Christus) ist nicht ausreichend, denn abgesehen davon, dass Paulus den objektiven Genitiv normalerweise durch εἰς wiedergibt (vgl. Kol 1,4), spricht der Grund, den er hinzufügt, von der Liebe, die Christus uns gezeigt hat, indem er für alle Menschen starb; doch auch der subjektive Genitiv (Jesu Liebe zu uns) ist, für sich selbst betrachtet, nicht ganz zufriedenstellend, denn die Liebe, um die es geht, ist eine lebendige Kraft, die im Geist des Apostels wirkt. Mit anderen Worten können wir den verwendeten Genitiv nicht einfach einer der beiden Verwendungsarten zuordnen, ohne einen Teil seiner Bedeutung zu vernachlässigen. Was auch gemeint sein kann, ist die Liebe, die Christus uns durch seinen Tod und seine Auferstehung gezeigt hat (vgl. Röm 4,25), insofern sie bekannt ist (und zwar durch den Glauben, der durch Christus selbst ins

Herz gelegt wurde) und den Apostel unvermeidlich dazu antreibt, diese Liebe zurückzugeben."

24. Besonderer Dank gilt Sergiy Tymchenko (Leiter des Programms, im Rahmen dessen ich in Kiew unterrichtete), der Sergiy Guts (einen der Teilnehmer meines Griechischkurses und den Leiter des spontanen Chors) kontaktierte, der wiederum Alexey Siniichkin kontaktierte, einen Historiker aus St. Petersburg, der die Geschichte bestätigte und um einige historische Details ergänzte..
25. Den ursprünglich englischsprachigen Liedtext „Onwards, Christian Soldier" schrieb Sabine Baring Gould im Jahr 1865. Die zugehörige Musik wurde 1871 von Arthur Sullivan komponiert. Der deutsche Text „Vorwärts, Christi Streiter" entstammt der Feder von W. Rauschenbusch. Siehe https://hymnary.org/text/vorwarts_christi_streiter_auf_zum_heilge

Fragen zur Vertiefung

Wie du diese Fragen verwenden kannst: drei Möglichkeiten ...

1. Beantworte die Fragen für dich *persönlich*. Wenn du ein Kapitel gelesen hast, nimm dir kurz Zeit, um die Fragen in Gedanken zu beantworten oder die Antworten aufzuschreiben.

2. Nutzt die Fragen in einer *Kleingruppe mit Vorbereitung*. Teilt jedem Teilnehmer eurer Kleingruppe (z. B. eures Hauskreises) bestimmte Kapitel zu (z. B. sieben Kurzandachten pro Woche bzw. eine pro Tag) und nutzt die Fragen dann als Einstieg in eure gemeinsame Diskussion.

3. Nutzt die Fragen in einer *Kleingruppe ohne Vorbereitung*. Die Andachten in diesem Buch sind kurz genug, dass ihr euch treffen und sie gemeinsam lesen könnt – auch ohne, dass sich jemand darauf vorbereitet. Lest eine Andacht gemeinsam laut vor (ca. fünf Minuten) und beantwortet die Fragen dann gemeinsam. Wenn ihr mit dem Austausch über ein Kapitel fertig seid, dann könnt ihr dasselbe für das nächste und übernächste Kapitel tun ... bis euer Treffen zu Ende ist.

Einleitung

- Aus welchem Grund hielt der Autor es für wichtig, dieses Buch zu schreiben?
- Warum schreibt der Autor in der Einleitung, dass das Buch „zutiefst persönlich" für ihn ist?

Kapitel 1: In-Christus-Sein

- Wie wichtig ist Paulus' Lehre über das, was in diesem Buch als *In-Christus-Sein* bezeichnet wird, im Vergleich zu den anderen Lehren in den Briefen von Paulus?
- Was bedeutet es laut Paulus, „in" jemand anderem zu sein? Was bedeutet es, „in Christus" zu sein? Welche Probleme könnte es nach sich ziehen, wenn wir vergessen, dass wir „in Christus" sind?

STELLUNG UND IDENTITÄT IN CHRISTUS

Kapitel 2: Zugang zu Gott in Christus

- Die Worte „Zugang" oder „Zutritt" bedeuten, dass jemand zu einem Ort kommen kann, dem er sich vorher nicht nähern durfte. Doch in Römer 5,2 steckt noch mehr dahinter. Was bedeutet das englische Wort *introduction,* das in manchen Bibelübersetzungen verwendet wird, und warum ist das überhaupt wichtig?
- Warum ist es wichtig, dass Christen, die sich Gott nicht nahe fühlen, wissen, dass sie durch Christus Zugang zu Gott haben?

Kapitel 3: Der Sünde gestorben in Christus

- Was ist der Hauptunterschied zwischen einem Christen und einem Nichtchristen, wenn es darum geht, Sünde zu überwinden?
- Welche Metaphern verwendet Paulus, um zu vermitteln, dass die Macht der Sünde in unserem Leben gebrochen ist? Wie helfen dir diese Metaphern, über das Überwinden von Sünde nachzudenken?

Kapitel 4: Für Gott lebendig in Christus

- Welche geistliche Wahrheit wird durch die bildliche Aussage, dass wir mit Christus auferweckt wurden, vermittelt?
- Was brauchst du, wenn es dir schwerfällt, wirklich zu glauben, dass du deinem alten Leben gestorben bist und zu einem neuen Leben in Christus auferweckt wurdest?

Kapitel 5: Nicht unter dem Gesetz durch Christus

- Stehen Christen unter dem Gesetz des Alten Testaments?
- Inwiefern macht es für die Art, wie du dein Leben in Christus lebst, einen Unterschied zu verstehen, in welchem Verhältnis das Gesetz des Alten Testaments zu deinem Leben steht?

Kapitel 6: Keine Verdammnis in Christus

- Wie viel von unserer Verdammnis hat Christus durch das Kreuz aus der Welt geschafft? Welchen praktischen Unterschied macht es für dein Leben, die Antwort auf diese Frage zu kennen?
- Für diejenigen von uns, die sich in Gedanken immer wieder selbst anklagen und verurteilen: Was sollen wir laut diesem Kapitel mit solchen Gedanken tun? Wie würde dein Leben aussehen, wenn du dir dies zur Gewohnheit machtest?

Kapitel 7: Miterben des Christus

- Welche Auswirkungen hat es, dass wir am Erbe Christi teilhaben?
- Siehst du dich als Mitglied oder eher als Knecht der Familie Christi? Welchen Unterschied macht für dich die Perspektive, dass du ein Miterbe Christi bist?

Kapitel 8: Vermittlung durch Christus

- Auf welche Weise beschreibt dieses Kapitel den „Torpedo", den wir im Gerichtssaal Gottes haben?
- Wie hilft dir das Wissen, dass Christus unser Mittler ist, beim Beten? Wie steht das im Verhältnis dazu, wie du früher gebetet hast?

Kapitel 9: Sieg durch Christus

- Sind wir Überwinder oder nicht? Sind wir in Christus siegreich oder nicht? Ist die Antwort auf diese Fragen bei dir nur ein Ja bzw. nur ein Nein? Erläutere die Antwort.
- Welchen Unterschied macht es für unser Leben, wenn wir wissen, dass Christus am Kreuz über Satan triumphiert hat?

Kapitel 10: Keine Trennung in Christus

- Wann hast du in deinem Leben Trennung am stärksten erlebt?
- Auf welche Weise verändert das Wissen um die Wahrheit, dass uns nichts von der Liebe Christi trennen kann, die Art, wie du lebst? Inwiefern können uns unsere Gefühle davon abhalten, der Wahrheit zu glauben, dass uns nichts von Gottes Liebe trennen kann?

Kapitel 11: Zugehörigkeit zu Christus

- Hast du manchmal mit dem Gefühl zu kämpfen, dass du nicht dazugehörst? Wenn ja, was hat deiner Meinung nach zu diesem Gefühl geführt?
- Inwiefern hilft es dir zu wissen, dass du zu Christus gehörst?

Kapitel 12: Rechtfertigung in Christus

- Was bedeutet es, in Christus gerechtfertigt zu sein?
- Fühlst du dich manchmal, als wärst du nicht gerechtfertigt worden? Fallen dir ein paar Beispiele dafür ein, dass wir leben, als seien wir nicht gerechtfertigt worden?

Kapitel 13: Sklaven und doch frei in Christus

- Inwiefern kann es uns in unserem geistlichen Leben helfen, wenn wir uns selbst als Sklaven Christi ansehen?
- Inwiefern kann es uns in unserem geistlichen Leben helfen, wenn wir uns als durch Christus Befreite ansehen?
- Welche dieser beiden Perspektiven (Sklave Christi oder Befreiter durch Christus) solltest du mehr einnehmen als bisher?

Kapitel 14: Auferstehung in Christus

- In welcher Hinsicht unterscheidet sich unsere künftige Auferstehung, wie sie in der Bibel beschrieben wird, von Platons Vorstellung vom Leben nach dem Tod?
- Wie wirkt sich die Vorfreude auf unsere Auferstehung darauf aus, so zu leben, wie Gott es von uns will?

Kapitel 15: Der Schleier ist weggenommen in Christus

- Inwiefern ist das Verständnis des Alten Testaments, einschließlich dem mosaischen Gesetz, mit dem Buch *Farm der Tiere* von George Orwell vergleichbar?
- Was entgeht uns, wenn wir das Alte Testament nur als Ansammlung von Gesetzen und Erzählungen aus der Geschichte Israels lesen?

Kapitel 16: Eine neue Schöpfung in Christus

- Was ist biblische Authentizität?
- Welchen Unterschied macht es, wenn wir wissen, dass wir in Christus eine neue Schöpfung sind?

Kapitel 17: Identität in Christus

- Was lernen wir aus der Geschichte über den Märtyrertod von Polykarp in Bezug auf die Identität eines Christen?
- Was ist der Unterschied zwischen dem, wie Christen ihre Identität verstehen sollten, und wie andere Menschen unserer Generation Identität häufig verstehen?

Kapitel 18: Christus in uns

- Bei der Gemeinschaft mit Christus geht es nicht nur darum, *in Christus* zu sein, sondern auch darum, dass *Christus in uns* ist. Auf welche Weise wohnt Christus in uns?
- Welche Erkenntnisse aus der Allegorie, dass wir Christus in unser Haus (Leben) einladen sollen, findest du hilfreich?

Kapitel 19: Stellvertretung durch Christus

- Was ist gemeint, wenn Jesus in der Bibel als unser Stellvertreter bezeichnet wird?
- Warum sollten Christen sich Zeit nehmen, um über den stellvertretenden Opfertod Jesu nachzudenken?

Kapitel 20: Verheißungen in Christus

- Woher wissen wir, wie wichtig Gott das Einhalten von Versprechen ist?
- Wie wirkt sich der Gedanke, dass Gott seine Versprechen hält, auf unseren Lebensstil aus?

Kapitel 21: Auf Christus getauft

- Was symbolisiert die Wassertaufe?
- Was bedeutet es, dass wir mit Christus gestorben, begraben und auferstanden sind?

Kapitel 22: Bekleidet mit Christus

- Welche geistlichen Wahrheiten spiegelt die Metapher, dass wir Christus angezogen haben, wider?
- Wie sollten wir mit der Wahrheit umgehen, dass wir Christus angezogen haben?

Kapitel 23: Gesegnet in Christus

- Was bedeutet es, in Christus mit jeder geistlichen Segnung in der Himmelswelt gesegnet zu sein?
- Warum wollte Paulus, dass wir die geistlichen Segnungen, die wir in Christus empfangen haben, kennen?

Kapitel 24: Auserwählt in Christus

- Warum ist die Adoption ein treffendes Bild für die Auserwählung durch Gott?
- Wie sollte unsere Reaktion darauf ausfallen, dass wir in Christus erwählt sind?

Kapitel 25: Vergebung in Christus

- Auf welcher Grundlage vergibt Gott die Sünden derer, die an ihn glauben? Wie weitreichend ist diese Vergebung?
- Was ist gemäß diesem Kapitel die angemessene Reaktion auf die Wahrheit, dass uns in Christus vergeben wurde? Fällt es dir leicht, so darauf zu reagieren?

Kapitel 26: Mitsitzen in Christus

- Warum erwähnte Paulus, dass Christus zur Rechten Gottes sitzt, bevor er darüber schrieb, dass wir in Christus dort mitsitzen?
- Was bedeutet es, in Christus mitzusitzen? Welchen Unterschied macht es in Bezug darauf, wie wir leben?

Kapitel 27: Gnade in Christus

- In welcher Beziehung stehen Gnade und Dankbarkeit zueinander?
- Wie kannst du in dieser Woche mehr Dankbarkeit für Gottes Gnade zum Ausdruck bringen?

Kapitel 28: Das Geheimnis des Christus

- Was ist das Geheimnis des Christus? War es in der Vergangenheit vollständig verborgen?
- Welche Auswirkungen zieht die Antwort auf die erste Frage nach sich? Inwiefern beeinflusst es die Art und Weise, wie wir miteinander umgehen?

Kapitel 29: Gefunden in Christus

- Warum schreibt Paulus, dass wir in Christus „gefunden" sind, statt dass wir Christus „finden"? Was meint Paulus damit, in Christus gefunden zu werden?
- Inwiefern hilft uns unsere Sehnsucht nach dem, was uns in der Zukunft verheißen ist, im Hinblick auf die Art, wie wir leben?

Kapitel 30: Nach oben berufen in Christus

- Was hatte Paulus vermutlich vor Augen, als er über unsere göttliche Berufung nach oben in Christus schrieb?

- Wenn du dich für Christus entschieden hast und auf dein Leben vorher zurückschaust, was fällt dir im Hinblick auf den Inhalt dieses Kapitels auf? Auf welche Weise kann dich das ermutigen?

Kapitel 31: Erlösung in Christus

- Was sind die drei „biblischen Alarmglocken", die in deinem Kopf läuten sollten, wenn du das Wort „Erlösung" hörst?
- Aus welchem Zustand heraus hat uns Christus erlöst? Wie wirkt sich das auf unser Leben aus?

Kapitel 32: In Christus verwurzelt

- Warum ist es eine so starke Metapher, in Christus verwurzelt zu sein?
- Fallen dir Beispiele ein, wie sich das Verwurzeltsein in Christus auf dein Leben auswirken könnte?

Kapitel 33: In Christus beschnitten

- Was ist der alttestamentliche Hintergrund zu Paulus' Aussage, dass wir geistlich beschnitten wurden?
- Inwiefern hilft dir die Kenntnis dieser Wahrheit, wenn du versucht bist zu sündigen?

Kapitel 34: Mit Christus verborgen in Gott

- Was bedeutet es, mit Christus in Gott verborgen zu sein?
- Wann fühlst du dich unsicher? Auf welche Weise hilft das Bild, mit Christus in Gott verborgen zu sein, Menschen, die sich unsicher fühlen?

TÄGLICHES LEBEN IN CHRISTUS

Kapitel 35: Dem Bild Christi gleichförmig gemacht

- Das Ziel dieses Buchs ist es, das *In-Christus-Sein* mit unserem täglichen Leben zu verbinden. Inwiefern steht ein Vers, in dem die Vorherbestimmung erwähnt wird (Röm 8,29), mit dem täglichen Leben in Verbindung?
- Gottes Ziel ist es, dich an das Bild Christi anzupassen. Inwiefern hilft dir in Schwierigkeiten und Leid das Nachdenken darüber?

Kapitel 36: In Christus die Wahrheit sagen

- Was hat das *In-Christus-Sein* damit zu tun, bei der Wahrheit zu bleiben?
- Warum lügen Menschen? Warum ist das Lügen für unsere Beziehungen untereinander ein Problem?

Kapitel 37: Sich in Christus rühmen

- Welcher guter Dinge rühmte sich Paulus? Wofür hat er sich am meisten gerühmt?
- Fallen dir Situationen aus deinem eigenen Leben ein, in denen du dich zu Unrecht gerühmt hast? Fallen dir auch Situationen ein, in denen du dich auf eine angemessene Art und Weise gerühmt hast?

Kapitel 38: Arbeit in Christus

- Inwiefern hilft es dir zu wissen, dass sämtliche Arbeit *in Christus* getan werden soll?
- Was würde sich an deiner Arbeitsweise ändern, wenn Jesus dein Arbeitskollege wäre?

Kapitel 39: Heiligung in Christus

- Wie gebraucht Paulus das Wort „Heiligung“? In welchem Zusammenhang stehen beide Verwendungsweisen miteinander?
- Warum sollte ein Christ nach Heiligkeit streben?

Kapitel 40: Gemeinschaft mit Christus

- Was bedeutet es, dass wir in die Gemeinschaft mit Christus gerufen wurden?
- Wie sieht ein Leben in Gemeinschaft mit Christus in der Praxis aus?

Kapitel 41: Christi Sinn haben

- Was bedeutet es, dass Christen „Christi Sinn“ haben?
- Was fordert dich am meisten heraus, in diese neue Denkweise hineinzufinden, die Paulus als „Christi Sinn“ beschreibt?

Kapitel 42: Sexuelle Reinheit in Christus

- Was sollte eine Person, die der sexuellen Versuchung widerstehen will, unbedingt tun?
- Welche anderen Dinge sind im Ringen um sexuelle Reinheit noch wichtig?

Kapitel Kapitel 43: Christus nachahmen

- In welchem Zusammenhang steht das Nachahmen von Christus mit dem *In-Christus-Sein?*
- Wenn du in der Bibel die Geschichten über das Leben Jesu liest, welche Aspekte seines Lebens sind für dich besonders nachahmenswert?

Kapitel 44: Hoffnung in Christus

- Auf welche Weise unterscheidet sich die biblische Hoffnung von dem üblichen Gebrauch des Wortes „hoffen“?
- Wie bewahrt uns die biblische Hoffnung davor, „die Hoffnung zu verlieren“?

Kapitel 45: An Christi Leiden teilhaben

- Leiden Christen weniger als Nichtchristen? Wie normal sind Leiden für Christen?
- Warum finden Christen deiner Meinung nach Trost, wenn sie darüber nachdenken, dass Jesus bereits vor ihnen gelitten hat?

Kapitel 46: Trost in Christus

- Wie kann das griechische Wort in 2. Korinther 1,3-7, das meist mit „Trost“ übersetzt wird, noch übersetzt werden? Warum ist es hilfreich, diese alternative Übersetzungsmöglichkeit zu kennen?
- Inwiefern hilft dir das Wissen, dass du *in Christus* bist, wenn du dich in dunklen, schwierigen Lebensphasen befindest?

Kapitel 47: Christi Herrlichkeit

- Was bedeutet es, wenn jemand „Christi Herrlichkeit“ ist?
- Wie kannst du Jesus ganz konkret die Ehre geben?

Kapitel 48: Gedankenwelt in Christus

- Warum ist es deiner Ansicht nach so schwer, unsere Gedanken zu steuern? Warum driften unsere Gedanken so leicht in unheilige und wenig nützliche Bereiche ab?
- Was können wir tun, um „jeden Gedanken … unter den Gehorsam Christi“ gefangen zu nehmen?

Kapitel 49: Aufrichtige Hingabe an Christus

- Welche Dinge bringen dich von einer reinen und aufrichtigen Hingabe an Christus ab?
- Hast du schon einmal einen Bibelvers als Orientierungshilfe durch den Tag hindurch benutzt? Wenn ja, wie hat dir das geholfen?

Kapitel 50: Schwachheit und Kraft in Christus

- Erinnerst du dich an Begebenheiten aus deinem Leben oder aus dem Leben einer dir nahestehenden Person, in denen du bezeugen konntest, dass Kraft in Schwachheit zur Vollendung kommt (2Kor 12,9)?
- Wie kommt es dazu, dass Kraft in Schwachheit zur Vollendung kommt? Wächst geistliche Stärke automatisch in jedem, der schwach ist?

Kapitel 51: Christus gefallen

- Verschwendest du viel emotionale Energie darauf, anderen zu gefallen?
- Worin besteht deiner Meinung nach der Unterschied, ein *People-Pleaser* zu sein oder anderen aus Liebe zu dienen?

Kapitel 52: Glaube an Christus

- „Glaub einfach" ist eine gängige Aussage in unserer Kultur. Wie unterscheidet sich der biblische Glaube von dem, was viele Menschen unter „glauben" verstehen?
- In diesem Kapitel werden einige Beispiele genannt, wie Glaube in der Praxis aussieht. Welche sind diese? Fallen dir weitere Beispiele ein?

Kapitel 53: Umgestaltet in Christus

- Was bedeutet die geistliche Umgestaltung? Was können wir darüber in Galater 4,19 lernen?
- Welche Rolle übernimmt Gott bei der geistlichen Erneuerung? Was ist unsere Rolle dabei?

Kapitel 54: Dankbarkeit in Christus

- In diesem Kapitel steht, dass man das gesamte christliche Leben mit dem Wort *Dankbarkeit* beschreiben kann. Was ist damit gemeint?
- Wie kannst du eine dankbarere Person werden?

Kapitel 55: Wachstum und Reife in Christus

- Was sind Anzeichen dafür, dass ein Christ in Christus wächst und reift?
- Befindest du dich gerade in einer Wachstumsphase? Warum bzw. warum nicht?

Kapitel 56: Christus lernen

- Was ist der Unterschied zwischen „Christus *kennenlernen*" und „Christus *lernen*"?
- Wie kannst du sicherstellen, dass du Christus immer mehr *lernst?*

Kapitel 57: In Jesu Namen

- Was bedeutet es, in Jesu Namen zu beten oder sonst etwas im Namen Jesu zu tun?
- Warum ist es wichtig zu wissen, welche Autorität du durch den und in dem Namen Jesu hast? Fallen dir Situationen ein, in denen es hilfreich wäre, von dieser Autorität Kenntnis zu haben?

Kapitel 58: Demut in Christus

- Was hat Demut damit zu tun, mit Christus vereint zu sein?
- Welche offensichtlichen Gründe gibt es für uns, demütig zu sein?

Kapitel 59: Freude in Christus

- Wie versteht Paulus „Freude“ bzw. „sich freuen“?
- Kannst du dich an eine Zeit in deinem Leben erinnern, in der du mehr Freude hattest als jetzt? Was war in dieser Zeit anders?

Kapitel 60: Alles um Christi willen für Verlust halten

- Was meinte Paulus, als er schrieb, dass er alles für Verlust halte, um Christus zu gewinnen?
- Was hilft dir, dich auf Christus zu konzentrieren?

Kapitel 61: Die Erkenntnis des Christus

- Was ist in diesem Kapitel mit „Erkenntnis Christi“ gemeint?
- Dieses Kapitel enthält einige Ausrufezeichen. Paulus’ Kommentare in Philipper 3 sprühen vor Leben und Leidenschaft. Hast du manchmal damit zu kämpfen, wenn du hörst, wie leidenschaftlich andere ihr Leben in Christus beschreiben? Wie denkst du über dich selbst, wenn du die Leidenschaft anderer siehst?

Kapitel 62: Der Friede des Christus

- In diesem Kapitel stellt der Autor fest, dass ein Christ gleichzeitig Besorgnis und Frieden empfinden kann. Hast du schon einmal in deinem Leben oder im Leben eines anderen Christen beobachtet, wie beides gleichzeitig vorkommt?
- Wie real war der Friede Jesu in einer Zeit der Sorgen in deinem Leben gegenwärtig?

Kapitel 63: Zufriedenheit in Christus

- Was meint Paulus mit den Worten: „Alles vermag ich in dem, der mich kräftigt“ (Phil 4,13)?
- Würdest du dich selbst als eine zufriedene Person beschreiben? Auf welche Weise könnte Gott dich dazu bringen, zufriedener zu werden? Fallen dir konkrete Möglichkeiten ein?

Kapitel 64: Bedürfnisse erfüllt in Christus

- In Philipper 4,19 heißt es: „Mein Gott aber wird alles, wessen ihr bedürft, erfüllen nach seinem Reichtum in Herrlichkeit in Christus Jesus.“ Was ist ein *Bedürfnis?*
- Hast du schon einmal erlebt, wie Gott deine Bedürfnisse gestillt hat?

Kapitel 65: In Christus wandeln

- Warum verwendet Paulus ganz bewusst das Gehen bzw. Wandeln als Bild, um das Leben als Christ zu beschreiben, und nicht etwas anderes?
- Wie würde ein ganz normaler Tag in deinem Leben aussehen, wenn Jesus in Person mit dir durch den Tag gehen würde?

Kapitel 66: Christus, dein Leben

- Was wäre anders, wenn du Christus als deinen einzigen Grund ansehen würdest, warum du überhaupt da bist?
- Möchtest du nach dem Lesen dieses Kapitels deine *Bucket List* abändern?

Kapitel 67: Sterben in Christus

- Was ist der Unterschied zwischen dem Sterben *in* Christus und dem Sterben *ohne* Christus?

- Hattest du schon einmal Angst vor dem Sterben? Wie können dir die Wahrheiten in diesem Kapitel dabei helfen, mit deiner Angst vor dem Tod klarzukommen?

GEMEINDE UND MISSION IN CHRISTUS

Kapitel 68: Ein Leib in Christus

- In diesem Kapitel geht es um Einheit. Gibt es Situationen, in denen wir mit Menschen, die sich als Christen bezeichnen, durchaus nicht nach Einheit trachten sollten?
- Bist du von Natur aus der Einheit von Christen eher zugeneigt oder abgeneigt? Meinst du, nachdem du dieses Kapitel gelesen hast, dass Gott von dir erwartet, an deiner natürlichen Einstellung etwas zu verändern?

Kapitel 69: Gemeinden in Christus

- Warum ist es wichtig, Teil einer Gemeinde vor Ort zu sein?
- Möchte Gott möglicherweise, dass du mehr Zeit und/oder Energie aufwendest, um dich in deiner Gemeinde vor Ort einzubringen?

Kapitel 70: Kein Unterschied in Christus

- Wie könnte das Nachdenken über das gemeinsame *In-Christus-Sein* Christen dabei helfen, mit Ungerechtigkeiten gegenüber ethnischen oder kulturellen Minderheiten umzugehen?
- Wie sehr hast du dich mit deinem eigenen ethnischen und kulturellen Hintergrund auseinandergesetzt? Wie kannst du für deine eigenen kulturellen Privilegien sensibilisiert werden und

in deinem Herzen mehr Liebe und Mitgefühl für Menschen entwickeln, die anders sind als du?

Kapitel 71: Aufgaben des Dienstes in Christus

- Legt Paulus den Schwerpunkt darauf, dass Christen Fähigkeiten *haben,* um bestimmte Dienst zu tun, oder eher darauf, jemanden zu ermutigen, in den von Gott zugewiesenen Aufgaben zu *dienen?*
- Welche Aufgaben übernimmst du zurzeit, die der Auferbauung von Gottes Gemeinde und der Arbeit an Gottes Reich dienen? Gibt es Aufgabenbereiche, in denen du noch nicht dienst, es aber solltest?

Kapitel 72: Gastfreundschaft in Christus

- Was haben wir in diesem Kapitel über den Wert und die Ausübung von Gastfreundschaft im ersten Jahrhundert gelernt, als Paulus seine Briefe schrieb?
- Kannst du dir konkrete Möglichkeiten vorstellen, auf welche Weise Gott vielleicht erreichen will, dass du mehr Gastfreundschaft übst?

Kapitel 73: Geistliche Elternschaft in Christus

- Was bedeutet es, ein geistlicher Vater bzw. eine geistliche Mutter in Christus zu sein?
- Fällt dir jemand ein, für den oder die du nach Gottes Willen eine Art geistliches Elternteil sein solltest?

Kapitel 74: Sündigen gegen Christus

- Warum sündigen wir gegen Christus, wenn wir gegen unsere Glaubensgeschwister sündigen?

- Denke an Christen, die du kennst. Fällt dir jemand ein, gegen den du gesündigt und es noch nicht in Ordnung gebracht hast? Was könntest du tun, um es in Ordnung zu bringen?

Kapitel 75: Gemeinschaft in Christus

- Warum wird das Abendmahl manchmal auch als „Kommunion“ bezeichnet?
- Gibt es in diesem Kapitel etwas, das dir helfen könnte zu verstehen, warum das gemeinsame Abendmahl wichtig ist?

Kapitel 76: Gemeindezucht in Christus

- Was hast du durch das Lesen dieses Kapitels über Gemeindezucht gelernt?
- Moderne Christen sind der Gemeindezucht nicht gerade zugetan. Denkst du, dass Gemeindezucht wichtig ist? Warum bzw. warum nicht?

Kapitel 77: Einander lieben in Christus

- Was ist christliche Nächstenliebe?
- Wie können wir in der Liebe zu unseren Mitmenschen wachsen?

Kapitel 78: Einander vergeben in Christus

- Warum sollten Christen anderen vergeben, die ihnen Unrecht getan haben?
- Fällt dir jemand ein, dem du noch nicht vergeben hast? Was solltest du tun, wenn es dir schwerfällt, anderen zu vergeben?

Kapitel 79: Freigebigkeit durch Christus

- In diesem Kapitel wird über einen der zentralen Dienste von Paulus berichtet, von dem viele Menschen nichts wissen. Was hast du über diesen Dienst gelernt? Was hast du über das Verhalten der Mazedonier im Zusammenhang mit diesem Dienst erfahren?

- Was ist dein aktuelles Konzept, wie du Geld und andere Hilfsmittel spendest? Welche praktischen Schritte könntest du unternehmen, um freigebiger zu werden?

Kapitel 80: Familie in Christus

- Wie sehr war es für die Menschen im ersten Jahrhundert üblich, Personen außerhalb der leiblichen Familie als Familienmitglieder anzusehen?
- Wann hast du schon einmal davon profitiert, zu einer geistlichen Familie zu gehören? Wie könntest du selbst zum Ausdruck bringen kannst, dass du zu einer geistlichen Familie gehörst?

Kapitel 81: Dieselbe Gesinnung in Christus

- Müssen wir immer einer Meinung sein, um dieselbe Gesinnung in Christus zu haben?
- Nimm dir einen Moment Zeit und denke darüber nach, ob Streitlust charakteristisch für dein Leben ist. Wie kann eine streitsüchtige Person weniger streitsüchtig werden?

Kapitel 82: Die herzliche Liebe Christi

- Wie kommt es, dass Christen – selbst solche, die sich noch nie zuvor getroffen haben – eine so tiefe Zuneigung zueinander verspüren?
- Wie kannst du in der herzlichen Liebe zu anderen Christen wachsen?

Kapitel 83: Das Wort des Christus

- Was meint Paulus mit dem „Wort des Christus“ in Kolosser 3,16?
- Wie können wir in der Gemeinde eine Atmosphäre schaffen, in der Menschen begeistert von Christus reden – sowohl zu Gläubigen als auch zu Außenstehenden?

Kapitel 84: Leitung in Christus

- Würdest du dich selbst als eine Person beschreiben, die gegenüber den Leitern der Gemeinde kritisch ist? Denkst du – in Anbetracht der Tatsache, dass die Bewertung durch Gemeindemitglieder bis zu einem gewissem Maße angemessen und notwendig ist –, in diesem Bereich momentan so zu handeln, wie es Gott gefällt?
- Falls du in deiner Gemeinde eine Leitungsposition innehast, wie sehr beeinflusst dich die Meinung anderer? Stützt du dich auf dein *In-Christus-Sein*, wenn du mit Kritik konfrontiert wirst?

Kapitel 85: Christus aufnehmen

- Wie würde sich dein Handeln verändern, wenn du wüsstest, dass die Person, die vor dir steht, ein Engel ist – oder sogar Jesus Christus selbst?
- Wie wird man zu einer Person, die andere bereitwillig aufnimmt?

Kapitel 86: In Christus reden

- Ist es möglich, das Evangelium zu predigen, nur indem man es praktisch auslebt? Wie wichtig sind Taten? Wie wichtig sind Worte, um anderen die Frohe Botschaft von Jesus zu vermitteln?

- Auf welche Weise hilft es dir im Umgang mit anderen zu wissen, dass alles Reden *in Christus* geschieht?

Kapitel 87: Briefe von Christus

- War Paulus der Meinung, dass er Empfehlungsschreiben für die Gemeinde in Korinth brauchte? Warum bzw. warum nicht?
- Was, denkst du, „lesen" die Menschen, wenn sie auf den Brief deines Lebens schauen? Ist es das, was du dir erhoffst?

Kapitel 88: In Christus geschaffen zu guten Werken

- Nenne einige biblische Beispiele für Menschen, die aufgrund ihrer Beziehung zu Christus gute Taten vollbracht haben. Fallen dir dazu auch einige Beispiele von Christen heute ein?
- Woran soll man sich bei dir erinnern, wenn du gestorben bist?

Kapitel 89: Gottes Kraft und Weisheit in Christus

- Welchen der Gründe nennt dieses Kapitel, weshalb Paulus in Korinth kritisiert wurde?
- Hast du schon einmal jemanden getroffen, der übermäßig auf Wunder aus war? Oder kennst du jemanden, der sich leicht von mitreißenden Rednern beeinflussen lässt? Wie kann ein Christ die richtige Balance in diesen Bereichen finden?

Kapitel 90: Offene Türen in Christus

- Was verstand Paulus unter „offenen Türen"? Bedeutete es für ihn, dass es keine Schwierigkeiten geben würde? Woher kennen wir die Antwort auf diese Frage?
- Gibt es Türen in deinem Leben, die anscheinend geöffnet sind, bei denen du aber dennoch zögerst, durch sie hindurchzugehen?

Kapitel 91: Ein Wohlgeruch Christi

- Wenn wir die Gute Botschaft von Christus anders verpacken könnten, denkst du, dass Menschen in der Welt sie eher annehmen würden? Nenne einige Gründe, warum Menschen die Botschaft der Bibel ablehnen!
- Welchen „Geruch" sollte dein Leben deinem Wunsch gemäß verbreiten?

Kapitel 92: Angetrieben von der Liebe Christi

- Was bedeutet der Ausdruck „Liebe Christi" in 2. Korinther 5,14?
- Nenne einige Dinge, die dich antreiben – im Positiven wie im Negativen!

Kapitel 93: Versöhnung durch Christus

- Warum ist die Geschichte über die Beziehung zwischen Paulus und Johannes Markus so aussagekräftig?
- Wenn du an die Geschichte von Paulus und Markus denkst, fällt dir jemand ein, mit dem du zerstritten bist? Hast du schon einmal darüber nachgedacht, mit ihm einen Versuch (oder auch mehrere Versuche) zu wagen, dich mit ihm zu versöhnen?

Kapitel 94: Botschafter für Christus

- Nenne einige charakteristische Merkmale von Botschaftern, die mit unserem Botschaftersein für Christus vergleichbar sind!
- Fällt dir ein Nachbar, Arbeitskollege oder Freund ein, mit dem du gerne über Jesus reden würdest?

Kapitel 95: Narren für Christus

- Warum wurden Paulus und seine Mitarbeiter von manchen als Narren angesehen?
- Hat dich schon einmal jemand für einen Narren gehalten, weil du Christ bist (und nicht weil du unfreundlich oder unsensibel warst)?

Kapitel 96: Geistlicher Kampf in Christus

- Was ist geistlicher Kampf?
- Was solltest du tun, wenn du von Satan und seinen Dämonen angegriffen wirst (vgl. Eph 6,12)?

Kapitel 97: Verfolgung in Christus

- Wie bewusst ist dir die weltweite Verfolgung von Christen? (Wenn du dir dieser Verfolgung nicht bewusst bist, dann suche im Internet nach den Organisationen *Open Doors* oder *Hilfsaktion Märtyrerkirche* und erfahre mehr darüber.)
- Wenn du als Christ jemals verfolgt wirst, wie solltest du reagieren?

Kapitel 98: Mut fassen in Christus

- Wirst du nervös, wenn es darum geht, anderen von Jesus Christus zu erzählen?
- Was kannst du tun, um deine Angst, seine Botschaft an andere weiterzugeben, zu überwinden?

Kapitel 99: Streiter Christi

- Gegen wen oder was richtet sich der Kampf eines Christen? Gegen wen richtet er sich nicht?

- Welche Vorteile birgt es, wenn wir uns als Kämpfer oder Soldaten ansehen?

Kapitel 100: Ertragreicher Dienst für Christus

- Bist du dafür verantwortlich, dass dein Dienst Früchte bringt?
- In welcher Hinsicht hilft es dir, die Antwort auf diese Frage zu kennen, wenn du dich gerade in einem schwierigen Dienst befindest?

Bonuskapitel: In Christus bleiben

- Woher kommt Paulus' Lehre über das *In-Christus-Sein*? Oder besser gesagt, von *wem* kommt sie ursprünglich?
- Was bedeutet es, *in Christus* zu bleiben (Joh 15)?

Rosaria Butterfield

Offene Türen öffnen Herzen

Radikal einfache Gastfreundschaft in einer nachchristlichen Welt

Rosaria Butterfield lädt uns in ihr Haus ein, um uns zu zeigen, wie Gott „radikal einfache Gastfreundschaft" gebrauchen kann, um unseren verlorenen Freunden und Nachbarn das Evangelium zu bringen. Denn unsere Häuser gehören nicht uns allein, sondern sind Gottes Werkzeuge zum Bau seines Reiches.

Pb., 304 S., 13,5 × 20,5 cm
Best.-Nr. 271752
ISBN 978-3-86353-752-4

Howard G. Hendricks / William D. Hendricks

Bibellesen mit Gewinn

Handbuch für das persönliche Bibelstudium

Die Autoren zeigen auf eine sehr lockere Weise und mit vielen praktischen Beispielen, wie man lernt, die Bibel möglichst effektiv zu lesen, um Tag für Tag praktischen Nutzen und reichen Gewinn davon zu haben. Dieses Buch hat sich über die Jahre in der Praxis bewährt. Für viele ist es zum Anstoß für ein lebendiges und fruchtbares Bibellesen und Studieren geworden.

Pb., 464 S., 13,5 × 20,5 cm
Best.-Nr. 271683
ISBN 978-3-86353-683-1

Hartmut Jaeger / Michael Kotsch (Hg.)
#Go(o)d News
Die Bibel ist Gottes Wort

Dieses Buch räumt auf mit Vorurteilen, die immer wieder gegen die Bibel erhoben werden. Es zeigt darüber hinaus anschaulich, kurz und punktgenau, wie wert- und wirkungsvoll sie bis heute ist, für Menschen persönlich, aber auch für unsere Gesellschaft und Welt.

Pb., 128 S., 12 × 18,7 cm
Best.-Nr. 271640
ISBN 978-3-86353-640-4

Michael Kotsch / Berthold Schwarz (Hg.)
#Go(o)d News 2
Die Bibel verstehen und auslegen

In diesem Buch wird erklärt, worauf es bei der richtigen Einordnung biblischer Aussagen ankommt. In 10 x 10 prägnanten Punkten werden Hintergrundinformationen und Arbeitshilfen geboten. Damit kann man effektiver und sensibler die Bibel lesen und Bibeltexte für Hauskreise oder Gesprächsgruppen vorbereiten. Dieses Buch beugt der heute gängigen Meinung vor, man könne die Bibel weitgehend willkürlich interpretieren, wie es einem gerade gefällt.

Pb., 144 S., 12 × 18,7 cm
Best.-Nr. 271774
ISBN 978-3-86353-774-6

Daniel Facius / Berthold Schwarz (Hg.)
#Go(o)d News 3
Die Bibel ist Gottes Wort

Unser Glaube an Jesus Christus wird immer hinterfragt. Das kann verunsichern, bietet aber auch eine gute Möglichkeit, den biblischen Glauben zu bezeugen. In zehn prägnanten Kapiteln bietet dieses Buch Antworten auf die wichtigsten Fragen. Es zeigt, dass es auch heute vernünftig ist, an Gott zu glauben. Dabei finden sich viele hilfreiche Argumente für das Gespräch mit dem kritischen Nächsten.

Pb., 144 S., 12 × 18,7 cm
Best.-Nr. 271859
ISBN 978-3-86353-859-0

Berthold Schwarz/Thomas Jeising (Hg.)
#Go(o)d News 4
Die Bibel verstehen und auslegen

Aus dem Wesen Gottes und dem Leben mit ihm ergeben sich klare Maßstäbe für Gut und Böse. Diese lassen sich auf alle Bereiche unseres Lebens anwenden. Gottes Wort fordert uns heraus, diese Maßstäbe in unseren täglichen Entscheidungen anzuwenden, um so gut zu leben.

Pb., 144 S., 12 × 18,7 cm
Best.-Nr. 271918
ISBN 978-3-86353-918-4

Daniel Facius / Michael Kotsch (Hg.)
#Go(o)d News 5
Die Bibel verstehen und auslegen

Die Bibel vermittelt alle Inhalte des christlichen Glaubens, formuliert sie jedoch nur selten lehrmäßig. Darum haben Glaubensbekenntnisse schon früh versucht, zentrale Inhalte des Glaubens auf den Punkt zu bringen. So auch dieses Buch. Dazu werden die biblischen Aussagen zu verschiedenen Themen in geordneter Form dargestellt.

Pb., 144 S., 12 × 18,7 cm
Best.-Nr. 275070
ISBN 978-3-98963-070-3

Mark Hitchcock
Himmlische Belohnungen
Leben im Licht der Ewigkeit

Der Tag des Gerichts kommt, an dem jeder vor Gott steht und seinen Lohn für seine Taten empfängt. Wenn du Christ bist, ist die gute Nachricht, dass es bei Gottes „Urteil" nicht darum geht, deine Errettung zu bestimmen, sondern darum, deine Treue zu belohnen. In diesem Buch entdeckst du faszinierende Wahrheiten darüber, wie dein Leben heute dein Leben in der Ewigkeit bestimmt. Mark Hitchcock zeigt, wie du deinem Herrn im Alltag gefallen kannst, und dass deine Arbeit und dein Opfer für den Herrn nie vergeblich sind. Gott weiß alles, was du für Ihn getan hast. Er wird ein treuer Belohner sein. Ein gutes Leben mit einer ewigen Perspektive kann dein Leben hier und in der Ewigkeit für immer verändern.

Pb., 224 S., 13,5 × 20,5 cm
Best.-Nr. 271704
ISBN 978-3-86353-704-3

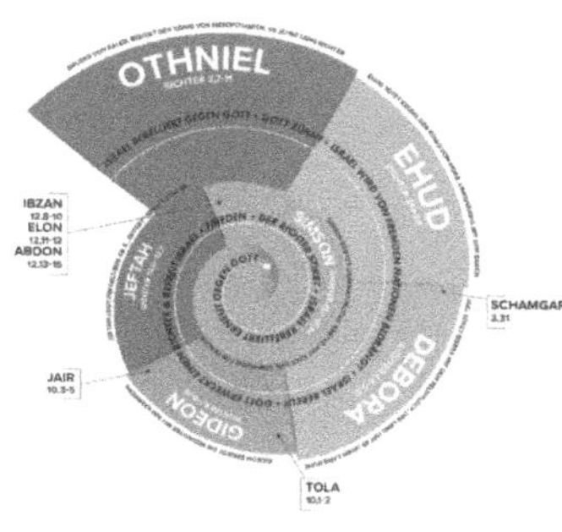

Tim Challies / Josh Byers
Visual Bible Guide
Alles Wichtige rund um die Bibel und Jesus

Viele Menschen betrachten die Bibel heute als veraltet, überholt und für das tägliche Leben irrelevant. Andere finden es schwierig, sie zu lesen, oder verstehen nicht, wie ihre verschiedenen Teile überhaupt zusammenpassen.

Auf nahezu jeder Seite dieses einzigartigen Buches findest du visuell ansprechend aufbereitete Fakten über die Bibel und die wichtigste Person, die darin im Fokus steht. Tauche ein in eine faszinierende Darstellung dessen, was die Bibel uns allen mittzuteilen hat! Du erfährst, warum man entgegen mancher Einwände auch heute noch der Bibel vertrauen kann und was es mit Jesus auf sich hat.

Kt., 208 S., 19 × 23 cm
Best.-Nr. 271681
ISBN 978-3-86353-681-7